南川建区十年大事记

（2007—2017）

重庆市南川区党史与地方志办公室 编

方志出版社
Publishing House of Local Records

图书在版编目（CIP）数据

南川建区十年大事记．2007-2016 /《南川建区十年大事记》编纂委员会编．-- 北京：方志出版社，2017．11

ISBN 978-7-5144-2714-1

Ⅰ．①南…　Ⅱ．①南…　Ⅲ．①南川区—地方史—大事记 -2007-2016　Ⅳ．①K297．193

中国版本图书馆CIP数据核字（2017）第 288765 号

南川建区十年大事记（2007—2016）

编　　者：《南川建区十年大事记》编纂委员会
责任编辑：黄　彦
出 版 人：冀祥德
出 版 者：方志出版社
地址　北京市朝阳区潘家园东里9号（国家方志馆4层）
邮编　100021
网址　http://www.fzph.org
发　　行：方志出版社图书经销中心
电话（010）67110500
经　　销：各地新华书店
印　　刷：重庆巴南彩印厂
开　　本：787×1092　　1/16
印　　张：17　　插页：62
字　　数：245千字
版　　次：2017年11月第1版　　2017年11月第1次印刷
印　　数：0001～2000册
ISBN 978-7-5144-2714-1　　定价：120.00元

《南川建区十年大事记》编纂委员会

授牌仪式

2007年2月12日，南川举行撤市设区授牌仪式

2007 年 2 月 12 日，南川区委授牌

2007 年 2 月 12 日，南川区人民政府授牌

2007 年 2 月 12 日，南川区人大常委会授牌

2007 年 2 月 12 日，南川区政协授牌

领导关怀

2008 年 1 月 30 日，重庆市政府市长王鸿举（左二）到南川调研

2008 年 4 月 1 日，重庆市人大常委会主任陈光国（前排右二）调研南川

2012 年 4 月 5 日，重庆市人大常委会主任陈存根（右二）考察南川

2012 年 10 月 29 日，重庆市政协主席邢元敏（左五）考察南川

2014 年 8 月 22 日，重庆市人大常委会主任张轩（右四）到南川调研

2016 年 6 月 3 日，重庆市市长黄奇帆（右一）到南川调研

2015 年 10 月 13 日，重庆市委副书记张国清（右四）调研南川区扶贫工作

2012 年 5 月 19 日，重庆市政法委书记刘光磊（左四）调研南川区社会管理创新工作

2014 年 9 月 17 日，重庆市政法委书记（右三）刘学普调研南川政法工作

2015 年 2 月 25 日，重庆市副市长吴刚（左二）调研重庆市药研所

2016 年 3 月 14 日，重庆市委常委、市纪委书记徐松南（右四）赴南川区调研

2016 年 11 月 4 日，重庆市副市长谭家玲（前排右四）考察南川全域旅游

对外交流

2007 年 11 月 28 日，渝南黔北地区经贸洽谈会在南川举办

2008 年 10 月 1 日，圭亚那总统巴拉特 · 贾格迪奥（中）考察南川民营企业

深入基层

2007 年 7 月 5 日，区委书记、区人大常委会主任谭大辉（前排右二）调研就业再就业工作

2011 年 1 月 22 日，区委书记王永康（左二）为群众写春联

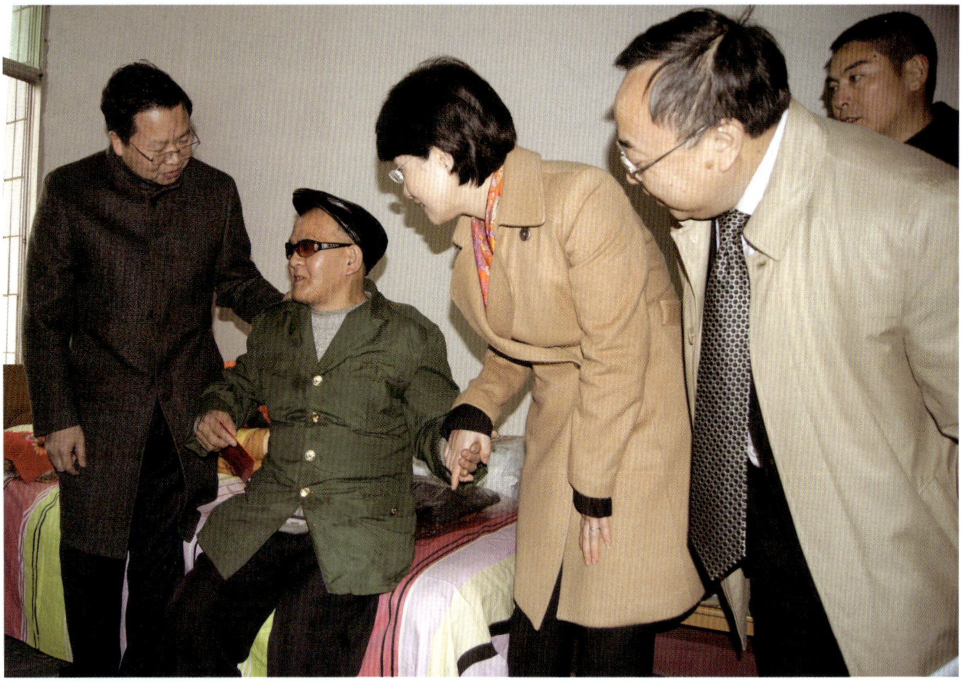

2011 年 12 月 29 日，区委书记谭家玲（左三）看望敬老院老人

2013 年 2 月 21 日，区委书记李殿勋（左二）到东城街道灌坝社区调研社会管理工作

2013年4月27日，区人大常委会主任张祥忠（左三）视察工业园区

2013年4月27日，区长曹清尧（右二）调研金佛山申请世遗工作

2015 年 4 月 15 日，区委书记李明清（右二）调研中医药产业发展

2016 年 3 月 10 日，区政协主席简支全（前排左二）调研教育均衡发展情况

2016 年 6 月 1 日，区人大常委会主任康纪强（左三）调研城乡结合部

2016 年 7 月 19 日，区长张兴益（右四）检查鱼枧水库防汛减灾和安全生产工作

交 通 建 设

2009 年 9 月 28 日，水江至武隆高速公路通车，南川至万盛高速公路开工

南川至涪陵铁路（2017 年摄）

南川综合交通换乘枢纽（2017 年摄）

南川高速公路出入口（2010 年摄）

渝湘高速公路（2010 年摄）

南万高速公路（2017 年摄）

南涪高速公路（2017年摄）

南道高速公路（2017年摄）

乡村油化公路（2016年摄）

工业园区建设

2015 年 12 月 28 日，正威南川电子信息产业园开工

2010 年 4 月 20 日，工业园区重点项目“百日决战”誓师大会

工业园区龙岩组团（2017 年摄）

工业园区水江组团（2017 年摄）

工业园区南平组团（2017 年摄）

水江页岩气勘探项目（2017 年摄）

国家铝镁检验检测中心公共技术服务平台（2014 年摄）

中铝 80 万吨氧化铝项目（2012 年摄）

重庆科朗机动车制动器有限公司沙滩车制动器生产车间（2015 年摄）

亲禾建科生产车间（2016 年摄影）

生态农业园区建设

农综开发项目（2015 年摄）

三秀油菜花海（2016 年摄）

金龙村万亩蔬菜基地（2009 年摄）

乾丰生态茶园（2016 年摄）

楠竹山镇坡耕地水土流失综合治理工程（2015 年摄）

浙商海宁皮草城（2015 年摄）

风之彩生活广场（2016 年摄）

新世纪百货（2016 年摄）

金域旅游景区建设

2014 年 6 月 23 日，中国重庆金佛山喀斯特正式列入世界自然遗产名录

2014 年 11 月 15 日，金佛山号轻轨在重庆主城开通

2015 年 9 月 12 日，重庆生态大观园第五届乡村旅游暨河图乡首届金秋板栗采摘文化节开幕

2016 年 3 月 26 日，重庆乡村旅游“十二金钗”大观园盛大开园

《川军血战到底》大型实景演出（2017 年摄）

金佛山绝壁栈道（2013 年摄）

金佛山金佛寺（2014 年摄）

黎香湖湿地公园（2016 年摄）

十二金钗大观园——荷花园（2016 年摄）

神龙峡景区（2013 年摄）

山王坪生态石林（2015 年摄）

九鼎山公园（2016 年摄）

城镇化建设

南川城区（2011 年摄）

新城区体育场馆（2014 年摄）

半溪河亲水工程（2011 年摄）

市民广场（2017 年摄）

商会大厦（2017 年摄）

永隆山新城（2016 年摄）

黎香湖风情小镇（2013 年摄）

里隐风情小镇（2013 年摄）

天星风情小镇（2013 年摄）

骑龙镇鱼跳广场（2011 年摄）

国家卫生乡镇——古花镇（2013 年摄）

文化教育

2010年2月8日，焦裕禄、王进喜铜像在南川鼓楼广场揭幕

半溪河大型浮雕文化墙（2011年摄）

2016 年 10 月 18 日，“奥运健儿公益服务大行动”走进南川活动

石溪板凳龙舞（2010 年摄）

隆化职业中学（2011 年摄）

北京师范大学南川附属学校（2017 年摄）

民生服务

2011 年 12 月 31 日，金佛山水利工程开工建设

2015 年 7 月 10 日，全区启动扶贫攻坚工作

电力工作人员冰天雪地里抢修电力设备（2008 年摄）

环卫工人冲洗街道（2016 年摄）

巡回法庭在病床旁开庭（2015 年摄）

行政审批大厅“三证一章”流水线（2015 年摄）

西部计划志愿者为残障儿童过集体生日（2013 年摄）

区人民医院（2010 年摄）

宏仁中西医结合医院（2016 年摄）

林堡安置小区（2017 年摄）

马堡山移民安置点（2010 年摄）

党的建设

区委书记李明清（左二）督查机关工作作风（2017 年摄）

2015 年 7 月 28 日，全区非公党组织集中授牌

2014 年 9 月 25 日，全区评选发布“乡村好青年”

金佛山文化大讲坛（2017 年摄）

“第一书记”助力脱贫攻坚（2015 年摄）

大观镇中江村便民服务中心（2016 年摄）

前 言

2017年是南川“撤市设区”10周年。

2007年2月12日，南川正式撤市设区。2007年11月28日，南川正式融入重庆“一小时经济圈”。2011年5月5日，南川入列成渝经济区……。撤市设区的10年，是南川转型升级、科学发展的关键时期，是南川发展速度最快、城乡面貌变化最大、人民群众得实惠最多、对外开放成效最优、各级各方评价最好、班子战斗力凝聚力最强的时期。无数的时间节点，汇集成高大挺拔的成长之树，见证了南川蝶变之旅，谱写了一曲激情跨越的流畅音符，必将成为南川建制史上最重要的篇章之一。

发展思路日趋明晰。依托重庆主城，立足渝南黔北，发挥比较优势，面向国际国内，明确了“转型提速、富民兴区”发展主线，确立了“工业强区、旅游名城、生态花园”发展定位；直面盆地意识，发掘人文内涵，深化“文明”创建，倡导勤劳勇敢、开明开放的新时期南川精神，着力激发南川人干事创业的内生动力。10年来，成功实现从产煤百强县向生态花园城的华丽转身，中国最具生态竞争力城市等31张“国字号”名片花落南川，500多项工作受到市级以上表彰，到南川视察调研的省部级以上领导达400多人次，南川人民走出了一条改革、开放、实干、创新、追赶、突破之路。

对外开放持续深化。打通以“五高三铁”为代表的对外通道，大力推进渝南黔北区域合作和国内国际合作，历届区级领导带队招商引资，推动区内外干部双向挂职交流，举办“院士专家南川行”“旅游发展·问计全球”等系列活动。10年来，“五高三铁”从无到有加快构建，渝南黔北交通枢纽基本成型；先后与国内外15个城市缔结友好城市关系，30余个国家的官员到南川考察观摩，与30多个市级单位开展合作共建；博赛矿业集团成为在海外拥有高品质铝土矿资源数量最大的中国企业，中铝集团、正威国际、康美药业、渝富集团等一批大企业落户南川；累计签约招商项目800多个，利用内资700多亿元，外资3亿多美元。

综合实力持续增强。突出产业转型和城市转型，突出招商引资和大项目建设，深化行政审批“两集中、两到位”和“一章结、一费清”改革，推进“清单式”攻坚，完善科技创新奖励机制，举办创新创业大赛，加速工业园区“一园四组团”建设，推进“三大类区”协调发展，金佛山、山王坪、黎香湖、“十二金钗大观园”等景区景点提档升位。10年来，全区地区生产总值、一般公共预算收入、社会消费品零售总额从2006年的69.5亿元、4.78亿元、22.7亿元增长到2016年的210.8亿元、23亿元、117亿元，分别增长2倍、3.8倍和4.2倍；“4+3”主导产业雏形渐显，“南川米”“南川天麻”等农产品“三品一标”达112个；金佛山入列世界遗产名录、跻身国家AAAAA级景区，打造AAA级景区6个，形成了景区旅游异军突起、乡村旅游百花齐放的全域旅游新格局。

城乡建设日新月异。持续推进“六城同创”“四城联创”和“双创”，推进旧城区改造和新城区建设，推进凤嘴江、半溪河、龙川江等流域综合整治，持续深化新农村建设和“美丽乡村”建设。10年来，南川中心城区面积从2006年的11.6平方公里拓展到2016年的25平方公里，“三中心一广场”“三江六岸”生态走廊、三大城市公园精彩亮相，成功创建国家卫生城市，以及市级森林城市、山水园林城市、文明城区、卫生城区、生态区；河图、古花等10个乡撤乡设镇，大观、水江、南平成为全国重点镇，金山、大有、三泉、鸣玉升格为市级重点镇，创建市级生态乡镇8个、市级卫生乡镇12个、市级生态文明建设示范乡镇5个、市级农民新村示范点14个；全区森林覆盖率从2008年的43.1%提升到2016年的51%，常住人口城镇化率从2006年的41.4%提升至2016年的56.8%。

人才队伍明显优化。聚焦“中梗阻”，公开评议100名中层干部，组织群众评选“最难办事科室”；紧盯“关键少数”，推行“一把手”五不直管，落实领导干部“一岗双责”；抓住相对多数，创新推进大规模干部培训，扎实开展系列党内教育，务实优化干部履职考核激励；面向最大多数，出台专利资助奖励办法，举办青年人才论坛、青年歌手电视大奖赛等，打造“凤栖金山·智荟南川”、本土领军人才、“南川巧媳妇”等品牌。10年来，“人大代表在行动”“政协委员助推发展”成效明显，民主党派从无到有逐步壮大，网络问政、“大学生村官”代办、“一把手五不直管”分权改革等被誉为“南川新政”。

人民生活显著改善。深化统筹城乡综合配套改革，深化国家义务教育发展基本均衡区创建，引导农民外出务工、返乡创业，实施产业扶贫、脱贫攻坚、生态扶贫搬迁，举办全民健身运动会，打造“法律诊所”“吼班大哥”等社区治理品牌。10年来，南川实现村级公共服务中心、公共文化体育服务网络、广播电视、农网改造全覆盖，区人民医院跻身“三甲”，隆化职中成功创建为国家示范中职；城乡居民养老保险、医疗保险参保率稳定在87%、96%以上，信访矛盾化解率超过90%，群众安全感指数保持在95%以上；2016年，城镇居民人均可支配收入和农民人均纯收入分别比2008年增长124%、173%，城乡居民收入差距缩小到2.35:1，历时31年的“贫困帽”顺利摘除。

编辑出版《南川建区十年大事记》，就是要全面记述10年来上级党委、政府对南川发展的关心支持，深度反映各级领导班子求真务实的工作历程，客观再现全区人民奋力进取的光辉足迹，充分展示南川及其人民的新发展、新变化、新成就，进一步增强全区干部群众凝心聚力、攻坚克难，加快推进“工业强区、旅游名城、生态花园”和“强美富”新南川建设的信心与决心。南川在今后的发展进程中，必将一如既往，一步一景，亮点纷呈！

为系统反映南川建区10年来的发展变化，本书的记载年限稍作上溯后延，自2006年10月起，至2017年1月。为方便读者直观感受10年间建设和发展成就，我们在文前精心选取了少量彩页图片，并在文中插入了部分图片。每年大事记后，列举出主要的发展指标，以利于简要把握逐年的波动变迁。全书末，附录了10年来区委、区政府、区人大、区政协以及区委办公室和区政府办公室的部分重要文件目录，以方便读者查询对照，并补充正文记载之不足。希望本书能够对有关学习和研究者有所裨益。

重庆市南川区党史方志办

2017年3月

目　录

2006 年

10 月 10 日 南川市被国务院确定为2007年重庆市新型农村合作医疗8个试点区县之一。

10 月 11 日 市委、市政府召开换届工作会议。会议对换届选举工作有关事项进行了全面安排部署，要求按照科学发展观选好配强领导班子，着力营造风清气正的换届环境，切实加强对换届工作的组织领导。

同日 博赛集团袁志伦荣登“2006年胡润百富榜”，位居第325位。

10 月 12 日 南川市被国务院确定为重庆市首批新型农村合作医疗8个试点县区之一。南川市召开新型农村合作医疗试点工作动员会。会议指出，新型农村合作医疗是惠及每一位农民的民心工程，“参合”农民人数不得低于全市农业人口的70%，“参合”农民筹资工作必须在12月10日前完成，在2007年1月1日启动新型农村合作医疗。

同日 全市公务员登记工作会召开。根据重庆市委、市政府《实施〈公务员法〉方案的通知》精神，2006年要重点做好公务员登记、职务与级别确定和工资套改等项工作。各级党委、政府、人大、政协、审判、检察、民主党派和工商联机关列入公务员法实施范围，人民团体、群众团体纳入参照公务员管理范围，公务员法实施前经批准列入依照管理范围的事业单位，经审批后符合条件的列入参照管理范围。

10 月 22 日 国务院下发批复（国函〔2006〕110号），同意撤销南川市，设立重庆市南川区。以原南川市的行政区域为南川区的行政区域，南川区人民政府驻东城街道。

10月23日 按照南川市卫生事业“十一五”计划，2006年到2010年全市设置个体医疗机构总量控制在40所以内。从本日起至年底，对个体医疗机构进行重新设置登记，在城区申请设置个体医疗机构的申请人，必须具有“医师资格证书”，并有经注册“医师职业证书”后从事五年以上同一专业的临床工作经验。

10月30日 南川市委、市政府召开“廉洁从政、执政为民、服务发展”动员部署大会。活动从2006年11月1日至2007年1月31日开展，通过进一步解放思想、更新观念、转变作风，努力把南川打造成为优质服务的高地、投资创业的福地，营造适合南川既快又好发展的阳光、空气和土壤，加快打造渝南黔北地区经济高地和区域性中心城市的步伐。

10月31日 南川经济社会发展咨询研究报告研讨会在渝召开，10名来自重庆各大中专院校、研究所的经济、社会研究专家汇聚国家开发银行重庆分行，对《南川市经济社会发展咨询研究报告》进行评议。

10月 2005年年末南川市被列入重庆市扶贫到户贷款贴息方式改革试点县。1000万元信贷扶贫资金从2006年10月起开始发放，贴息总额50万元，主要在三泉、大有、庆元、古花、合溪、金山、头渡、德隆、水江、鱼泉等10个贫困乡镇试点，每个乡镇安排贷款100万元，每户农户最高贴息贷款金额不超过1万元。

11月1日 为彻底改变城区环境卫生，南川市将原来由市政环卫作业的路段进行市场化运作，部分路段向社会公开招标承包，市政局对承包人进行监督、检查、考核、评比。

11月2日 “80项目”征地拆迁工作启动。征地拆迁涉及水江镇和中桥乡的6个村（居委）18个农业社（居民小组），征地面积280余公顷，房屋搬迁300余户共1200余人。

11 月 3 日 南川市委、市政府在江北区观音桥步行街广场成功举办“和谐南川美丽家园”文艺晚会，精心编排的 14 个自创歌曲和民族舞蹈，既展示了南川人民建设美丽城市的壮志豪情，也让重庆市民领略了秀丽而富有民族特色的南川神韵。

11 月 8 日 中共重庆市委常委、万州区委书记马正其深入南川，对工业发展、高速公路建设、城市建设、学校建设以及社区建设情况进行考察调研。

11 月 13 日 南川供电公司“户户通电”工程竣工，5320 户无电户全部通电。南川经过一、二期农网改造，农村用电难问题得到基本缓解，但处于大有、小河边远地区的一些农民仍没有通电。该工程于 5 月 29 日启动，共完成工程项目 33 个，实际完成投资总金额 2353.73 万元，结束了“无电户”松油烛、煤油灯照明的历史。

11 月 20 日 由市瑞丰农业开发有限公司选送的“金佛山”牌半夏被命名为“中国名优品牌”。半夏是南川重点发展的中药材品种之一，主要分布在大有、小河、德隆等南部山区乡镇，种植面积 1300 亩，产值可达 1500 万元左右。

11 月 27 日 全市开展为期 50 天的道路交通安全整治，要求 9 座以上客车安装 ABS 系统，有效预防车辆侧滑和甩尾，目前各汽车运输公司完成了客运车辆安装 ABS 系统的准备工作；中型以上货车要安装防撞装置，“两客一危”（高速公路客运、超长客运、危化品运输）车辆要安装 GPS 卫星定位监控系统；客车不得擅加座位摆凳子；建立农村交通安全防控网。

同日 南川“加工辣椒”“猕猴桃”“酿酒高粱”“四川白鹅”四大特色农产品被列入《重庆市特色农产品区域布局规划》。

11 月 29 日 重庆市十届全国人大代表考察组在民建中央副主席、重庆市委主委、全国人大常委会委员、重庆市人大常委会副主任程贻举的带领下，深入南平镇小型农田水利工程、博赛矿业（集团）有限公司氧化铝厂、渝湘高速公路施工现场和东城三秀居委会等考察工作。

11 月 29 日　水江镇龙现居委会的“屯玉种业”等 18 家农资店获得市农业局“农业生产资料信得过门市”荣誉称号，并分别与市农业局签订“信得过门市承诺书”。

11 月 30 日　金佛山水利项目通过水利部审查。该工程枢纽位于头渡镇响水村，距市区 54 公里，工程总库容 1.03 亿立方米，控灌面积 31.44 万亩，工程总投资 10.5 亿元，属大（二）型水库。开发主要是以农业灌溉、工业及城镇生活供水为主，兼顾发电、旅游、防洪等综合利用。

11 月　南川市民政局婚姻登记处被中华人民共和国民政部授予“全国婚姻登记规范化建设窗口单位”荣誉称号。

同月　在北京召开的“全国十佳春蕾园丁”表彰大会上，三泉镇东洲春蕾小学副校长李建文被评为第六届“全国十佳春蕾园丁”。

同月　在全国公安消防部队首届英模表彰大会上，原开县消防中队战士“抗洪英雄”张军的母亲陈荣被评为全国 10 位公安消防部队“英雄母亲”之一。

12 月 1 日　农业部副部长范小建深入兴隆镇金花村、金禾村、东城街道三秀居委会，察看稻草覆盖秋洋芋示范片、农民新村、金禾米业、油菜免耕栽培示范片等，并与农业科技示范户亲切交谈。

12 月 5 日　中共重庆市委决定，谭大辉任中共重庆市南川区委委员、常委、书记；游正焜、陈航任中共重庆市南川区委委员、常委、副书记。

12 月 8 日　2006 年度“扫黄打非”公开销毁大会在龙园路口空地举行，集中销毁非法音像制品 1.5 万余张（盒）、非法安装的劣质卫星接收天线 30 余套、带有赌博功能的游戏机 50 余台。自开展反盗版百日行动以来，区出动执法人员 2344 人次，检查各类文化经营场所 1175 家次，取缔“黑网吧”4 家，查缴赌博游戏机 50 余台、非法卫星接收设施 54 套，查获非法出版物 3800 余册、各类非法音像制品 7790 余张（盒），立案查处违法经营场所 113 个次。

12 月 10 日 重庆市村务公开民主管理示范村创建小组对大有镇石良村、南平镇水丰村、西城街道安平居委会“村务公开”工作进行检查验收。

12 月 12 日 中共南川区委第十一届九次全委会召开。会议审议并表决通过《中国共产党重庆市南川区第十一届委员会第九次全体会议关于召开中国共产党重庆市南川区第十二次代表大会的决议》，投票决定了乡镇、街道党政主要领导拟任人选和推荐人选。

同日 金山镇宝洁希望小学教师张方梅被表彰为“希望工程园丁奖”。全国共表彰了 100 名长期在贫困地区农村小学、为国家基础教育工作做出突出贡献的优秀教师。

12 月 14 日 博赛集团税收超亿元座谈会召开。截至 10 月，博赛集团在南川纳税突破 1 亿元大关，达 10058 万元，成为南川历史上第一家年纳税超过 1 亿元的企业。

12 月 14 至 15 日 重庆市政府副市长周慕冰调研南川扶贫工作。

12 月 15 日 南川市委办、政府办发出通知，在全区广泛开展“体制大调整、经济大发展、作风大转变、五年怎么办、明年怎么干”大调研大讨论活动。围绕“打造渝南黔北地区经济高地和区域性中心城市”的战略定位，就如何把握南川的现实区情、如何分析南川面临的形势、如何确定南川发展的思路和目标任务、如何提出南川发展的关键举措等四大问题进行深入思考，广泛讨论。

12 月 16 日 南川“代理家长”这一做法的新闻，被中央 1 台《新闻联播》播报。南川已在 34 个乡镇推广“代理家长”制，17000 多名留守儿童有了“代理家长”。

12 月 17 日 南川市统计局、农业局、农办等 19 个单位在鼓楼广场举办“第二次全国农业普查宣传月活动”启动仪式。此次农业普查涉及34个乡镇（街道），256个村（居）委会，1814个村（居）民小组，173717户农户，200多个农业生产经营和服务单位。

12月20日　重庆博赛矿业集团以1亿美元成功收购位于南美洲圭亚那合作共和国的欧迈矿业公司（全球规模最大的铝矾土企业），此次收购在重庆历史上为最大的一笔国外投资。至此，博赛矿业成为全球最大的铝矾土熟料生产企业。

博赛集团圭亚那公司的铝矿生产线

同日　经南川市政府研究同意，市人事局、市财政局决定从2004年10月1日起，调整机关事业单位工作人员死亡发给其遗属一次性抚恤费标准，烈士80个月基本工资，因公牺牲54个月基本工资，病故20个月基本工资。从2006年7月1日起调整机关事业单位工作人员遗属生活困难定期补助标准。

12月24日　以监察部执法监察室监察专员杨春玲为组长的国家九部委整顿和规范矿产资源开发秩序第一阶段工作检查组，到南川检查矿产资源开发秩序。南川有矿产资源20余种，铝土矿、煤矿资源储量均在亿吨以上，有矿山开采开发企业191家，其中煤矿62家，铝土矿2家，其他矿山127家，矿产品开发成为南川重要的支柱产业。

12月25日　道南中学顺利通过重庆市重点中学评估专家组的评估验收，成为重庆市级重点中学。

12月25日至26日　全市召开机关事业单位工资收入分配制度改革工作会。对按规定履行了公务员登记手续或办理了参照公务员管理单位工作人员登记手续，且2006年7月1日在册的正式工作人员实行公务员工资制度改革。公务员现行的职务工资、级别工资、基础工资和工龄工资四项简化为职务工资和级别工资两项。事业单位建立岗位绩效工资制度，包括岗位工资、薪级工资、绩效工资和津贴补贴四部分。

12 月 27 日 国家发改委核准 80 万吨氧化铝项目。中国铝业股份有限公司重庆分公司 80 万吨氧化铝项目从 2003 年争取以来，经历预可研、可研、资源勘探、环评、土地规划调整和土地预审、矿石试验、咨询评估、核准等阶段，正式通过国家发改委核准。

12 月 28 日 区委十一届十次全委会召开。会议学习贯彻党的十六届六中全会和重庆市委二届十次全会精神，研究部署构建和谐南川的各项任务。审议通过了《中共重庆市南川区委关于构建和谐南川的决定》。

12 月 29 日 南川市经济工作会召开。指出 2007 年要以新农村建设为主题，切实抓好城乡统筹；要以新型工业化为手段，不断增强工业经济实力；要以新城区开发为着力点，逐步建设宜居城市；要全力配合重庆市交旅集团，抓紧推进金佛山旅游整体开发；要以发展现代服务业为重点，着力打造专业市场和特色街区。

同日 由中国城市规划设计院城乡规划研究所所长、教授级高级城市规划师蔡立力带领的重庆市“1 小时经济圈”规划调研组赴南川调研。

12 月 30 日 南川市人民医院、南平镇中心卫生院、西城街道来游关居委会卫生室等 7 家市级医院、4 家民营医院、34 家乡镇卫生院、123 个村卫生室及 1 个社区服务中心共 169 个医疗机构，成为全市首批定点合作医疗机构。

同日 渝南大道工程开工建设。渝南大道是连接南川新城区和旧城区的一条交通干线，其中一期工程总投资 4800 万元，全长 1250 米，路幅宽 50 米，双向六车道，将于 2007 年年底完工。

同月 水界高速公路南川段 A1 至 A8 标段路基陆续完工，其中部分路基通过验收，具备路面施工条件。由四川攀峰路桥建设有限公司组建的路面施工队伍，在水界高速公路 A4、A5 标段展开了路面底基层施工作业。

同月 南城街道被农业部、国家体育总局、中国农民体育协会联合表彰为全国“亿万农民健身活动”先进乡镇（街道）。

同月 南川鸡被重庆市禽畜基因品种鉴定委员会认定为禽畜基因品种。南川鸡主要产于金山、大有、大观、乾丰、太平等乡镇，多数是农户散养，鸡种保持了较高遗传同质性，遗传性能稳定，抗病力强，肉质鲜嫩，繁殖率高。

2006 年，南川实现地区生产总值 68 亿元，比上年增长 12.3%；财政总收入 4.8 亿元；社会消费品零售总额 22.7 亿元，增长 15.1%；外贸出口 3712 万美元；农民人均纯收入 3166 元；城镇职工年均工资 1.43 万元。完成全社会固定资产投资 36.5 亿元，增长 41%。

2007 年

1 月 1 日至 4 日 金佛山食品有限公司、金梭银杏发展有限公司等 14 家农业产业化龙头企业参加 2007 重庆·中国西部农产品交易会，现场销售收入达 110 多万元，签订订单 1280 万元。鹃蕊牌方竹笋和金佛玉翠茶叶获得重庆最受消费者满意产品。

1 月 11 日 经南川市十四届人大常委会第二十九次会议审议通过，任命冯建为南川市人民政府副市长；罗方柱为南川市人民检察院代理检察长；黄伟为南川市公安局局长。

1 月 11 日 南川市政协成立 50 周年庆祝大会召开。

1 月 18 日 全市各机关单位、乡镇村社、街道社区、中小学校、工商企业等 46 万选民，投票选举产生区第十五届人大代表 249 名，各乡镇新一届人大代表 1554 名。

同日 《重庆市国民经济和社会发展第十一个五年规划农业发展专项规划》将南川 15 种特色农产品纳入规划重点发展。在粮油产业上，南川优质稻、优质玉米、“双低”油菜分别纳入重庆市优质稻谷生产加工基地、绿色精品稻米生产基地重点区、玉米主产区和重庆市东南部油菜核心产业核心区；在多经产业上，南川被纳入重庆市近郊优质叶类蔬菜、精细菜生产基地和破季蔬菜与反季节蔬菜生产基地、渝西渝南名优茶优势产业带核心区、出口猕猴桃产区核心区、苎麻生产基地；在畜牧业上，南川被列为重庆市优质肉猪生产基地核心区、重点奶牛产区、优质肉鸡和优质鸭重点产业区、涪陵水牛资源保种区、优质高产牧草基地等；在水产业上，南川被列为重庆市水产业武陵山区特色渔业核心区。

1月19日至20日 南川市工商业联合会（总商会）第十一届会员代表大会召开。截至2006年年底，南川民营企业达734家，个体工商户达10221户，民营经济占地区生产总值的60%。

1月20日 南川召开新春联谊会。魏长述、宋令友、杨选民、向清民、聂能、付强、赵云中、姜仕文等老领导和老乡围绕南川下一步的发展和建设，就产业发展、城市建设、交通建设、生态环保、人文精神培育、干部队伍建设、人才交流引进、和谐社会建设以及地方经济发展的规划等发表了真知灼见。

1月26日 南川市政府与重庆轻纺控股（集团）公司在重庆金科大酒店签署经济发展战略合作框架协议，决定联手打造重庆纺织基地。重庆轻纺控股（集团）公司将利用南川区苎麻发展的良好基础和条件，以及现有厂房设施和劳动力优势，承接重庆主城产业转移，建设“纺织城”。

1月30日 南川区第十一届委员会第十一次全体会议召开。会议审议通过中共南川区十一届委员会工作报告（草案）和区纪委工作报告（草案）；通过重庆市出席党的十七大代表和南川区出席重庆市第三次党代会代表提名名单。

1月 金佛山中蜂因其良好的生物特性和生产性能，被国家农业部确定为“国家级畜禽遗传资源保护品种”。农业部批准区政府按照《中华人民共和国畜牧法》规定划定保护区，防止西蜂侵入杂交，保护金佛山中蜂发展强群。

2月1日至3日 中国共产党重庆市南川区第十二次代表大会召开。区委书记谭大辉作《推进科学发展，构建和谐南川，为打造渝南黔北地区经济高地和区域性中心城市而努力奋斗》的工作报告。会议审议通过《中国共产党重庆市南川区第十一届委员会工作报告》和《中国共产党重庆市南川区第十一届纪律检查委员会工作报告》，并作出相应决议。选举产生第十二届区委委员 39 名，候补委员 7 名，选举冉凤莲、成崇登、刘先畅、陈航、胡晓、祖峰、钱建超、唐林、蒋宜茂、蒋继华、喻显镔、游正焜、谭大辉为区委常委，其中谭大辉为区委书记，游正焜、陈航为区委副书记。

2 月 4 日 长沙有色冶金设计院重庆铝采矿工程项目部在水江镇挂牌成立。“80 项目”矿区由大佛岩、灰河、川洞湾矿山组成，6 个采矿区同时出矿，设计年产铝土矿 165 万吨，矿山总投资 7 亿元左右。3 月 18 日，采矿工程开工。

2 月 6 日 政协南川区第十二届委员会第一次会议召开。会议审议通过市政协主席陈均所作政协十一届常委会工作报告和政协副主席邱正宇所作提案工作情况报告。选举陈均为区政协第十二届委员会主席；韦明齐、邱正宇、杨远才、余洪力、袁志伦、蒋建、简支全为副主席；陈德全为秘书长。

2 月 7 日 南川区第十五届人民代表大会第一次会议召开。市长游正焜向大会作工作报告，听取和审查了区人大常委会和“两院”工作报告，批准了区 2007 年国民经济与社会发展计划和 2007 年区级财政预算。会议选举产生区第十五届人大常委会委员 18 名，其中谭大辉为区人大常委会主任，邓昭军、阳仕坤、严国昌、邱克勇、张祥忠、郑泽辉为区人大常委会副主任。选举游正焜任区人民政府区长，王身高、冯建、周静（女）、夏于峰、钱建超、曹维灿、蒋宜茂任区人民政府副区长；王庆新为区人民法院院长，罗方柱为区人民检察院检察长。

2 月 12 日 南川撤市设区授牌仪式在南川宾馆会议中心举行。重庆市政府顾问甘宇平宣读《中共重庆市委、重庆市人民政府关于江津市、合川市、永川市、南川市撤市设区有关工作的通知》（渝委办发〔2006〕42 号），明确了南川区的行政级别、行政区域。重庆市委常委、市委宣传部部长何事忠、重庆市人大常委会副主任胡健康、重庆市政府顾问甘宇平、重庆市政协副主席陈万志先后向南川区委、区人大常委会、区人民政府、区政协授牌授印。南川正式步入以区为治的历史新纪元。

3月6日 重庆市南川区工商分局挂牌成立。

3月7日 南川市妇联、总工会、人事局联合表彰刘开慧、陈云兰、陈美环、陈晓畅、严群英、杨其芬、杨帮秀、张秀容、郝禄姗、黄兰为“感动南川十大女性”。并在鼓楼坝广场举办了庆“三八”“博赛杯”2006年度感动南川十大女性事迹展暨大型女性人才招聘、法律宣传、义诊服务活动，24个区级部门、45个企业参加活动。

同日 区委、区政府印发《南川区干部素质能力提升行动实施方案》，决定于3月1日至12月31日，在全区开展干部素质能力提升行动，大幅度提升全区干部队伍的整体素质和工作能力，努力达到“四个明显”（政治素质明显提高、业务水平明显升位、工作成效明显增强、干群关系明显好转）的目标，造就一支特别能吃苦、特别能战斗、特别能创新和特别能落实的干部队伍，着力推进“实干兴区、实业兴区、实力兴区”。

3月9日 区委中心组举行抓落实专题学习会。会上传达学习胡锦涛总书记在参加重庆代表团审议时的讲话精神及汪洋书记关于南川工作的批示精神，集中学习江泽民《狠抓各项工作的落实》等书籍、文章的部分内容。

3月12日 区委、区政府发出《关于扎实开展“大项目建设年”活动的通知》，要求全区要完成固定资产投资43.8亿元，全年实施重大项目25个，确保平均每月有2个新项目、大项目开工。

同日 区委成立“实干兴区、实业兴区、实力兴区”巡视组，主要职责是对区委、区政府确定的重要工作、重大项目、重点产业进行巡视，提出意见、建议和决策咨询。

3月15日 区政府任命黄伟、黄战风（挂职至2007年6月）为南川区人民政府区长助理。

3 月 16 日 十届全国人大五次会议通过《中华人民共和国物权法》。

3 月 18 日 中铝重庆 80 万吨氧化铝项目采矿工程开工典礼在水江隆重举行，标志着“80 项目”大规模建设正式启动。

3 月 22 日 区委、区政府发出《关于重庆市南川区党政机构设置的通知》，设置区委、人大、政府、政协、人民法院、人民检察院、人民团体的工作部门、直属事业单位及管理机构 65 个。行政规格为正处级，其内设机构（科室）为正科级。区委、区政府发出《关于重庆市南川区城市建设投资有限公司等区级机构设置的通知》，设置区政府派出机构和归口部门管理的事业机构 6 个，机构规格为正处级；设置部门直接隶属的机构 12 个，规格为副处级。

同日 区委、区政府发出《关于南川区乡镇（街道）党委（党工委）和政府（街道办事处）更名的通知》，对南川撤市设区后各乡镇（街道）党委（党工委）、各乡镇人民政府（街道办事处）名称进行更名。

同日 重庆市南川区质量技术监督局挂牌成立。

3 月 27 日 区委下发《关于区级机构党组、党（工）委设立的通知》，设立区级机构党组 36 个、党（工）委 12 个。

同日 区委下发《关于廖述祥同志任职的通知》，对东城、南城、西城街道党工委领导班子进行任命。

3 月 28 日 区委下发《关于陈航等同志职务任免的通知》，对区委工作部门、管理机构、直属事业单位、人民法院、人民检察院、人民团体及单位党组、党（工）委领导班子进行任命。其中，陈航兼任区党校校长；祖峰兼任区委政法委书记；刘先畅兼任水江镇党委书记；胡晓兼任区委统战部部长；蒋继华兼任区委组织部部长；唐林兼任区委宣传部部长；喻显镔兼任区委办公室主任；夏于峰兼任新城区管委书记。

同日 区委下放党员发展（转正）审批权限，决定区委各部委、区级各部门预备党员的接收和转正由区直机关党工委审批；区教委直属学校、站所预备党员的接收和转正由区教育党工委审批；乡镇、街道所属党组织预备党员的接收和转正由所在地乡镇党委、街道党工委审批。

3月29日 经区十五届人大常委会第一次会议审议通过，区人大常委会发出《关于王民爱等任职的通知》，对区人大常委会办公室和人大工委领导班子进行任命；区政府发出《关于刘立华等同志任职的通知》，对东城、南城、西城街道办事处领导班子进行任命；区政府发出《关于邓国图等同志任职的通知》《关于冯建等同志任职的通知》，对区政府工作机构、部门管理机构、直属事业机构、局馆合一机构及派出机构的领导班子进行任命。至此，全区乡镇领导班子换届和区级部门领导干部调整工作结束。

同日 重庆市政协副主席王孝询带领政协重庆市第二届委员会常务委员会第八分团，赴区进行“1小时经济圈”专题调研。

3月30日 区委召开全区干部大会，任命新一届区级部门和部分乡镇领导干部。区委书记、区人大常委会主任谭大辉向新任命的国家机关领导干部颁发了聘书；区政协主席陈均传达了29日重庆市政协副主席王孝询在南川调研时的讲话精神；区委副书记陈航就干部调整工作的有关情况作了说明；区委常委、纪委书记冉凤莲对新提任的领导干部进行了廉政集体谈话；区委常委、组织部部长蒋继华宣读了有关机构及人事任免文件；新任命的部门负责人代表在会上作了发言。

3月 区编委对撤市设区后各级机构的职能配置、内设机构和人员编制方案进行重新审核和认定，区委组织部、人事局对区党政机关的中层干部进行重新选拔和任用，至4月底基本完成了南川撤市设区过渡阶段工作任务。

3月 南涪铁路项目建议书得到国家发改委批复。该铁路等级为国铁二级，按单线电气化铁路建设，全长76.8公里。工程总投资估算为27.2亿元，项目将于2007年下半年开工建设，2010年建成，工期3年。

3月 “古佛洞”获中国糖酒业百佳畅销品牌。在重庆举办的2007年中国糖酒年度峰会上，区古佛酒业有限公司生产的“古佛洞”系列酒，获2006年中国糖酒业百佳畅销品牌。

3月 南川农资公司被评为2006年全国“万村千乡市场工程”优秀试点企业。

4月8日 区委、区政府在川湘公路迎宾处举行公路绿化启动仪式，决定按照一年示范、两年铺开、三年完成的总体要求，全面完成区内省、县、乡、村、高速公路和专用公路共2717公里的绿化建设，彻底改变道路两旁缺树少林的现象。会后，林业、交通等部门及相关乡镇（街道）组织人员，栽植小叶榕、天竺桂等绿化大苗40123株，完成了城区至南平、水江、三泉、来游关、新桥以及大观、鸣玉、兴隆等集镇周围共65公里的春季绿化任务。

4月11日至14日 区委书记、区人大常委会主任谭大辉，区委副书记、区长游正焜率领由13个部门主要负责人组成的党政代表团，赴合川、江津、永川、沙坪坝考察学习，吸取他们在经济社会发展中的新经验、好做法，思谋南川的发展良策。

4月19日 国家林业局造林质量检查组前往三泉镇人民坝和金佛山等地查看了天保封山育林工程和退耕还林工程实施情况。近年来南川区共实施退耕还林工程23273.33公顷，封山育林17.2万亩，四旁植树1095万株。

4月20日 区委印发《关于开展“作风建设年”活动的通知》，决定将2007年定为“作风建设年”，以开展“清廉从政、服务发展”专项学习教育活动为重点，巩固深化“廉洁从政、执政为民、服务发展”学习整改活动成果，认真解决全区党员干部在思想作风、学风、工作作风、领导作风和生活作风等方面存在的突出问题。

4月25日 “喜迎高速路开通、塑造新南川形象”动员大会召开。为迎接渝湘高速公路水江至界石段开通，塑造新南川形象，区委、区政府确定整治城区环境、改造干道景观、实施灯饰工程、整治交通秩序、整顿治安秩序、优化旅游环境、实施绿化工程、推进重点工程、开展宣传文化活动、素质提升行动等10项主题活动。具体包括37项内容，其中29项要求在通车前完成，每一项工作都落实了区级牵头领导和牵头单位。

4月28日 柏枝山小水电代燃料生态保护工程开工。2006年上半年，南川被列为重庆市小水电代燃料7个试点区县之一，项目建设生态电站装机容量3200千瓦，将使项目区的头渡镇柏枝村1社、玉台村1社共计865户3655人享受0.26元/千瓦时的优惠电价。

柏枝山小水电代燃料生态保护工程

同日 2007年度安全优质农产品展示活动在鼓楼广场举行。自2002年以来，区以国家“无公害食品行动计划”为主线，加快了无公害农产品、绿色食品的认定认证步伐。全区各项认定认证总量达到56个。其中，建成无公害农产品产地22个，种植规模48666.67公顷，养殖规模达500多万元，优质稻、优质油、笋竹、南川土鸡等产地实现了整体推进；全区获得国家无公害农产品认证18个，绿色食品认证10个；获得国家级名牌农产品认证1个；重庆市级名牌农产品认证5个。南川米、乾丰茶、金佛山竹笋等农产品品牌正在壮大。

4月30日 中国海外三泉希望小学开工建设。该校由中国海外集团捐建，占地面积0.93公顷，总投资200万元，可容纳600名学生就读，300名学生住宿。中国海外集团有限公司总经理孔庆平、副总经理、中海地产集团有限公司董事长、总经理郝建民等及南川有关区级领导出席了开工典礼。

同日 道南中学经重庆市人民政府批准，正式晋升为重庆市级重点中学。

4 月 南川工业园区管委会成立，副区长冯建兼任管委会主任。工业园区占地面积 6 平方公里，主要发展以煤化工、精细化工为主的化学工业，以纺织为主的轻纺工业和以汽车摩托车零部件为主的机械工业，同时发展纯碱、烧碱、PVC 等与氧化铝相配套的产业。

4 月 区农业局土壤肥料技术推广站被农业部评为测土配方施肥工作先进单位，区农业局土壤肥料技术推广站吴晓朴被评为全国测土配方施肥先进个人。2005 至 2006 年，南川区共实施测土配方施肥 35333.33 公顷，通过项目实施，肥料利用率提高 3% 以上，实现亩增产 5% 以上，亩节本增收 30 元以上，亩平增收达 43 元，累计节本增收 2365 万元。

同月 乾丰茶业有限责任公司业主周小红荣获“全国农村青年创业致富带头标兵”称号。

5 月 14 日至 15 日 南川区与黔北三县签订经济社会发展合作框架协议。区委书记、区人大常委会主任谭大辉带领区党政代表团，赴贵州省道真仡佬族苗族自治县、正安县、桐梓县考察洽谈，并与三地签订了加强经济社会领域合作的框架协议。

5 月 15 日 南川区召开“干部大下访”活动动员部署电视电话会。全区“万名干部大下访”活动于 5 月 8 日启动，12 月底结束。各级各部门领导班子成员和干部深入基层，排查化解矛盾，解决群众实际困难。

5 月 18 日 全区就业再就业工作会提出，围绕解决城镇“零就业家庭”和农村“零转移家庭”这两个重点，开拓开发工作岗位，实施重点援助。区财政拨出 100 万元专项资金，对全区 485 户城镇“零就业”家庭、1000 多人分期分批进行免费职业技术培训、技能鉴定和职业介绍。同时，所有区级领导与部门、乡镇负责人都与零就业家庭结成帮扶对子，摸清情况，制订帮扶方案，解决其就业困难。

5月21日 全区农村中小学远程教育项目通过重庆市验收，18名共产党员获重庆市表彰。

5月23日 区广播电视“村村通”工程经重庆市检查验收达标。

5月 经国家粮食局对南平粮库储备粮资格进行认证，南川区获得3.5万吨中央储备粮的资格。年内，国家发改委、国家食粮局、中储粮总公司分配给区国家粮食储备库跨省移库代储中央储备粮指标2万吨，这是南川粮库首次为中央储备粮食。

5月 南川区被重庆市列为创建城乡统筹基层党建示范区的试点区县。

6月5日 南川区与万盛区签订《加快1小时经济圈建设加强区域经济社会发展今年框架协议》，将扎实推进两区合作。

6月6日 区委印发《南川区年轻干部挂职锻炼实施办法》，每年在全区选派40名左右年轻干部进行为期3~6个月的挂职锻炼，促进年轻干部挂职锻炼工作的经常化、制度化和规范化。

6月7日 重庆市人大常委会副主任赵公卿到南川区调研计划和预算执行情况等工作。

6月10日 区委、区政府印发《关于加强环境保护若干问题的决定》，要求加强环境保护工作，建设资源节约型、环境友好型社会，打造生态南川、宜居南川。

6月11日 区委十二届二次全会（扩大）召开。会议审议通过了《中国共产党重庆市南川区第十二届委员会第二次全会（扩大）会议关于〈中共重庆市南川区委关于学习贯彻市第三次党代会精神在一小时经济圈实现加快率先发展的决定〉的决议》和《中共重庆市南川区委关于进一步转变工作作风提高办事效率的十条规定（暂行）》。《决定》确定了南川未来14年的奋斗目标，围绕“加快”“率先”“统筹”，着眼“追赶”“突破”“跨越”，坚持“实干兴区”“实业兴区”“实力兴区”，进一步调整、完善、优化了打造渝南黔北地区经济高地和区域性中心城市的基本思路、主要指标以及重点性任务和关键性举措。

6 月 19 日　中华全国供销合作总社党组副书记、理事会副主任王君在重庆市供销总社党委书记、主任刘玲玲的陪同下调研南川区农村合作经济发展情况。

6 月 20 日　区委追授李仕忠“优秀共产党员”称号，决定在广大党员、干部中广泛开展向李仕忠学习的活动。李仕忠是南城街道林堡社区第 2 居民小组原组长、共产党员，2007 年 4 月 23 日，在协调渝湘高速公路韦家湾涵洞地段人行便道占地纠纷时，突发疾病，经抢救无效，不幸逝世。

同日　区委发出《关于深化农村党的建设“三级联创”活动扎实推进“固本强基”工程的实施意见》，在全区开展以创建“五个好”村党组织、“五个好”乡镇党委和“农村基层组织建设先进区”为内容的农村党的建设“三级联创”活动，从健全和完善组织领导、服务决策、选人用人、自身建设等四大机制入手，实施“固本强基”战略。

部门党建对口联系村干部计算机培训班开班

6 月 24 日　重庆市委常委、市委政法委书记、市公安局局长刘光磊调研南川区经济社会发展情况和政法稳定工作。

6 月 26 日　区委印发《中共重庆市南川区委关于进一步转变工作作风提高办事效率的十条规定（暂行）》，决定在全区推行议事决策交办制、分级分工负责制、重要工作报告制、重大事项限时办结制、重要问题巡视督查制、代表委员评议制、专项工作述职报告制、诫勉谈话制、问责制、突出贡献激励制等10项制度。

6月27日 南川区与美国迈阿密海滩市结为友好城市。

6月29日 区委举行庆祝建党86周年暨优秀共产党员先进事迹报告会。会议表彰了50个全区先进基层党组织、150名优秀共产党员、50名优秀党务工作者，4名受市委、区委表彰的优秀共产党员作先进事迹报告。

7月5日 南川区召开整治和打击非法采矿活动专项工作会，开展为期三个月的集中整顿和打击非法采矿活动专项工作。

7月7日至8日 南川区与贵州省桐梓、正安、道真三县分别达成宣传文化工作友好合作协议。

7月10日 全区蔬菜产业工作会召开。1—6月，全区商品蔬菜播种面积1233.33公顷，同比增加366.66公顷，产量新增3万吨，同比增长0.9万吨。

同日 国务院印发《关于开展城镇居民基本医疗保险试点的指导意见》。

7月11日 国务院印发《关于在全国建立农村最低生活保障制度的通知》。

7月12日 南川与涪陵签署《加强区域经济社会发展合作框架协议》。

同日 南川、武隆、万盛、贵州道真、贵州正安五区县签署新型农村合作医疗合作协议。共同建立渝南黔北地区新型农村合作医疗协作机制。五区县参合农民到合作协议区县定点医疗机构就医可获报账，此举在重庆乃至全国属首创。

同日 大观镇境内连降暴雨9个多小时，日降雨量达180毫米。全镇遭受30年不遇洪涝灾害，直接经济损失400多万元。

7 月 13 日 南川区、万盛区结对帮扶武隆县工作会举行。区长游正焜代表南川区向武隆县捐赠 30 万元。

7 月 16 日至 17 日 区人大常委会视察上半年国民经济和社会发展计划及财政预算执行情况。上半年，完成国民生产总值 33 亿元，同比增长 15.7%，创 10 年内半年最高增速；地方财政收入完成 2.2 亿元，同比增长 52.4%；完成全社会固定资产投资 16.5 亿元，同比增长 41.8%；农民人均现金收入达 1764 元，同比增长 20.3%。

7 月 17 日 109 户农村贫困残疾人危房改造完成。

同日 全区科学技术进步奖励大会举行，25 个科技项目获奖。

7 月 20 日 全区召开中药材流动现场会。全区已查明中药材品种共计 4180 余种。2006 年，全区中药材种植面积达 7333.33 公顷，产量达 8000 余吨。实现产值 7936 万元。10 大类中药材统一注册了“金佛山”商标，至此，有中药材龙头企业 8 家，中药材饮片厂开工建设。

7 月 24 日 区委、区政府组建招商引资团，区设招商引资总团，下设华东、华中、华南、华北、西南地区 5 个招商分团，各团由区领导挂帅，要求 2007 年各分团引进到位资金 1 亿元以上。

7 月 25 日 国务院研究室公交司司长唐元到南川调研。

同日 南川区入围重庆市无公害产地整体推进区县。

7 月 26 日至 27 日 北部生态农业园流动现场会召开。上半年，北部生态农业园的 20 个乡镇谋划新的发展思路，发展观念转变、基地面积扩大、产品总量增加、龙头企业成长，产业布局优化，部分乡镇通村公路建设、农村电网改造、农村人饮工程、集镇建设有新成效。

7 月 28 日 南川工业园区·徽商工业园正式开工建设。徽商工业园是入驻工业园区的第一个项目，从意向进入到实质性开工建设历时 100 天。至此，年内开工建设大项目达 14 个。

同日 重庆城投公司捐资20万元在南川建设希望小学。

8月1日 南川与三峡库区产业信用担保公司共建融资平台，为企业融资提供良好服务。

8月2日 中部城镇经济带流动现场会举行。至此，全区“三大类区”流动现场会结束。“三大类区”流动现场会集中检阅了34个乡镇、街道年内经济社会发展成绩。

南川工业园区·徽商工业园开工典礼

同日 中国海外集团旗下的中国建筑国际集团有限公司迪拜分公司与南川区达成意向，在区内建立海外劳务输出基地，通过培训，每年向海外劳务输出1500人。

8月3日 区委书记、区人大常委会主任谭大辉，区长游正焜率领党政代表团，赴建峰化工总厂，就重庆化医控股公司与双赢集团特色化工产业项目合作事宜进行友好洽谈并达成一致共识，决定于12月内启动首批合作项目。

8月9日 全区集中打击非法小煤窑专项工作阶段小结会召开。自集中打击非法采矿工作开展起，全区共出动人员210人次，车辆37辆次，炸毁非法小煤窑128处。

8月13日 区委、区政府发出《关于突出解决三类农民问题推进统筹城乡综合配套改革的意见》，就突出解决务工农民、失地农民、高山农民问题，推进城乡综合配套改革提出指导意见，要求全力打造现代农业展示区、城乡统筹试验区、扶贫开发示范区等三大示范区，建立工业反哺农业、鼓励土地流转、资金多方投入机制，突破行政管理体制、户籍制度改革、社会保障体制改革，确保城乡基础设施、城乡教育事业、城乡医疗卫生均衡发展。

同日 “80 项目”厂区厂平工作结束。

8 月 14 日 重庆市委书记、市人大常委会主任汪洋视察南川高速公路建设。汪洋指出，南川变化很大，新班子精神状态很好，发展前景很广。

同日 区委、区政府召开统筹城乡综合配套改革暨启动试点工作电视电话会，南川区统筹城乡综合配套改革试点工作正式启动。

8 月 16 日 李氏集团实业有限公司整体搬迁及扩能技改项目开工。工程总投资 3059 万元，拟分三期投入建设。一期建设投入 1000 万元，年产 120 万支摩托车前叉管和 60 万套减震器，实现年销售收入 4000 万元，新增就业人员 50 余人。

8 月 17 日 南川在渝举办招商引资暨项目推介会，与重庆市电力公司、重庆轻纺控股公司、重庆市计量质量检测研究院分别签订了 220 千伏南川输变电工程建设协议、苎麻纺织项目建设协议、国家级有色金属及矿产品检测中心建设协议。

8 月 21 日 区政府召开第 15 次常务会议。会议审议了“一小时经济圈”南川区总体规划及三大类区产业发展规划、三峡担保公司南川区人民政府产业项目贷款担保合作协议；研究了煤矿整合方案、建立廉租房制度有关事宜、城乡居民合作医疗保险试点方案、金佛山北坡公路有关问题。

8 月 22 日 南川成立首支义务消防队。

南川拾花工赴新疆拾棉花

8 月 23 日 市国土房管局规划处调研组对南川区土地利用总体规划修编工作进行专题调研。1 月以来，区国土房管局与西南大学国土资源研究所共同组成课题组对全区土地进行全面调查，建立了各级土地利用数据库，拟定了2006—2020年主要指标。

8月24日 区人大常委会召开第21次主任会议。会议专题听取《区人民法院关于贯彻执行人民陪审员制度情况的报告》。区人大常委会自2005年4月28日任命26名人民法院人民陪审员起，在人民法院审结一审3936件案件中，由人民陪审员参与陪审的案件259件，调解结案176件，调解率为67.9%，判决83件，无发回重审。

同日 区就业局与新疆建设兵团农八师149团，农六师芳草湖农产、102团签订3000人拾花工输出协议。

8月28日 重庆市南川区招商引资暨项目推介会在广州举行。南川与广东省重庆商会签订《广东省重庆商会与重庆市南川区人民政府经济合作框架协议》；与北京中恒公司签订《模具及节能灯项目投资意向协议书》《高档酒店及房地产项目投资意向协议书》《财务结算中心项目投资意向协议书》；与佛山市顺德区时立物流有限公司签订《物流中心项目投资意向协议书》和《家具展览中心及商贸一体化项目投资意向协议书》。

同日 隆化职业中学校、南川职业教育中心迁建主体工程正式动工。该项目占地面积9.61公顷，规划建筑面积4.6万平方米。主要建设内容包括教学楼、实作楼、综合楼，以及学生食堂、宿舍、田径运动场等配套设施等，工程概算总投资5000余万元，项目分期建设，一期工程建设投资4000余万元，于次年8月投入使用。

8月 滨河路整治工程开始房屋拆迁。凤嘴江滨河路整治工程建设用地范围内的房屋拆迁涉及东方红居委三组的整体拆迁，拆迁农户240多户，拆迁面积3.6万平方米，计划40天完成。

9月4日 区政府组织召开赴新疆拾花工专题研讨会，就9月6日组织2130名拾花工赴新疆的各项工作进行部署。年内，政府引导组织7000人分期、分批赴新疆拾花，第一批1780人已抵达新疆。此批次组织2130名拾花工前往，是重庆各区县赴新疆拾花规模最大的一次。

9 月 5 日　市委副书记张轩对南川区关爱留守儿童工程、基层党建、工业经济城市建设等工作进行视察和调研。

同日　中国海外三泉希望小学竣工开学。三泉希望小学总投资 368 万元，是国有大型企业和地方政府合作统筹城乡教育发展的一次尝试。

中海外三泉希望小学

9 月 7 日　重庆市城乡居民合作医疗保险试点区座谈会在南川区召开。年内，重庆市城乡居民合作医疗保险确定在江北、九龙坡、南岸、永川和南川共 5 个区进行试点，2008 年扩大试点范围，2009 年试点区县达 80% 以上。2010 年在全市建立城乡居民合作医疗保险。至此，各试点区启动试点工作。

9 月 10 日　十里画廊 · 博赛假日酒店开工建设。该项目位于金佛山西坡脚下原红泉厂旧址，计划投资 1.5 亿元，按四星级标准建设。

同日　博赛集团向南川中学和道南中学分别捐赠 100 万元，设立博赛教育基金。

同日　由重庆交旅集团引进的英国阿特金斯集团公司有关人员考察了金佛山，对金佛山整体开发进行策划规划。

同日　全区扶贫工作座谈会召开。2007 年，全区计划减少 3000 名绝对贫困人口；解决 1.4 万人饮水困难；新建和改建村道公路 190 公里；易地扶贫搬迁 100 户；开展农村实用技术和农民工职业技能培训 1500 人次。至此，全区启动 24 个贫困村扶贫工作，启动实施项目 46 个。对贫困村农民进行中药材、经果林等实用技术培训 1030 人次，完成易地扶贫搬迁 21 户，对 18

个贫困村的中药材、笋竹、畜牧、蔬菜等产业进行打造。

9月14日 首届渝南黔北地区区域合作经贸洽谈会组委会第一次会议召开。此次区域合作经贸洽谈会期间，周边区县领导、各方客商云集区内，开展十大主题活动，包括千人大宴、千人巡游等。

9月17日 区委12届19次常委会议召开。会议通报了《南川区城乡居民合作医疗保险试行办法》。

9月17日至18日 由建设部组织的国家级风景名胜区综合整治考核验收组对金佛山国家级风景名胜区综合整治工作进行考核验收。

9月19日 博赛集团氢氧化铝工程开工建设。该项目计划投资9亿元，建设周期14个月，预计2008年竣工投产，可实现销售收入10亿元，创税收1.2亿元，解决800～1000人就业。

9月21日 南川区与市总工会扶贫集团召开对口帮扶联席会，副市长周慕冰出席会议并作重要讲话。市总工会扶贫集团对口帮扶南川10年，南川绝对贫困人口从7066人降至1100人，相对贫困人口从115000人降至36000人。先后在南川投入770万元，牵线搭桥引进资金4317万元，投资修建希望小学4所，资助贫困学生319名。

同日 南川供电公司荣获重庆市南川区物价局“首届价格诚信单位”。

9月22日 重庆市发改委与温州总商会经济合作协议签订仪式暨重庆市南川区招商引资项目推介会在温州举行。长三角9家企业在推介会上与南川区签订项目投资意向协议书。

9月27日 金佛山旅游项目开工，交旅集团注资13亿元开发金佛山。

9月 全区首条硬化通村公路建成通车。

10月15日 中国共产党第十七次全国代表大会召开。

10月16日 重庆市发改委调研南川区铁路建设。铁二院重庆分院南涪铁路总设计师田光文介绍了南川站的设计标准、拟选址及几个选址的比较等情况。

10 月 17 日　区委在全区实施“三百工程”，即 100 个机关事业单位党组织、100 个企业党组织与 100 个村级党组织连线共建。

10 月 19 日　全区城乡居民合作医疗保险暨新型农村合作医疗工作会召开，全区城乡居民合作医疗保险工作全面启动。

10 月 24 日　南川组织召开国家“十一五”科技支撑项目“重庆地区喀斯特山地退化生态系统恢复与重建技术开发”试验区现场会。

同日　中国养蜂学会理事长会暨生物学专业委员会年会在区内举行。全区的蜂群达到 3 万群，蜂业产值 4000 万元。根据规划，预计到 2011 年全区的蜂群将发展至 6 万群，蜂产品将达 1000 吨，实现产值 8000 万元。

10 月 25 日　经中国养蜂协会理事长会暨生物学专业委员会全票通过，南川区荣膺“中华蜜蜂之乡”称号，成为西南地区第一个也是唯一一个获此殊荣的区县。

10 月 26 日　“80 项目”集中安置小区抽签选址工作结束，“80 项目”集中安置小区 200 余户拆迁户进场建房工作全面拉开帷幕。

10 月　南川区成为全国首批城乡居民合作医疗保险试点城市，至 2011 年 58.7 万人参加城乡合作医疗保险。

11 月 4 日　南川区启动首个“重庆农民工日”主题宣传活动。

11 月 5 日　首届渝南黔北地区区域合作经贸洽谈会组委会在区内召开工作会。会议审议首届经贸洽谈会活动期间经费预算，活动议程和后勤方案。

11 月 6 日　区政府召开第 19 次常务会议，审议新城区道路命名规划方案；研究部分乡镇村居委建制调整有关事宜；审议关于全面加强和改进人口计划生育工作统筹解决人口问题的意见等。

同日　区人大常委会视察全区笋竹、中药材、蔬菜、茶叶和畜牧五大骨干产业。年内，五大产业完善产业发展规划，制定激励政策，加大龙头企业引进和大户培育制度，形成“公司＋基地”产业发展模式，突出抓基地乡镇、专业村、专业户培育。至此，全区新增中药材面积1266.66公顷、蔬菜800公顷、笋竹1133.33公顷、茶园35.33公顷，1—9月出栏生猪42.66万头。

11月8日 黎香湖综合开发领导小组召开第一次会议。专题研究黎香湖综合开发相关事宜。

11月10日 南川区招商引资项目推介会在长沙举行，现场签约6个项目。

11月20日 重庆银行南川支行举行开业庆典，重庆银行正式入驻南川区。重庆银行南川支行于9月6日批准成立，向工业园区发放贷款5000万元。

11月21日 宏原化工有限公司2万吨离子膜烧碱及2万吨PVC技改项目正式开工。项目计划投资1.2亿元，建成投产后，将新增产值2.16亿元，新增税金2530万元。

11月24日 重庆市南川区第十五届人民代表大会第二次会议召开，投票选举了15名重庆市第三届人民代表大会代表。

11月26日 区劳务经济发展局、区劳动仲裁院、区城乡居民合作医疗保险管理中心正式挂牌成立，全区劳动保障工作进入新的发展阶段。

渝湘高速界石至水江段建成通车

11月28日 渝湘高速公路界石至水江段建成通车。这是南川有史以来最大的建设项目，境内段全长 55.978 公里，总投资约 25 亿余元，经过大观、兴隆、木凉、西城、南城、东城、水江等 7 个乡镇和街道办事处，设有大观、城区、金佛山、水江 4 处互通式立交。渝湘高速公路界石至水江段建成通车后，南川到重庆主城的距离由原来的 170 公里缩短到 58 公里，南川正式融入重庆“一小时经济圈”。当晚，还举行了“欢乐中国行”魅力南川大型演唱会。

11 月 28 日至 30 首届渝南黔北地区（南川）区域合作经济洽谈会召开。此次经贸洽谈会召开标志着由重庆市南川区、涪陵区、万盛区、武隆县和贵州省桐梓县、正安县、道真县共同发起的政府间区域性经济合作协调组织——渝南黔北地区区域经济社会合作组织正式成立。同时，成功举办首届名特优新产品展示展销会，200 多家企业，3000 余特色产品亮相会场。29 日，举行招商引资项目推介会和签约仪式，参会黔渝七区县共签约项目 32 个。

南川举办渝南黔北地区首届经贸洽谈会

11 月 29 日 南川在外企业家联合会成立。

南川在外企业家联合会成立

12 月 7 日 涪陵—南川双河口、万盛—南川高速公路工程可行性研究报告评审会召开。两条高速公路均是《重庆市高速公路网规划》（2003—2020）“三环十射”中三环的重要路段。南川至涪陵高速公路设计线路全长 55.261 公里，设计时速 80 公里/小时，2008 年动工，工期 3 年。万盛至南川高速路设计线路全长 29.89 公里，设计时速 80 公里/小时，2011 年动工，工期 2 年。

12 月 10 日　特色园区建设座谈会召开。区委、区政府初步研究决定，2008 年将扎实开展“贯彻十七大、推动新发展”主题实践活动，“大项目建设深化年”活动，“创业、创新、创造”主题实践活动，“对外开放年”系列活动，“机关效能建设”行动等五大活动，强力推动特色工业园区、宜居城市新区、生态旅游景区、现代农业展示区、统筹城乡试验区“五区”建设。

同日　宜居城市新区建设座谈会召开。听取 2007 年新城区开发建设工作情况和及下年宜居城市新区建设初步思路汇报。

12 月 14 日　市扶贫办主任王义北一行调研扶贫开发工作。年内，全区减少 3100 人农村建卡贫困人口，解决 1.5 万人农村饮水困难，新建改建村道公路 190 公里，实施扶贫搬迁 143 户，开展各类技能培训 1638 人次。

12 月 15 日　中桥乡联合骑龙乡、武隆县平桥镇签订《辣椒产业区域合作协议》，共同打造 5 万亩辣椒基地。

12 月 18 日至 19 日　铁道部铁路环保技术中心地和重庆市环境工程评估中心联合召开了《新建铁路南川至涪陵线工程环境影响报告书》技术评估会。该工程环评报告顺利通过铁道部和重庆市联合组织的专家评审。

12 月 20 日　中共重庆市南川区委召开十二届三次全会。会议审议通过《关于认真学习贯彻党的十七大精神的决议》《关于〈重庆市南川区统筹城乡综合配套改革试验的意见〉的决议》和《关于〈南川区开放式选拔任用区管领导干部工作暂行规定〉的决议》。

12 月 24 日　区科学技术协会第二次代表大会召开。11 月，南川区被中国科协命名为“全国科普示范区”，东城街道和西城街道被命名为“重庆市科普示范乡镇、街道”，全区建起20处标准化科普画廊和8个区级科普示范基地，科技作品获国家级奖励4项，重庆市级奖励44项。

12 月 25 日 嘉南公司100万吨新型干法水泥项目正式开工。项目总投资2.2亿元，建设期一年。项目建成后，将填补南川及渝南黔北地区新型干法水泥生产工艺空白。实现利税约7000万元，新增就业人员213人，同时带动采矿业、运输业、建筑业等相关产业发展。

2007年，实现地区生产总值80.5亿元，比上年增长16%；财政总收入7.8亿元，增长63%；社会消费品零售总额26.5亿元，增长16.5%；外贸出口4500万美元，增长27.5；农民人均纯收入3839元，增长21.3%；城镇职工年均工资1.85万元，增长29.4%。完成全社会固定资产投资50.7亿元，增长39%。

2008 年

1 月 4 日 区委、区政府旅游工作专题会议召开。区委书记、区人大常委会主任谭大辉要求，各相关部门要认真研究分析高速路开通后，区旅游所面临的新形势、新矛盾和新问题，做好金佛山冰雪节高峰期的应对处理，采取责任落实制度，确保区旅游正常、有序、安全、圆满。

同日 中国邮政储蓄银行南川区支行正式挂牌成立。

1 月 7 日 区委 12 届 31 次常委会议召开。会议审议了区委、区政府 2007 年度民主生活会重点问题暨市委巡视组“回头看”反馈问题整改方案；区委及区人大常委会、区政协党组 2008 年工作要点。

1 月 8 日 民政部救灾司司长王振耀到南城街道、铁村等地检查指导灾民倒房重建和稻草援助中心建设工作。

1 月 10 日 中国人民解放军重庆市南川区人民武装部正式成立。重庆警备区副政委李斌少将到场祝贺，谭大辉任区人民武装部第一书记，崔华伦任人武部部长、肖仁建任人武部政委。

同日 区委印发《统筹城乡综合配套改革试验的意见》，要求以加快、率先、统筹发展为目标，以中部城镇经济带、北部生态农业园、南部特色旅游区“三大类区”为战略平台，以解决务工农民、失地农民、高山农民“三类农民”问题为突破口，以城镇化、新型工业化、农业现代化为战略支撑，建立以城带乡、以工哺农、城乡互动的新机制，实现城乡统筹协调发展。

1 月 15 日　重庆科瑞东和制药有限责任公司正式投产。

1 月 18 日　国家人口计生委党组成员勾清明、市副市长马正其到南川开展“三下乡”送温暖活动。

同日　东城街道高桥煤矿发生一起瓦斯突出事故，造成 13 人死亡。南川区深刻汲取“1·18”事故教训，开展了“安全隐患整治年”活动。

1 月 20 日　区政府与市食药监局签订合作框架协议。

1 月 24 日　渝南大道竣工通车。

1 月 30 日　重庆市人民政府市长王鸿举到南川调研，指出南川变化很大，有志气、有朝气。

1 月 12 日至 31 日　自 1 月 12 日起，南川连续遭受低温降雪天气，气温降至 51 年来最低。区内 34 个乡镇、街道的 31.8 万人不同程度受灾，造成直接经济损失 1 亿元以上，其中南部山区乡镇受灾尤其严重。

1 月　南川建立乡镇政务代办服务平台和村（居）委代办服务点。将政务服务工作由区向乡镇、村（居）委延伸，实行“统一受理、集中办理、上下联动、无偿服务、限时办结”的办公机制。

2 月 14 日　区政府召开第 26 次常务会议，研究深部煤炭资源开发利用事宜、现代农业展示区建设有关事宜，审定区委、区政府关于切实加强新时期信访工作的意见等。

2 月 15 日　区委召开 12 届 34 次常委会议。会议审议区委、区政府《关于加强新时期信访工作的意见》。

2 月 18 日至 21 日　区政协十二届二次会议召开。会议审议通过区政协第十二届委员会第二次会议决议、常委会工作报告决议和提案工作报告决议。

2 月 19 日至 22 日　区十五届人大三次会议召开。区委书记、区人大常委会主任谭大辉主持大会，区长游正焜作政府工作报告。会议通过《关于政府工作汇报的决议》等决议和《重庆市南川区人民代表大会议事规则》。

2 月 22 日 重庆医科大学附属第二医院指导医院和肝病治疗研究中心分中心授牌仪式在区人民医院大门口举行。

2 月 25 日 东城派出所被市公安局评为 2006—2007 年度“重庆市优秀公安基层单位”，记集体三等功一次。

同日 区委办、区政府办印发《重庆市南川区生态旅游景区建设方案》《重庆市南川区特色工业园区建设方案》《重庆市南川区统筹城乡试验区建设方案》《南川现代农业展示区建设方案》《重庆市南川区宜居城市新区建设方案》。2 月 26 日，全区召开“五区建设”动员大会，对 2008 年“五区建设”工作进行部署。

2 月 27 日 区规划委员会召开第六次会议，审查并原则通过水江镇总体规划和金佛山十里画廊规划设计方案。

2 月 29 日 城乡统筹试点工作指导组座谈会及统筹城乡试验区建设工作会议召开，标志着全区全面启动统筹城乡试验试点工作。

2 月 市交委正式对万盛至南川高速公路勘察设计等进行招标。

2 月 金佛山西坡索道项目选址正式通过国家建设部核准。该索道于国庆建成投入运营。

3 月 3 日至 18 日 十一届全国人大一次会议和全国政协十一届一次会议在北京举行。

3 月 6 日 区政府召开 2008 年春季笋竹基地建设现场会。

3 月 11 日 水江镇政府与重庆蔬菜研究所携手，出资合作建设蔬菜育种示范基地，试种各种蔬菜种子。新品种的茄子能长两米高，水循环育苗的新技术不惧雪灾，大户种植渐成规模产生新效益。

3 月 12 日至 13 日 重庆市委常委、组织部部长陈存根到南川调研基层党建设工作，给予南川基层党建工作高度评价。

3 月 13 日 区委召开 12 届 36 次常委会议，审议区乡镇（街道）及区级部门领导班子和领导干部年度考核办法、干部教育培训、机关效能建设、“振兴南川突出贡献奖”表彰等事宜。

3 月 14 日 南川区被授予“中国养蜂学会中华蜂蜜种质资源保护与利用基地”。

3 月 17 日 2008 年南川区春播现场会暨水稻高产创建活动启动仪式举行，现场会上，重庆市农技总站、区农业局和大观镇签订了共建万亩水稻高产示范片责任书，农技专家与种植大户签订了技术指导责任书。

同日 重庆迪康电扶梯、重庆元方两个项目的标准化厂房建设动工，于 2007 年开工的重庆电力 220 千伏输变电站工程完成进度 70%，8 月竣工。

3 月 18 日 区政府召开第 29 次常务会议，会议审议城镇化暨国土房管工作会条件，工业经济工作会文件和南川区银行业 2008 年度目标考核奖励办法。

同日 区委、区政府授予丁安平、崔志有、郑远学、唐继德、何兵、霍剑瑜、任国君、李云强、刘桂林、韦强 10 人为 2007 年度“振兴南川突出贡献奖”，授予李强、李仕忠、徐先贵、何大可、王忠汉 5 人“振兴南川突出贡献奖”提名奖。

3 月 19 日 区举行综合交通发展规划评审会，对《重庆市南川区综合交通发展规划》（2007—2020）进行评审，并原则通过该《规划》。

3 月 20 日 全区 2007 年度工业经济 20 强企业出炉：博赛集团、双赢集团、宏能煤业、宏原化工、爱溪电力、大溪河水电、龙济化肥、鑫南制造、先创煤矿、嘉南水泥、新世纪煤矿、水江发电公司、水江煤矿公司、国华矿山设备、利民鞋业、自来水公司、渝华平板玻璃、裕华玻璃、海峰水泥、纵横纺织。

3 月 24 日 南川首个全民读书月活动启动。

3月26日 区政府召开重庆市现代农业展示区规划初审会，对重庆市农业科学院所作的《重庆市现代农业展示区建设规划》和珠海市农业科学研究中心《重庆·南川城乡统筹发展（大观）示范区控制性总体规划及核心区详细规划》进行初审。

3月29日 第十五届人大常委会召开第七次会议，会议听取和审议区人大常委会执法检查组关于检查区实施《中华人民共和国动物防疫法》情况的报告；听取区委常委、副区长钱建超代表区政府所作的关于贯彻《区人大常委会关于对我区交通工作情况报告的审议意见》情况的报告；听取了副区长曹维灿所作的关于贯彻《区人大常委会关于我区“大项目建设年”活动开展情况报告的审议意见》和《区人大常委会关于对我区重点农业产业发展情况报告的审议意见》情况的报告。

3月31日 2008年度武装工作会召开，34个乡镇街道、职中和药研所武装部接受新牌印。

3月 区妇联荣获“全国三八红旗集体”称号。

3月 南川区在市委、市政府2007年度就业再就业目标责任考核中获得一等奖。

3月 铁道部批准修建南（川）涪（陵）铁路。该铁路于9月19日正式开工建设。该铁路全长76.8公里，投资估算27.4亿元，预计2010年建成。

3月 区政府出台首个森林防火考核办法。明确森林防火的目标责任和奖惩。

4月1日 市人大常委会主任陈光国到南川调研工程项目建设。

同日 市政协主席邢元敏视察南川旅游工作。

4月3日 区委、区政府印发《南川区“比创新看创造赛创业”主题实践活动实施方案》，决定在全区广泛开展“比创新看创造赛创业”主题实践活动。

4 月 3 日 全区召开“解放思想、扩大开放”大讨论、“创业创新创造”主题实践活动、“机关效能建设”活动动员大会，并对首届“振兴南川突出贡献奖”及提名奖获得者进行了表彰。“解放思想、扩大开放”大讨论活动期间，南川区分别在北京、上海、深圳、重庆等地举办领导干部培训班，干部素质得到提升。5 月 16 日，南川区派出招商组常驻“长三角”“珠三角”定点招商。截至 2008 年年底，共签约大项目 18 个，协议引资 237 亿元。相继与广东佛山禅城、浙江诸暨市缔结友好，与浙江东阳恢复友好市区关系，全区对外开放取得重大突破。

4 月 5 日 区内公安战训基地建成投用。该训练基地是区公安局投资 60 余万元在原警察培训基地的基础上改造而成，用来对公安干警进行综合培训，切实增强民警的综合能力。

4 月 9 日 重庆神龙峡旅游开发策划方案进行首次评审。

4 月 10 日 中国铝业发展投资工作会代表考察“80 项目”。出席中国铝业股份有限公司发展投资会议的与会代表，在中国铝业公司党组成员、中国铝业股份有限公司总裁罗建川的带领下，到南川对中铝“80 项目”进行考察调研。

同日 区政府与重庆工商大学进行区校合作交流座谈会。双方就合作情况进行交流，并一致希望进一步加强双方的交流与合作。重庆工商大学校长王崇举在会上介绍了农民工学院的筹办情况，并表示将继续加强双方的交流与合作。

4 月 12 日 农业部农经司副司长胡建锋到区大观金龙村和兴隆镇金禾村，对农村土地经营及流转情况进行调研。

4 月 18 日 金佛山书画院成立。

4 月 21 日 区管领导干部“解放思想、扩大开放”专题培训（深圳）

班举行开班典礼。

4月24日 南川区全面启动事业单位岗位设置管理工作。明确事业单位岗位设置管理工作的目标任务、方法步骤和总体要求，以及实施范围、结构比例等相关事项。

4月26日至27日 全国政协常委、市人大常委会副主任、民建重庆市委主委卢晓钟带领参加民建重庆市委企业家联谊会三届二次理事会（扩大）会议的100余名企业家对南川进行考察。

同日 重庆金佛山杜鹃花会暨集体婚庆仪式正式开幕。

4月30日 南川区摄影家协会成立。

4月 涪陵的同乐、聚宝，武隆的凤来、平桥，南川的骑龙、民主、峰岩、鸣玉、冷水、中桥共10个乡镇以及大溪河水电开发有限公司齐聚民主乡，就区域合作事宜进行研究，共同打造大溪河经济圈。

4月 南川引进中国海外集团、香港南华集团开发黎香湖和大观统筹示范区。

5月6日 区委印发《中共重庆市南川区委贯彻党的十七大精神实施固本强基战略纲要》。

同日 香港南华集团副主席张赛娥、集团执行主席吴旭峰一行到南川，就统筹城乡发展（大观）示范区的投资事宜进行座谈。

同日 深圳外贸（集团）有限公司党委书记、总经理许兆林一行到南川考察，并参与投资合作座谈会。

5月7日 南川区与重庆市地产集团举行开发建设联席会，会议对2008年拟出让地块征地拆迁情况、其他地块征地拆迁情况、在建工程和2008年新开工项目的进展情况，以及各项工作仍存在的问题和2008年新城区储备整治资金筹集与使用情况，进行详细研究商议。

5月11日 国务院安委会办公室煤矿安全生产百日督查专项行动督查

组在国家安全监管局调度统计司司长支同祥、江西煤监局原局长包尚贤的带领下，到南川开展为期一天的督查工作。

5 月 11 日至 12 日 深圳市人大常委会副主任唐杰到南川考察。

5 月 12 日 四川汶川发生里氏 8.0 级特大地震。

5 月 13 日 南川区举行向汶川地震灾区献爱心捐赠活动仪式，紧急组织 349 名救援救护人员急赴阿坝铝厂实施救援。

同日 南川区启动文化艺术中心、体育中心和培训中心三大中心建设。

5 月 15 日 市政府办公厅副主任王泰来、市公安局副局长高晓东等深入博赛阿坝铝厂灾区查看灾情，组织人员抢救失踪人员，慰问救援救灾的突击队员和厂区职工。

同日 重庆食为轩食品有限公司农业产业化项目在大观镇金龙村正式开工。

5 月 17 日 第二批赴阿坝铝厂救援小组顺利抵达都江堰。

5 月 18 日 77 名来自地震灾区的伤员转运至区内医院救治，其中人民医院接收 28 人、宏仁医院接收 20 人、第二人民医院接收 18 人、中医院接收 11 人。经治疗，77 名伤者全部治愈出院返乡。

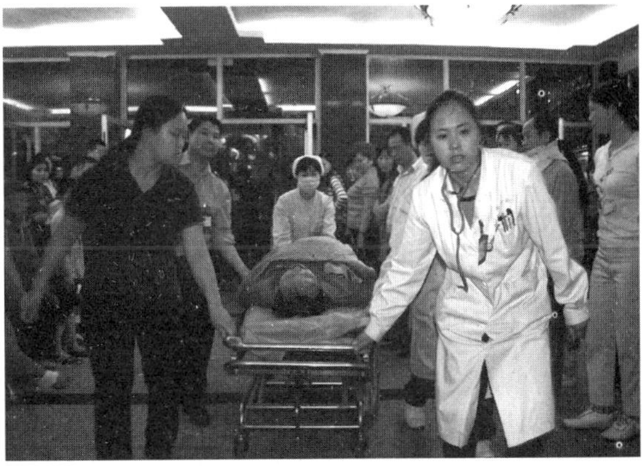

2008 年 5 月 18 日 21：01 分，来自汶川地震灾区的伤员抵达南川区宏仁医院

5 月 22 日 “情系灾区、真情奉献”抗震救灾赈灾义演在鼓楼广场举行，全区广大干部群众和社会各界人士再次伸出友爱之手，为汶川地震灾区群众献出爱心。截至当晚 10 时，活动现场共收到捐款 293.3583 万元。

5月23日 中共中央候补委员、中国铝业公司党组书记、总经理，中国铝业股份有限公司董事长、首席执行官肖亚庆一行前往水江镇视察“80项目”建设进展。

5月27日 南川区启动2008年度基层党建试点工作。

同日 市委、市政府督查组在市政府督查室副主任白冰的带领下，到南川督查社会治安综合治理、社会稳定、安全生产和奥运安保工作。

南川区在渝中区成立流动党支部

5月29日 “80项目”百日会战表彰攻坚战动员大会召开。

5月30日 环保部党组成员祝光耀调研南川环保工作。

同日 重庆市（南川）现代农业展示区建设规划通过评审。

5月 霍剑瑜获“全国五一劳动奖章”，成为区内第一个获此殊荣的人。

5月 金佛山入选“巴渝新十二景”。

5月 重庆市人事局确定南川区为公开招录公务员阳光面试试点区之一。

5月 “金佛玉翠”获“三峡杯”优质名茶特等奖。

6月2日 区政府召开12届41次常委会议。会议通报了全区抗震救灾工作有关情况、本阶段“大讨论”工作有关情况，审议了创建市级卫生城区有关事项，区委、区政府《关于切实加强2008年体现科学发展观要求经济社会发展工作和党建工作考核评的通知》等。

6月6日 区政务服务中心、国土房管局、民政局等47家区级行政机关单位向社会公开服务承诺。承诺的内容主要是针对群众反映的突出问题和工作中存在的薄弱环节，各部门公开承诺改进工作、转变作风、提高效率、改善服务，并就各自部门的服务事项、经办机构、办事程序、办理时限、服务标准、服务咨询电话及监督投诉电话公布于众。

6 月 9 日 区管领导干部现代经济知识专题培训（上海）班结业。此次培训从 6 月 2 日至 8 日，共有包括区领导 76 名学员参加，来自各大知名院校的 10 余名教授做了专题报告。

6 月 10 日 全区森林工程规划工作会召开，对《重庆市南川区森林工程总体规划大纲（征求意见稿）》进行讨论修改。

6 月 12 日 重庆市创建卫生城区动员大会召开。

6 月 14 日 中国围棋甲级联赛重庆主场赛南川赛场在南川宾馆举行，是区内首次举办的全国性体育赛事。

6 月 16 日 团区委和重庆银行南川支行联合推动“阳光行动”创业贷款项目，陆续发放 2000 万元创业资金。

6 月 18 日 南川区反腐倡廉警示教育基地挂牌成立。基地主要运用反面的典型案例以及服刑人员的现身说法等形式，以案施案，以案说法，进一步增强党风廉正教育的针对性和实效性。

南川区反腐倡廉警示教育基地举行挂牌仪式

6 月 24 日 国土资源部规划司巡视员殷卫平在市政府副市长凌月明的陪同下，带领国务院土地政策及耕地保护政策调研组第十三组，到南川区调研土地整理情况。

6 月 26 日 国务院研究室综合司司长宋大伟带领国务院调研组综合二组到区内考察调研。

6 月 28 日 南川首个农业科技培训中心成立。可同时培训 600 名农民，它集现代农业科技成果推广、现代农业建设成果展示和农民培训等功能于一身。

6 月 30 日 体育场建设工程开工。体育场总用地规模 1.33 公顷，建筑面积约 4 万余平方米，预计总投资约 1.8 亿元。

6 月 南川创建全民创业服务体系，城乡创业者都可申请小额贷款。

6 月 流动党员管理服务中心建立，有动态信息、交流平台、制度保障、帮扶联系、规范管理、教育监督、作用发挥的流动党员管理“1 + 7”模式在全区推广。

6 月 耕地占用税正式移交区地税局征管。

6 月 宏仁医院获“全国抗震救灾重建家园‘工人先锋号’”称号，为区内唯一获此殊荣的单位。

7 月 1 日 南川区区委、区政府荣获全市抗震救灾先进集体，区人武部军事科参谋幸云吉和丰源自来水建设工程有限公司工程二队副队长朱仁才被授予抗震救灾先进个人称号，博赛集团党委获得抗震救灾先进基层组织称号。

南川区举办抗震救灾先进事迹巡回报告会

7 月 4 日 中国知名企业重庆投资发展研讨会招商引资签约仪式举行，分别与北京金车融汽车技术研究所、深圳市粮食集团有限公司签订了投资合作框架协议，协议引资 7 亿元。

7 月 9 日 重庆市副市长马正其视察南川“低保”工作。

7 月 15 日 国家安全生产监督管理总局副局长孙华山带领国务院整顿和规范矿产资源开发秩序工作及“回头看”行动联合检查验收组第 10 组检查验收区内整顿和规范矿产资源开发秩序工作及“回头看”行动情况。

7 月 22 日 南川正式启动国家级食品安全示范区创建活动。

7 月 28 日 南川首批 5 名人员赴阿联酋务工。此次成功输出后，将陆续组织第二批人员培训考试，前往阿联酋务工。

7 月 30 日至 31 日 区委召开十二届四次全会，专题研究部署全区进一步扩大开放的各项工作，努力增强又好又快发展的动力和活力，为早日建成渝南黔北地区经济高地和区域性中心城市而开拓奋进，审议通过《关于进一步扩大开放的决定》。

7 月 31 日 由新红阳实业集团公司投资兴建的永隆山森林公园开工建设，将为市民提供一个近郊生态、观光、健身、游玩的好去处。

7 月 南城街道率先启动建设南川首个农民工服务中心。

7 月 兴隆镇被民政部评为“全国村务公开民主管理先进乡镇”。

8 月 4 日至 5 日 市委常委、宣传部部长何事忠对南川区经济社会发展情况和宣传思想工作进行调研。

8 月 5 日 南川区反邪教协会成立。协会将面向社会开展各种形式的研讨活动，研究和探讨区内邪教组织的活动现状和动向，深入剖析邪教组织的本质和危害；举办反邪教组织的报告、讲座、展览，提高公众对邪教组织的警惕性、鉴别力和防范能力。

8 月 8 日至 24 日 北京成功举办第二十九届奥林匹克运动会。

8 月 12 日至 13 日 南川区“解放思想、扩大开放”电视辩论赛开赛。辩论赛是南川“解放思想、扩大开放”大讨论活动的一项重要活动，目的是以大辩论推动大讨论，使大讨论更加生动活泼、深入人心，为解放思想、扩大开放提供思想舆论基础。

8 月 14 日至 15 日 市人大常委会副主任郑洪带领市人大常委会执法检查组，对南川区实施《中华人民共和国农业机械化促进法》情况进行检查。

8 月 14 日至 15 日 四区人大工作交流研讨会在南川区举行。会上，江津、合川、永川、南川四区人大常委会围绕如何进一步解放思想、依法履职、推动发展，畅所欲言，深入交流了各自的好思路、好做法、好经验。

8月19日 市政协南部片区工作会在南川区召开。来自渝中区、巴南区、綦江县等6区县的政协主席围绕政协重庆市第三届一次会议提出的“三新”总体思路和目标分别作了交流发言。

8月28日 市旅游局、交旅集团、农业银行、林业局、规划局、国土局等相关部门负责人组成的调研组深入南川区进行调研。

8月 区总工会被全国总工会表彰为“全国工会农民工维权工作先进集体”。

9月8日 区委书记、区人大常委会主任谭大辉带领100余名区委机关干部做工间操，标志着区委机关正式启动工间操活动。

9月10日至11日 副市长刘学普带领市安监、煤监、经委、公安、公安交管、公路等部分负责人，深入南川区就煤矿瓦斯治理和道路交通安全工作进行了调研。

9月12日 在2008中国（重庆）茶叶博览会名优茶颁奖仪式上，“金佛玉翠牌金佛玉翠茶叶”荣获2008首届重庆市“十大名茶”和重庆市第七届“三峡杯”名优茶金奖。

9月14日 中央下发《中共中央关于在全党开展深入学习实践科学发展观活动的意见》。

9月18日 重庆市文物考古所对规划中的重庆南川至涪陵铁路全线进行了考古调查和勘探工作。至此，共发现东汉至明清时期文物点35处，包括了9处古遗址、25处墓葬、1处古石桥。其中，位于重庆武隆县鸭江镇的东汉至六朝遗址、南川区南城街道林堡五社红房子唐代遗址、南川区东城街道大铺子10社大坪宋元遗址为重点文物点。

9月19日 在深圳召开的2008中国旅游品牌年会上，金佛山被评为

“中国最具影响力旅游景区”。

同日 南涪铁路正式开工建设。标志着重庆市到 2015 年建成西部铁路枢纽战役正式拉开序幕。南涪铁路全长 78 公里，总投资 27.6 亿元，设计速度目标值 120 公里/小时，设计货运能力 1359 万吨。

南涪铁路正式开工建设

9 月 26 日 南川区启动“森林工程”建设，当日植树 37.7 万株，新造林 3400 亩。租用农民土地植树的“南川模式”在全市推广。

10 月 1 日 圭亚那总统巴拉特·贾格迪奥到南川考察民营企业博赛矿业（集团）有限公司。

10 月 7 日 全国人大常委会常委、教育部原副部长吴启迪对全区教育工作进行视察。

10 月 10 日 区委、区政府作出《关于实施森林工程建设森林城市的决定》，要求实施森林工程，八年规划、四年实施，打造重庆市级森林城市。

10 月 11 日 重庆市农业委员会组织有关专家评审通过南川区《生态农业示范区规划》，规划中明确，南川将打造具有重庆特色的生态农业样板工程和示范窗口。

11 月 16 日 中华全国总工会调研组就南川区农村工会建设工作进行调研。

10 月 17 日 区委、区政府发出《关于加快推进集体林权制度改革的实施意见》。全区有林业用地 212.1 万亩，林地面积占辖区面积的 54.37%，要求加快推进集体林权制度改革，让经营者有其山，务林者有其利。

同日 兴隆镇金花村顺利通过市爱卫会专家组织的检查验收，成为 2008 年重庆市创建的 20 个生态卫生村之一，是南川区获此殊荣的第一个村。

10月22日 南川方竹笋顺利通过国家质检总局地理标志产品保护专家审查会审查。即日起，地理标志产品保护范围内的生产者，可向区质监分局申请使用“地理标志产品专用标志”。

同日 南川水利工程管理体制改革通过重庆市级验收。

10月24日 重庆市人大常委会副主任郑洪、市政协副主席刘隆铸一行到南川，对南川区森林工程建设情况进行了检查指导。

10月25日 成都军区全国人大代表调研组一行到南川，调研预备役建设和人武部工作。

10月 南川区农产品品牌数量位居全市第一。2008年，南川突出农质安全，品牌效应逐步显现，新增无公害产地和“三品”认证认定31个，农产品品牌总量达到127个位居重庆市区县之首。

10月 “租用农民土地植树”的“南川模式”获市森林办、市水利局肯定，在全市推广。

10月 南川区城市生活垃圾处理场工程被市环保局评为重庆市2007年度环境友好项目。

11月7日 南川板凳龙舞参加全国“纪念改革开放30周年首届中国农民文艺会演”，获得文化部颁发的银穗奖。

南川板凳龙舞获文化部银穗奖

11月18日 南川区在全市率先完成通乡公路畅通工程。自2003年起，经过四年的高效率建设，总投资4亿多元，建成17条345公里柏油（水泥）路，连通南川城区和所有乡镇政府所在地，彻底改善了65万南川人民的出行条件。随着南万高速公路、南涪高速公路、南道高速公路的动工修建，南川正成为渝南黔北交通枢纽。

11 月 19 日　区委、区政府作出《关于进一步优化发展环境的决定》，要求各级各部门坚持高效服务、创新服务、法治服务、协调服务、公开服务、文明服务、廉洁服务，提高服务质量和水平，优化发展环境。

同日　区委、区政府印发《公开评议100名部门单位中层干部考核办法》。2008年12月至2009年1月，开展了全区100名部门单位中层干部公开评议考核，涉及33个重点部门单位共100名中层干部。考核结果最高得分为100.27分、最低得分为90.17分，平均分值为95.56分，考核前十名于2009年3月在《南川报》予以公示。

11 月 20 日　南川区依法治区暨发展环境综合整治动员大会召开，决定对依法治区工作和发展环境中存在的问题进行集中综合整治，优化发展环境，促进南川经济又好又快发展。

11 月 21 日　区委、区政府印发《关于推行五项制度促进工作落实的通知》，决定在区委《关于进一步转变工作作风提高办事效率的十条规定（暂行）》的基础上，推行任务公示制、实绩公论制、一线工作制、过程问责制、有为有位制等五项制度。

11 月 24 日　区委印发《关于认真开展“四培四带”活动充分发挥农村无职党员作用的通知》，决定在全区农村党员中“培养党员增收致富能力，带头发展农村经济”“培养党员服务群众能力，带头从事公益事业”“培养党员科学引导能力，带头宣传文明新风”“培养党员议事决策能力，带头参与民主管理”，推动党员作用充分发挥、党群关系更加融洽、基层管理更加民主、农村风气更加文明、农村环境明显改善。

11 月 28 日　区委组织部印发《南川区2008—2012年大规模培训干部

工作的实施意见》，启动2008—2012年大规模培训干部工作，在五年内将全区10000余名干部（其中：党政干部近2300名、事业单位管理人员1100名、规模以上企业经营管理人员100名、专业技术人员6600名）全部轮训一遍。

11月 金佛山野生大树茶获有机食品认证。

11月 重庆市畜牧科学院南川分院正式挂牌成立，标志着南川区与科研机构的战略合作取得了实质性进展。

12月2日 南万高速公路可研报告获批。万盛至南川高速公路是重庆市“三环十射三联”高速公路规划中“三环”的一段。该项目的建设对完善区域路网，带动区县经济社会的发展具有重要作用。工程设计线路全长30.1公里，项目总投资约24亿元，采用四车道高速公路标准一次建成，设计时速每小时80公里。

12月6日 首届大有年猪文化节在大有镇水源村柏杨坪村庄正式开幕，拉开了南川区春节群众文化活动序幕。

12月6日至8日 中国水利水电科学研究院院长匡尚富带领国家水利水电科学研究院专家一行到重庆，对南川区金佛山水利工程项目建议书进行评估总结。金佛山水利工程项目通过国家评估。

12月8日至9日 区委召开十二届五次全会，通过《关于加快农村改革发展的决定》，统筹解决“三类农民”问题，协调发展“三大类区”，推进城乡基本公共服务均衡化，扎实推动全区“三农”工作追赶标兵、突破瓶颈、跨越发展。

12月11日 市委决定：谭家玲任中共重庆市南川区委委员、常委、副书记。免去游正焜中共重庆市南川区委副书记、常委、委员职务，不再担任重庆市南川区区长职务。

12月12日 南川与浙江省诸暨市结为友好城市。

12 月 18 日 南川区被农业部列为生猪奖励大县。每年获奖励发展资金 615 万元。

12 月 21 日 金佛山旅游开发纳入重庆“太阳”工程。市政府正式启动“太阳”工程，争取在两三年内，投入 1000 亿元，使重庆市旅游经济发展形成“众星拱日、众星托月、日月同辉、繁星闪烁”的格局。南川金佛山旅游开发也属于“太阳”工程项目之一，将获更多支持。

12 月 26 日 南川区公安局荣获重庆市机关“三基”工程建设工作集体二等功和夏季社会治安综合整治行动集体二等功。

12 月 27 日 渝南黔北地区区域经济合作组织第二次成员大会在南川区举行。审议《渝南黔北地区区域经济合作组织成员大会制度》等区域合作相关制度，建立健全了经合组织内执行主席会议、信息联络、经洽会举办以及成员准入等相关制度，并审议批准綦江县加入经合组织。相关区县签订《统一标志标识、共推旅游线路，促进渝南黔北生态旅游快速发展合作实施协议书》等一系列相关协议，将区域合作推向纵深发展。

12 月 27 日至 29 日 第十届金佛山冰雪节暨首届民俗文化节在南川区隆重举行。活动期间，南川成功举办渝南黔北地区区域经济合作组织成员大会、改革开放 30 周年成就暨民俗文化摄影展、民俗风味小吃美食展、民间工艺展示展销、民俗文化展演等系列活动，并在体育馆举行第十届金佛山冰雪节和首届民俗文化节开幕式暨纪念改革开放 30 周年文艺晚会。冰雪节期间，接待国内外游客 48. 8 万人次，同比增长 42%；旅游收入 1. 63 亿元，同比增长 94%。

12 月 28 日 白露沟引水工程开工建设。该项目是重庆市“十一五”重大水利项目之一，总投资 1. 09 亿元。

12 月 30 日 区第十五届人大常委会第十二次会议召开。会议决定批准《南川区生态区建设规划》，任命谭家玲为区政府副区长、代理区长。

同日　南川区首家小额贷款公司——重庆市南川区信达小额贷款有限责任公司。该公司是经国家批准在南川设立的一家专业从事小额贷款、票据贴现、资产转让等业务的非银行类金融企业。

同日　南川区首家由农民自发组织成立的农资专业合作社正式成立。大土地农资专业合作社是由南川区农民自愿联合成立的一个农业专业合作社，主要为成员提供各种农资产品配送服务、农业技术咨询、测土配方服务和生态农业推广与服务等方面的工作。该合作社注册资金 100 万元，有成员 78 人，遍布全区各乡镇，甚至还有社员来自贵州省。该合作社成立当天，来自涪陵建峰化工、武隆捷利化工以及区内双赢化工集团等多家化工企业与该合作社达成厂商战略合作。

12 月　隆盛至南川 220 千伏变电站投入运行。该变电站总投资 1.8 亿元，位于工业园区内，占地约 4 万平方米，输电线起点从綦江隆盛，经过万盛，到达南川，全长 31.73 公里。该项目作为南川区控制性项目，是南川目前首个高压电项目，不但为工业园区企业提供电力供应，更重要的是为“80 项目”提供电力支撑。

12 月　南川区被农业部列为第二批生猪奖励大县，每年获得奖励发展资金 615 万元。

12 月　南川区养蜂协会申请的中华蜜蜂蜂蜜产地，被获准认定为重庆市无公害蜂蜜产地。

2008 年，实现地区生产总值 100 亿元，增长 17%，南川首次跨入“百亿区”行列；财政总收入 10 亿元，其中地方财政收入 6.8 亿元、增长 38.6%；社会消费品零售总额 33.2 亿元，增长 25.3%；全区工业总产值增长 25.4%。完成全社会固定资产投资 66.9 亿元，增长 31.9%。三次产业比例由 2007 年的 20.8:48.2:31 调整为 18.6:51.9:29.5。

2009 年

1 月 4 日 铁村乡土地整理重点项目启动项目建设，经过整理，新增耕地千余亩，按照国家土地管理法相关规定，为全区大项目建设置换建设用地 66. 66 公顷。

1 月 5 日 南川区举行在渝经济社会发展顾问暨部分在渝老乡迎春恳谈会。与会在渝经济顾问和在渝老乡围绕区内经济社会发展情况和 2009 年工作谋划，畅所欲言，建言献策。

同日 市交委与重庆建工集团在重庆维景酒店正式签署南川至涪陵高速公路项目投资协议，将南涪高速公路建设提上议事日程。该工程于年内开工建设。

1 月 6 日 白沙镇派出所正式挂牌成立，这是南川区成立的首个乡镇公安派出所。在此前，南川没有乡镇公安派出所，乡镇治安靠大观、鸣玉、小河、水江、南平、大有 6 个片区公安派出所维系。未来几年，逐步在全区各乡镇成立公安派出所，实现“一乡（镇）一派出所”。

1 月 8 日至 12 日 南川区代表团出席市三届人大二次会议，在审议中提出的“构建渝南黔北经济协作区”“加快建设博赛 30 万吨氢氧化铝”“重点建设金佛山有机食品基地”等意见被市人民政府工作报告、市计划报告修改时采纳。同时，代表们联名向大会提交了制定规范农村集体土地流转秩序法规、制定司法救助法规等议案 3 件，提出关于加快金佛山水利工程前期工作、做长做宽铝产业链在南川打造煤电铝产业群、取消南川二级收费公路并纳入政府还贷回购范围等建议、批评和意见23件。

1月8日 三万南铁路进入预可研评审阶段。

1月9日 南川成功创建国家级食品安全示范区。

1月10日 重庆大学美视电影学院南川实习基地在区广播电视台正式挂牌。

同日 农村公路“百日攻坚”交账会举行，所有乡镇和相关部门负责人参加会议。自“通村公路畅通工程百日攻坚活动”开展，3个月内建设全面提速，路面硬化里程200公里，为“村村畅通”的建成奠定了坚实基础。

农村公路

同日 南川以“聚八方优新精品，展百家名特风采”为主题的名特优新产品迎春展销会开幕。诚邀重庆、湖南、贵州、云南、四川五个省市及120余家知名企业进行为期9天的展销，隆重推出大米、茶叶、中药材、乳制品、果产品等10多类地方特色浓郁、物美价廉的名特优新产品供大家选购。

1月14日 区政协第十二届三次会议召开，政协委员们就南川发展大计建言献策。“两会”开幕至16日，区人大代表提交建议107件，政协委员提交提案238件。办理会选取建议和提案各5件现场办理。10件建议提案现场得到满意答复。

1月15日至18日 区十五届人大四次会议召开，谭家玲当选南川区人民政府区长。

1月15日 区政府将黎香湖开发写入2009年度《政府工作报告》，决心按打造国家 AAAAA 景区和“五张名片”的要求对其进行开发建设。

1 月 16 日　南川土鸡·金佛山野生大树茶推介会在重庆国际会议展览中心新闻中心召开。

1 月 19 日　重庆市副市长周慕冰一行深入南川调研慰问。

1 月 20 日　慢性肾功能衰竭透析等多项大病纳入新农合门诊补偿。

1 月 21 日　区委、区政府授予刘德章、敬德波、石波云、张建伦、何大可、司厚春、韦述启、荣昆、王建洪（女）、严群英（女）等 10 人为 2008 年度“振兴南川突出贡献奖”，授予汪仁友、陈健、刘正宇、梁隆超、陈荣森等 5 人 2008 年度“振兴南川突出贡献奖提名奖”。

1 月　南川电视台、《南川报》区内两大媒体改版。

1 月　返乡农民工创业贷款 100% 贴息。建立小额担保贷款基金 100 万元，给符合条件的返乡农民工创业贷款实行 100% 贴息。

1 月　城郊变电站二号主变投运。二号主变电器增容工程投资九千余万元，该工程的完工投运极大地缓解了城区供电压力。

1 月　《重庆市南川区铝产业发展规划》编制完成。成立专门机构推动煤电铝一体化项目发展，力争 50 万吨电解铝和 2 ×35 万火力电源项目早日开工建设。与黔北地区签订经济合作框架协议，包括矿产资源的合作开发利用。同时，区发改委拟定出与黔北地区共同开发铝土矿资源的税收分成方案。

1 月　中央扩大内需新增第一期农村沼气建设项目 2087 户沼气池建设全面启动。该项目落实在区内 10 个乡镇（街道），总投资 1656. 4 万元（其中中央投资 474. 4 万元），共计建设户用沼气池 2087 户。

1 月　区内 20 多家企业产品列入 2008—2012 年名牌产品重点培育和发展指导性规划。南川区已累计获国家免检产品 2 个，即重庆双赢化工集团公司生产的磷酸一铵、磷酸二铵；获重庆名牌产品 6 个，包括重庆市南川区先锋氧化铝有限公司生产的耐火材料——冶金级氧化铝，重庆南川金山刚玉有限公司生产的高级耐火材料——棕刚玉、白刚玉，重庆双赢化工集团公司生产的磷酸一铵、磷酸二铵，重庆南川区古佛酒业有限公司生产的古佛酒，重庆市南川区森源野生食品有限责任公司生产的金佛山方竹笋清水罐头系列。

1月　特色工业园区建设大力推进。园区按“大投资、大项目、大企业、大基地、大支柱”发展思路启动，打造铝工业基地、煤化工基地、建材基地、纺织基地、特色农产品基地，明确“一园三组团二功能”发展目标，将工业园区分为龙岩、水江、文凤三大组团。

2月1日　区政府召开第53次常务会议。审议2009年生态农业示范区、特色工业园区、生态旅游景区、宜居城市新区以及统筹城乡试验区的建设方案、目标责任书和考核办法，以及“五区建设”推进大会和“五个南川”建设动员大会会议方案等相关文件。

2月5日　春季扩大就业现场招聘会暨创业项目推介会举行，区内外60余家企事业单位现场招聘，提供5000余个岗位。

2月6日　全区开展四大行动保煤矿安全，加强瓦斯、水害、顶板、机电运输四大专项治理，推进煤矿安全工作。

同日　道南中学校发起“巴渝一家亲·温暖灾区行”活动，募集价值4万余元的温暖礼包，为“5·12”特大地震中受灾的大邑县出江镇学校送去温暖。

同日　南川粮油、生猪等产业纳入重庆市现代农业建设2008—2017年总体规划，被确定为国家粮食主产区县和产油大县重点打造。规划中，区粮油、生猪、蔬菜、竹木、中药材、花卉等产业被纳入重庆市重点推进“两带、两园、三区”建设。

同日　区城市生活垃圾处理场建设项目被重庆市评选表彰为首批“重庆环境友好工程”之一。全市获此殊荣单位仅4家。

2 月 10 日　首批 16 个乡镇环境保护规划通过评审。

2 月 12 日　重庆市首届十大名茶“金佛玉翠”授牌。

同日　金山、石墙、庆元等多个乡镇发生森林山火。

2 月 14 日　城区 10 个主要路口安装的 142 个“电子警察”正式“上岗”。

2 月 16 日　长寿—涪陵—南川天然气管道工程奠基。该工程总投资 7.5 亿元，年输气能力 21 亿立方米，为涪陵建峰和 80 万吨氧化铝项目天然气需求提供保障。

同日　水江镇大龙居委荣膺“全国文明村”称号，这是该村继 2005 年荣获“创建全国文明村镇工作先进村镇”称号后的又一荣誉。

2 月 17 日　西南地区首个“能耗管家”在区内投入运行。

2 月 18 日　针对企业和就业人员实际情况，区委、区政府及时出台十大优惠政策，共克国际金融危机。

同日　区委、区政府做出决定，明确打通出口、畅通干线、提高等级、完善网络的工作思路，把南川建成渝南黔北交通枢纽，建设成为畅通、快捷的城市。

同日　区委、区政府发布 2009 年至 2012 年卫生、体育、文化 3 个行动规划。

同日　区委、区政府印发《南川区重点项目、重点工程、重点任务实行目标化、责任化、项目化、网格化、公示化管理暂行办法》，对“三重工作”实行“五化管理”。

2 月 19 日　区委、区政府召开“五区建设”推进大会，年内“五区建设”完成投资 25 亿元以上。

同日　三江至南川铁路扩能改造工程预可研审查会在京召开。该项目于年内开工建设。

2 月 23 日　重庆市委常委、政法委书记刘光磊到南川视察。

同日 南川区出台《加强党政主要负责人监督管理暂行规定》，所有乡镇街道和区级部门党政“一把手”不直接分管财务、人事、工程项目、行政审批和行政执法，转由副职分管，“一把手”只对执行情况进行监督。2010年6月，南川“一把手五不直管”位列人民网“十大地方新政评选”排行榜第2位，被誉为“南川新政”。

2月24日 全区志愿者协会成立。

同日 日本生态环境资源再生有限责任事业组合代表理事古田忠昭带领考察团到南川，就旅游、林业、农业产品开发进行考察。

2月26日 南川与西部发展控股有限公司签订战略合作框架协议和村镇银行合作协议。

2月27日 南川与中国工商银行重庆分行签订银政战略合作协议。该行意向性同意对政府主导的基础设施重点建设项目以及重点产业类企业、重大项目进行金融服务支持，承诺两年内支持不少于20亿元的贷款。

同日 全市集中清理执行积案活动督查组检查督导。区内“清积”活动自2008年12月1日展开，29件执行积案中的20件重点案件全案执结13件，执结率65%，比市高院下达的目标任务高出10个百分点；9件有财产可供执行案件全案执结8件，执结率88.9%，超额完成市高院下达目标任务的13.9%；所执结的21件积案中，结案标的884.096万元，占总标的的89.4%；29件积案总体执结率72.4%。

2月28日 国际林联副主席、加拿大不列颠哥伦比亚大学林学院教授JohnInnes先生，以及国家林业局调查规划院院长李忠平一行考察区内森林可持续经营技术和认证标准体系研究项目。

2月 南川区根据《中共重庆市南川区公开评议100名部门单位中层干部考核办法》，陆续刊出100名中层干部的姓名、照片、职务、工作内容等资料，请社会各界统一测评，评议结果通过媒体公示。

2 月　肖家沟水库工程完成洞外管道 426 米，洞内 189 米管道开工建设。该管道直径 1.4 米，为区内直径最大的输水管道。工程用于解决“80 项目”厂区用水问题，于月底全面完工。

3 月 3 日　中桥乡建成一个 500 亩规模的回归创业试验小区，引导返乡农民工种养殖、农副产品深加工等。

3 月 4 日　区委、区政府印发《开展加快建设公共文化服务体系率先满足农村群众基本文化需求实验工作总体实施方案》。3 月 13 日南川召开文化实验工作动员大会，启动开展加快建设公共文化服务体系、率先满足农村群众基本文化需求实验工作。至 2011 年年底，南川建成 31 个乡镇综合文化站，3 个街道文化服务中心，在全市率先形成“城镇一刻钟”“农村半小时”文化服务圈，推进了公共文化服务均等化，繁荣了农村文化。

南川区召开文化实验工作动员大会

同日　区社保局推出“为返乡民工做好养老保险关系接续服务”新政，共有 50 余名返乡农民工办理转移手续。

同日　南川青年人才论坛开坛。教育、政法子论坛首先开战，子论坛决出的优秀选手，参加分论坛比赛。

3 月 5 日　全区青年志愿者协会成立。

3 月 6 日　区委、区政府印发《关于开展“大项目建设强化年”活动的通知》，决定在 2009 年开展“大项目建设强化年”活动，安排重大建设项目 80 个，其中续建项目 44 个、新开工项目 36 个，重大前期工作项目 40 个，重点投向工业、农业、重大基础设施等，力争完成重大项目建设投资 76.5 亿元。

同日 南川与重庆澳美传媒集团签订大观生态观光农业统筹城乡综合开发项目投资协议。该集团投资12亿元建设一个集农业、观光、旅游等诸多功能为一体的原生态休闲旅游度假区项目，两年内建成一个亚洲最大的薰衣草花园。

同日 区委对外宣传报道组成立。报道组10多名成员用手中的笔或镜头全方位、多角度对外宣传南川。

3月9日 全区深入学习实践科学发展观活动动员暨传达贯彻国务院“3号文件”精神大会在南川会议中心召开。同日，区委印发《关于在全区开展深入学习实践科学发展观活动的实施意见》。按照中央“从2008年9月开始，用一年半左右时间，自上而下，在全党分三批开展深入学习实践科学发展观活动”要求，南川参加了第二批和第三批学习实践活动，第二批从2009年3月开始，2009年8月完成，第三批从2009年9月11日开始，2010年2月基本完成。每批活动分学习调研、分析检查、整改落实三个阶段进行。第二批涉及区“四大家”班子、70个区级部门和第三批3个试点单位，共351个党支部、7079名党员，其中副处级以上党员干部523名。

同日 重庆市自然博物馆地球科学部主任朱松林对福寿乡动物化石作出鉴定，确定为恐龙化石。这是南川有资料记载以来，首次发现恐龙化石。

3月11日 区经委邀请人民银行南川支行、银监会、三峡担保公司以及工行、农行等，与部分急需贷款的企业共议企业融资，为企业搭建融资平台。

3月12日 重庆市委常委、宣传部部长何事忠深入南川考察调研加快建设公共服务体系、率先满足农村群众基本文化需求实验工作。

3月13日 日本友人捐赠103.1万日元，帮助受地质灾害影响较大的南城街道办事处文华社区建设。

3月15日 重庆青一银升种猪繁殖场在木凉汉场坝竣工投产，规划设计 5000 平方米绿化带，为首个园林式生态生猪养殖场。

3 月 16 日　南川水利、文化、卫生等 11 类 26 个项目纳入 2008 年新增中央投资计划，项目全部开工。

同日　南川获重庆市无公害蜂蜜产地区称号。南川中华蜜蜂养殖量达 32000 群，主要分布在国家级自然保护区金佛山地区。金佛山地区有 2000 余种植物可用于蜜蜂采集，人工种植的中药材品种以玄参、黄连、玉簪花、黄芪等，面积达 3 万多亩，一年四季均有花开，在全国是少有的特色蜂蜜之地。

3 月 17 日　区规委会召开第十一次会议，审查高速公路城区下匝道、金山大道、龙凤大道绿化景观审计方案和区环保局环境监测监控中心规划设计方案。

3 月 18 日　区委召开通道经济项目建设座谈会。南川区自 2008 年，在大观、兴隆、三泉、东城街道等 9 个乡镇（街道）展开了通道经济项目建设，计划四年内投资 2 亿元打造一批重点、亮点和看点项目，推进全区经济社会加快、率先、统筹发展。年内，计划投资 9230.4 万元打造通道经济，壮大特色产业、培育特色旅游、强化基层党建保障等，打造渝湘高速大通道上的亮点、看点，推进全区经济社会实现追赶、突破、跨越发展。

3 月 21 日　水利部水土保持司巡视员张学俭、处长鲁胜力检查东胜石漠化治理工程完成情况。

3 月 23 日　区委、区政府印发《关于创建重庆市文明城区工作的意见》，决定在全区广泛开展创建重庆市文明城区活动，力争 2009 年创建为重庆市文明城区工作先进城区，2012 年前建成重庆市文明城区。

同日　石溪梨花节开幕，持续至 4 月 1 日。

3 月 26 日　区委、区政府印发《关于加快重庆市生态农业示范区建设的意见》。3 月 27 日，重庆市生态农业示范区建设正式启动。2009 年示范区建设的实施重点是优质粮油综合示范工程、高标准良田建设示范工程、龙川江河道整治示范工程、林业提质增效示范工程、农业科技园示范工程、生态富民康居示范工程、休闲生态观光农业示范工程和农民专业合作社示范工程。

同日 全区乡镇（街道）综合文化站建设工作推进会召开。年内新建20个乡镇（街道）综合文化站，满足农村群众基本文化需求。

3月31日 首届南川区“十大孝星”评选结果揭晓。王纯友、李兴玲、李命兰、李雪、陈文敏、周长琴、唐一勇、郭兴理、黄兰、程腊秀（按姓氏笔画排序，下同）被评为“南方家私”杯首届南川区“十大孝星”。马吉相、王云飞、王顺兰、传汝会、李令、陈红、周泽秀、赵兴英、黄小芬、彭玉兰获得“十大孝星”提名奖。

3月 投资200万元安装电子警察监控系统，对南大街农业银行十字路口、交通局十字路口、高速公路下匝道等10个交通复杂的路口进行监控。

3月 金佛山煤炭沟种植基地的方竹笋获国家有机转换产品认证。

3月 全区经济普查全面结束单位清查，查明法人及产业活动单位4177个，比第一次经济普查增长59.3%；个体户24407个，增长48.1%。

3月 富民科技推广中心研发的油菜宽行免耕直播创新技术，被纳入农业部公益性行业科研专项西南地区“最佳养分管理技术研究与应用”课题。

3月 重庆市委、市政府基层民主政治建设现场会在南川召开，区民政局基层民主政治建设通过检查验收。

建设中的南涪铁路

4月1日 南涪铁路项目征地拆迁工作启动，一个月内项目用地交付使用。南川段全线涉及征用耕地 133.33 公顷，其中水江 93.33 公顷、南城 6.67 公顷、东城 40 公顷。

同日 “80 项目”天然气管道工程建设铺开，6 个月时间完成天然气输气管道铺设，为项目建设提供保障，同时带动周边城镇建设，改善人居生活环境。该工程南川区境内全长 11 公里，涉及水江镇大龙、双河、大河和石茂四个社区，临时用地 6.67 公顷。

4 月 6 日 《中共中央　国务院关于深化医药卫生体制改革的意见》正式公布，新一轮医改正式启动。

4 月 9 日 LG 集团伊诺特（惠州）有限公司与隆化职中签订联合办学。隆化职中成为 LG 集团的人才培养基地，LG 集团则成为隆化职中学生的实习、就业基地。

4 月 10 日 全区召开创建重庆市文明城区动员会暨创卫工作推进大会，启动重庆市文明城区工作先进城区创建工作。

4 月 12 日 体育场建设平基土石方工程实施，平基土石方工程是南川区体育场建设项目的第一个子工程，该工程历时 130 天，共完成平基土石方约 50 万立方米。

4 月 12 日至 13 日 水利部部长陈雷率全国水土保持工作会部分参会代表到区参观交流。南川区水土流失面积 1206.17 平方公里，属典型的南方土石山区，石漠化较为严重。

4 月 14 日 重庆渝高医药有限公司与南平镇永安村举行土地流转签约仪式，重庆市“最大的桂花基地”建设项目落户该镇。

4 月 15 日 重庆市科协、市教委专家组对隆化一校和南川中学进行科技教育特色学校验收。

4 月 16 日 区委、区政府印发《关于全面开展国家级生态区建设的实施意见》，决定从 2009 年起，强力实施生态农业、生态工业、生态旅游、生态文化、生态保障、蓝天行动、碧水行动、绿地行动、宁静行动等九大工程建设，用12年时间把南川创建为国家级生态区。

同日 金山大道—南大街（101路）公交车投入运营。南大街至金山大道路线的5台城市公交客车，车型为中型中级20座车，燃料类型为CNG清洁燃料，为零排放环保车型。

4月17日 重庆市草食牲畜科研基地落户山王坪。南川被确定为重庆现代畜牧业示范区扩展区。

同日 2009中国重庆·青年人才论坛南川分论坛决赛落下帷幕，《从基层公开选调优秀公务员的现状与思考》等多篇论文获奖。

4月18日 中共中央党校政法部副教授、法学博士刘素华与《理论前沿》副主编许冬梅等一行，到南川座谈探讨科学发展与信访稳定工作。

4月20日 南园路道路扩宽工程启动。

4月21日 国家极危树种南川木菠萝被《主城区园林树种规划》确定为重庆主城新城区9个基调树种之一。

4月27日 南川鸡入选重庆市地方畜禽遗传资源保护名录。

同日 中国连锁百强企业永辉超市与金易集团在南川会议中心签约，正式入驻金易·城市之光。这是入驻南川的首家中国连锁百强企业。

4月28日 大观镇金龙村区农民科技教育培训中心创建重庆市首家农民俱乐部，建设周期9个月，12月前建成。农民俱乐部具备培训新型农民、展示现代农业、开发农耕文化、体验乡村风情等功能，届时将有培训区、运动区、食宿区、农耕文化及现代农业成果展示区五个功能区，拥有多媒体教室、微机室、实验室、自动气象观测点等设备。

4月30日 由重庆市交旅集团投资建设的金佛山西坡旅游开发一期建设项目竣工，5月1日金佛山西坡天星大酒店对游人开放，7月21日金佛山西坡索道投入运营，从此金佛山形成北坡、西坡旅游环线。

4 月　南川建立林地林木网上交易厅，为林农、园林企业提供林地所有权、经营权、大树等各种林产品的交易信息，以及抵押协调、资源调查等服务。

4 月　全市首条生态治理河道——龙川江河道综合整治工程在大观镇开工建设。

4 月　南川区出台《“金佛山”商标使用管理办法》。

4 月　南川鸡、涪陵水牛和中华蜜蜂 3 个遗传资源入选重庆市地方畜禽遗传资源保护名录。在这三个遗传资源中，南川鸡和涪陵水牛为地方畜禽遗传资源一级保护品种，中华蜜蜂为畜禽遗传资源二级保护品种。

5 月 5 日　中鱼公路改建工程完工。该路段总长 7 公里，为骑龙—中桥—水江—骑龙公路环线的一部分，对鱼跳峡、鱼跳水库开发及带动当地发展有着重要作用。

同日　重庆市南川区隔渡滩优质水稻专业合作社在太平场镇挂牌成立，成员享受产业政策倾斜、良种统供、技术共享等优惠政策。

同日　南川区与重庆煤矿安全监察局签署煤矿瓦斯综合治理示范区建设合作备忘录。以煤矿安全发展为主题，以遏制通风瓦斯事故发生为目标，加强领导、严格监管，推进煤矿瓦斯综合治理工作体系建设。

5 月 7 日　南川召开创先争优活动动员部署会，全面启动党的基层组织和党员创先争优活动。

同日　由重庆市南川区天地源食品厂申请的芥菜、盐渍老盐菜、蕨菜、清水蕨菜、方竹笋、方竹笋干等 6 个产品，经北京中安质环认证中心认证为有机产品。至此，南川有机食品认证数量达到 13 个，居全市之首。南川区 13 个有机食品认证主要包括大米、茶叶、方竹笋（干）、蔬菜等，其中通过中绿华夏有机食品认证中心认证产品 7 个，通过北京中安质环认证中心认证产品 6 个。

5月8日 环保部规财司副司长尤艳馨带领财政部、环保部中央农村环保专项资金管理调研组调研生态示范村环保项目、城区大气污染综合整治等。

5月12日 气象局副局长宇如聪率队调研气象综合观测、气象灾害防御体系建设、汛期气象服务工作等开展情况。

同日 水利部农水司副司长李远华带队考察璧南河大灌区鱼龙片南川灌区。该项目2001年申报，受灌区面积、国家大灌区数量限制等因素影响，未能申报成功。3月，该项目纳入璧南河大灌区范畴打捆申报，已通过水利部技术审查，等待批复。

同日 四川大学教授杨振之赴金佛山考察调研。

5月12日 半溪河上西门桥橡胶坝防洪工程正式完工，进入调试运行。该工程于2009年2月下旬正式动工，5月1日完工，建成了一座蓄水深2米、形成河道水面1万余平方米的橡胶坝，为市民提供了一个幽闲、舒适的生活、水生态环境。

5月14日 渝南黔北司法行政工作区域协作会召开。签订《渝南黔北毗邻区县司法行政工作区域协作协议》，各方建立司法行政工作政务协作机制、区域法治宣传教育协作机制、区域法律服务协作机制、区域法律援助协作机制、矛盾纠纷排查调处协作机制、安置帮教和社区矫正协作机制和司法行政队伍交流协作机制等七大方面的机制。

同日 日本国际贸易促进协会会长中田庆雄带团到南川考察。

5月20日 重庆中海投资有限公司与黎香湖统筹城乡综合开发协调指挥部挂牌成立，中海外集团投资项目开始实施。

5月21日 全市区县地方志书质量研讨会在南川召开。35个区县地方志书编纂工作者围绕“如何提高地方志书质量”专题研讨。

5月25日 南川区召开人口和计划生育半年工作会。上半年，人口计生工作稳定发展。至 3 月底，常住出生人口 2306 人，符合政策生育率为 96.27%，自然增长率为 0.69‰；户籍人口出生率 2568 人，符合政策生育率为 88.4%，自然增长率为 0.95‰。

5 月 27 日 区内首个五星级酒店——恒安戴斯大酒店破土动工。酒店占地 3 万平方米，总投资逾 6 亿元，次年底投入使用。该酒店建成，将结束城区无高档酒店历史，提升旅游接待能力和城市形象。

5 月 南川区与重庆农村商业银行签订《关于共同促进南川区经济社会发展战略合作协议书》。5 年内该行新增 30 亿元人民币意向性授信额度。

5 月 30 日至 6 月 2 日 区委书记谭大辉率队赴广州、佛山、深圳考察，营销推介南川，洽谈投资项目，慰问招商干部，看望在外老乡。

6 月 4 日 国土资源部、农业部、国家统计局联合检查南川区耕地保护工作。

同日 广播电视村村通直播卫星工程和非物质文化遗产资源普查工作启动。解决 20 户自然村农户接收不到广播电视信号的问题，普查民间文学、民间音乐、民间舞蹈、传统戏剧等 17 大类具有历史、文化和科学价值的非物质文化遗产资源。

6 月 5 日 富民科技推广中心自主研究发明的《一种油菜宽行免耕直播高产的种植方法》，通过国家知识产权局批准获国家发明专利。

同日 南川区举行 2009 年房地产招商引资项目推介会。推出 26 个招商引资项目，与重庆大凡房地产开发有限公司、重庆康田置业有限公司、重庆陶然居集团有限公司、重庆北城致远集

南川区工业园区系列重点项目开工入园

团有限公司和重庆协信控股（集团）有限公司分别签订《南川区水江镇综合市场开发协议》《新城区城市综合开发项目建设协议》《金佛山小镇建设项目投资框架协议》《南川区城市建设 BT 项目投资框架协议》和《南川区城市综合体建设项目投资框架协议》，协议引资逾 20 亿元。

6 月 4 日　经重庆市政府批准，撤销土溪乡设立黎香湖镇，管辖范围和政府驻地不变。

6 月 5 日　6 月 5 日下午，武隆县铁矿乡发生山体崩塌事故。南川区积极支援武隆抢险救灾，得到市委、市政府高度肯定。

6 月 6 日　工业园区 12 个重点项目集体开工、竣工。其中 6 个项目开工，3 个竣工投产，3 个竣工投用。5 个项目签约入园。

米 26 直升机从南川区向武隆县铁矿乡吊运挖掘机

6 月 10 日　中华全国总工会研究室主任李滨生一行调研企业职工福利待遇、职工收入、维权、劳动关系等情况。

同日　全区直补种粮农民资金 3881 万元核实完毕，6 月底发放给种粮户。至此，直补种粮农民实际资金达 4697.9 万元。

6 月 12 日　南川区继 2008 年公务员招考实行阳光面试之后，首次对事业单位考生实行阳光面试。

6 月 14 日　中国铝业公司总经理熊维平考察“80 项目”。至 5 月底，“80 项目”共完成资本性支出 30 亿元。氧化铝系统开工 68 个子项。

6 月 18 日　全区第一届运动会开幕。本届运动会是撤市设区以来，南川区举办的第一次全区综合性的体育赛事。45 个代表团参赛，包括 11 个区级系统代表团、34 个乡镇（街道）代表团，参赛运动员 1200 多名，涉及田径、篮球、乒乓球、羽毛球、门球、象棋、围棋、趣味体育等 8 个项目，为历史上规模最大、参赛人数最多的一次体育盛会。

6 月 19 日 南川 5 个重点旅游项目参展第一届中国西部旅游产业博览会。

6 月 19 日至 20 日 19 日 14 时到 20 日 7 时，水江、中桥、鱼泉、铁村、石墙等乡镇（街道）遭受不同程度暴雨灾害，21 个乡镇的 22.9 万人受灾，直接经济损失 11200 万元以上。全区 19 个自动雨量监测站中，有 12 个监测数据达到暴雨，其中骑龙、鱼泉、铁村、中桥、乐村 5 个达到大暴雨量级（雨量 100 毫米以上）。雨量最大的是骑龙，达到 206.6 毫米。鱼泉为 180.2 毫米，铁村为 158.1 毫米，中桥为 138.3 毫米，乐村为 121.3 毫米。

6 月 23 日 中共浙江省宁波市委常委王永康交流担任中共重庆市南川区委书记。谭大辉交流到浙江省任职，不再担任中共重庆市南川区委书记、区人大常委会主任职务。

同日 南川区土地流转中心挂牌运行。

6 月 26 日 2009 年重庆市青少年跆拳道锦标赛，南川选手揽获 10 金，取得历史以来最高成绩。

6 月 28 日 中铝 80 万吨氧化铝项目生产用水供水工程竣工。该工程为“80 项目”配套工程，龙动贸易有限公司投建，总投资近 7000 万元，管线起点为肖家沟水库，终点为“80 项目”厂区，全长 15210 米，日供水能力 4.6 万吨。

6 月 29 日 区委、区政府决定，在全区推进居住品质提升、公共空间优化、服务设施完善三大工程建设，以建设生活舒适、环境优美、功能完善、繁荣和谐的宜居南川。

6 月 30 日 南涪高速公路开工。与涪陵、武隆相连，接双河口和渝湘高速，总长 55 公里，双向四车道，设计时速 80 公里，总投资约 47 亿元，工期四年。

6月 康纪强任中共南川区委常委、常务副区长。

6月 区供销社成立首个生态有机农产品配送中心，集中展示金佛山贡米、中桥辣椒、方竹笋等数十种各具特色的农产品。

6月 南川区富民科技推广中心自主研究发明的《一种油菜宽行免耕直播高产的种植方法》，通过国家知识产权局批准获国家发明专利。自2002年以来，南川区油菜种植已实现免耕直播，即水稻收割后，不用耕地，挖好排水沟，直接打窝、下种。宽行免耕直播高产种植是在免耕直播的基础上，减小种植密度，扩大油菜的行间距，从而取得油菜高产。

7月1日 首个区级农村土地承包经营权流转中心运行，区、乡镇、村三级农村土地流转信息服务网络全覆盖，可全方位、多渠道收集发布农村土地流转信息。

7月2日 两千余名副处级以上党员领导干部和区级部门、乡镇（街道）正科级党员干部参加党纪政纪知识测试，这是南川区第一次集中对党员干部党性、党风、党纪的一次教育。

同日 经市政府批准，南川区被确定为重庆市首批城乡居民社会养老保险15个试点区县之一。率先实现养老保险制度城乡全覆盖。

7月3日 双赢集团“双赢”商标被认定为中国驰名商标，区内首个中国驰名商标诞生。

7月8日 新嘉南100万吨新型干法水泥项目点火投产。预计每年实现销售收入3.1亿元，利税7500万元。

7月9日 博赛集团先锋氧化铝公司燃煤锅炉节能改造项目获资源节约环境保护项目资金1000万元。

同日 动物卫生监督部门查获鸣玉镇境内102只由山东引入的未通过检疫的波尔山羊，此为重庆市年内查获的最大一起无检疫引种事件。

7 月 9 日至 10 日　南川区委十二届六次全会召开，审议通过《中共重庆市南川区委关于推动文化大发展大繁荣的决定》《中共重庆市南川区委重庆市南川区人民政府关于创业富民就业为民促进创业带动就业工作的决定》。

7 月 10 日至 11 日　16 名浙江省余姚市企业家组成的考察团深入金佛山西坡、城区、工业园区等地考察。

7 月 13 日至 14 日　重庆市委、市政府安全工作督查组第 10 组前督查安全工作。上半年，全区发生各类生产安全事故 100 起，同比下降 12%；死亡 8 人，同比下降 73%；煤矿、非煤矿山未发生生产安全死亡事故。

7 月 17 日　南川区召开城乡居民社会养老保险试点工作会议，启动城乡居民养老保险试点工作。从此养老保险覆盖到所有人群，保障了城乡居民年老后的基本生活。

7 月 20 日　嘉南水泥制造有限责任公司主动执行环保等量淘汰政策，关闭两条 10 万吨立窑生产线。

7 月 21 日　重庆市生态农业示范区南川区农业招商项目推介暨签约仪式举行，57 个涉农项目签约，签约金额 31 亿元。

同日　区委办、区政府办印发《南川在线“网上访谈”工作实施方案》，决定从 2009 年 7 月到 2011 年 1 月，以“倾听网友心声，共谋南川发展”为主题，每月组织一次区级领导网络访谈，时间安排在每月最后一周星期一晚上 8：00 至 10：00。2009 年 7 月 6 日，区委书记王永康以“全力以赴建设好新南川”为题，率先与南川网民开展了互动交流。

金佛山西坡索道

同日　金佛山西坡索道投入

营运。金佛山西坡索道总投资 1.2 亿元，2008 年 5 月开工，4 月底安装完工，上站位于海拔 2080 米的牵牛坪岩口，下站位于西坡海拔 1173 米的核桃湾兰花村。索道全长 2700 米，上下站落差 896 米，索道线路中局部最大斜度超过 40 度，是世界上仰角最大的客运索道，也是国内第一条使用先进的地下驱动索道和拥有全自动轿厢车库的索道。7 月 15 日经国家索道质量检验中心检测验收。

7 月 22 日　300 年一遇的天文奇观日全食出现在南川区上空。

7 月 24 日　黄桷机械厂的减震活塞（018）、永兴特种铸钢厂的重型汽车车桥桥壳、森源野生食品有限责任公司的鲜竹笋脱皮机等 3 项产品被评为 2009 年重庆市第一批重点新产品。

7 月 27 日　渝道路（大铺子至道真石仁段）停止收费。

7 月 28 日　重庆市南川区第十五届人大常委会召开第十五次会议，决定接受谭大辉辞去重庆市南川区第十五届人民代表大会常务委员会主任职务，康纪强、史全波任南川区人民政府副区长。

同日　区第三次全国文物普查工作组在太平场镇河沙村 5 社发现一处建于东汉阳嘉三年（134 年）的崖墓群。有关专家初步判定该崖墓与市级文物保护单位“雷劈石崖墓群”属同一年代，距今 1800 余年。

7 月 29 日　区政府与市外经贸委签署合作备忘录，决定开展发展开放型经济综合试验。

7 月 30 日　重庆市著名商标认定委员会审议通过“金佛山”为重庆市著名商标。南川区啤酒企业和方竹笋、野生食品、老盐菜、西瓜、大米、植物油、辣椒、禽蛋等特色农产品使用了“金佛山”商标，其蕴含的巨大商业价值已初步显现。截至目前，南川已有著名商标 5 件，知名商标 17 件。

8 月 4 日　中共重庆市委巡视组南川区巡视工作动员会在南川会议中心召开。市委第三巡视组对南川开展为期两个月右的集中巡视。

同日 浙江省宁海县委书记王剑侯带领宁海县党政代表团到南川考察。

8 月 5 日 中央财政投入 129 万元在重庆市 15 个区县开展麻风病防治项目工作，南川区争取防治专项资金 8.3 万元。

8 月 7 日 文凤煤焦化公司发明一项国内领先技术，结焦时间由设计的 12 小时缩短为 11.5 小时，产量由每天 160 炉增加到 168 炉。

8 月 6 日至 7 日 浙江省余姚市副市长王祥林带领余姚市企业家代表团投资考察。

8 月 12 日 张祥忠任中共南川区人大常委会党组书记。向可文任中共南川区委委员、常委、副书记。李国军任区委委员、常委（挂职）。

8 月 13 日 先锋氧化铝有限公司年产 30 万吨氢氧化铝技改工程和宏原化工公司年产 2 万吨离子膜烧碱、2 万吨 PVC 技改项目分别获重庆市提振经济特别专项资金（工业发展专项）无偿补助 100 万元、80 万元。

8 月 14 日 庙宝顶安置小区廉租房一期主体工程完工。

同日 “80 项目”铁路专线与国铁接轨获行政许可。标志该铁路专用线取得建设的行政和法律依据，实现铁路专用线与南涪铁路水江站统筹设计、同步实施。

8 月 16 日 南川区首届青年歌手电视大奖赛决赛在花山公园老干部活动中心落幕。本次青年歌手电视大奖赛按流行、美声、民族唱法分别评出了一等奖 1 名、二等奖 2 名、三等奖 3 名，优秀奖 3 名，共有 27 名选手获得殊荣。

8 月 17 日 黎香湖镇举行挂牌仪式。

8 月 18 日 重庆食为轩食品有限公司响应主城企业“退城进郊”号召，从九龙坡区整体搬迁至大观镇金龙村，创办农业产业化生产线。该项目 2008 年 5 月开工，占地 6.67 公顷，总投资 2460 万元，年生产能力 20000 吨，销售收入可达 1.16 亿元，上缴税费 1300 多万元，收纳就业人员 250 人。

8 月 23 日　国家水稻产业体系首席科学家、全国超级稻首席执行专家、中国水稻研究所所长程式华专程到南川，对大观镇种植的超级杂交稻——Q 优 6 号、国稻六号等进行实地考察。

8 月 24 日　重庆市委副书记张轩到南川调研。

8 月 26 日　重庆市副市长童小平调研南川铁路建设情况。

8 月 31 日　南川区成功创建全市第 3 个国家级食品安全示范区，市食药监局受国家食品药品监管局委托授牌。

同日　石宏任南川区人民政府副区长。

8 月　中国海外集团与南川区签署协议，拟投资 160 亿元人民币，开发建设黎香湖。12 月 28 日黎香湖旅游公路暨农民新村动工，2011 年 1 月黎香湖新村一期工程竣工，举行首批居民入住仪式。

8 月　《重庆市乐村森林公园总体规划》通过重庆市林业局审批，年底开建。

8 月　为方便市民运动，道南中学和南川中学校园内的塑胶运动场对全区市民免费开放。开放时间为寒暑假、双休日、国家法定假日等，上课期间暂停开放。

9 月 1 日　国务院印发《关于开展新型农村社会养老保险试点的指导意见》，全国新农保试点工作正式实施。

9 月 2 日　南涪铁路林堡安置点建设启动。项目建成后将解决南涪铁路项目南城范围及东城龙塘岗 130 多位拆迁户的房屋居住问题。

9 月 4 日　双赢集团独创料浆法磷酸二铵生产新工艺，属国内外首创。

9 月 7 日　金佛山水利工程项目建议书通过国家发改委审查。该工程属重庆市重大项目，是解决重庆南部地区缺水的关键性工程，也是推进渝黔合作的战略性工程。以农业灌溉、工业及城镇生活供水为主，兼顾水力发电等综合利用，水库枢纽位于头渡镇响水河段，总库容 1.0317 亿立方米，规划灌溉面积 31.44 万亩。项目建议书工程评估静态总投资 13.58 亿元，加库区淹没实物赔偿、迁移等，预计投入 18 亿元。该项目建成，多年平均灌溉水量达 6182 万立方米，工业、生活供水 4559 万立方米，解决灌区 47.66 万人生活用水，多年平均年发电量 2660 万千瓦时。

9 月 8 日 浙江省委组织部副部长姚志文一行到南川考察。

9 月 9 日至 10 日 浙江省余姚市市长陈伟俊率党政代表团考察。南川区与余姚市缔结为友好城市。

9 月 11 日 全区深入学习实践科学发展观活动第二批总结暨第三批动员大会召开。按照要求，第三批学习实践活动从 9 月开始，到 2010 年 2 月基本结束，主要对象是乡镇（街道）、村（社区）、中小学校、医院、“两新”组织等最基层的单位，涉及党组织 426 个、党员 19386 名。

同日 宁波—重庆投资合作洽谈会暨签约仪式举行，与四家企业签订城市中心商圈建设、城市综合开发、竹胶合板建筑模板加工、喜美全国电器连锁以及西部物流配送中心建设项目协议，引资 33 亿元。

9 月 12 日 宁波市市委副书记、市长毛光烈率领党政代表团考察南川。

9 月 14 日 教育部基础教育一司副司长王定华带队检查评估全区开展家庭教育工作“十一五”规划实施情况。

9 月 14 日至 15 日 南川区十五届人大五次会议召开，区委书记王永康当选为区第十五届人大常委会主任。

9 月 16 日 全市工会农民工工作经验交流暨表彰会召开。评选表彰 84 个工会组织为市工会维护农民工合法权益工作先进集体，区总工会、西城街道工会工作委员会、南城街道总工会上榜。

9 月 17 日 水江中心卫生院改扩建工程举行开工奠基仪式。该工程占地 5530 平方米，计划投资 1091 万元，建成拥有 150 张病床，为一座功能完善、设备精良、技术精湛、兼具现代气息和人文关怀的二级医院。

9月25日 新城区龙凤西路及金佛大道延伸路竣工。金佛大道向西延伸路东起渝南大道，西至滨河路右侧，总投资1150万元，全长416米，标准路幅宽40米，双向四车道。该路人行道班和路灯等附属设施已完工，道路绿化工程跟进。龙凤西路和渝南大道平行，北起金佛大道西段，南止南大街延伸路，长803米，路幅宽24米，总投资2216万元。

同日 南川区首届优秀中国特色社会主义事业建设者表彰大会在南川会议中心举行。王应旭、叶光辉、朱富志、李建军、李晓林、李福珍、杨国华、杨家烈、吴守勇、宋卫东、张永强、张秀容、张晓华、张晓亮、陈建、范利华、周立明、周定贵、蓝森古等19位非公有制经济人士获“南川区首届优秀中国特色社会主义建设者”殊荣。

9月28日 渝湘高速公路水江至武隆段通车，沪渝高速公路重庆段全线贯通。

同日 南（川）万（盛）高速公路开工建设，至2013年9月29日竣工通车，全长30公里，万盛到南川只需20分钟，极大地拉近了时空距离。

渝湘高速公路水江至武隆段建成通车，南川至万盛高速公路开工

同日 区体育场开工。总投资1.8亿元，占地6.87公顷，总建筑面积2.46万平方米，建成可容纳19900名观众，为区内涉及专业最多、科技含量最高、单体面积最大的建设工程。工程预计2011年完工。

同日 110千伏石篆输变电工程开工。总投资8800万元，新建220千伏南川站至石篆同塔双回110千伏架空线路，为新城区及永隆山统筹城乡综合配套改革示范区提供强电力支撑。预计2010年3月投产。

同日 隆化七小开工建设。至此，城市学校建设的13个项目全面铺开。

9月30日 首届中国重庆金佛山（绿色山珍）美食文化节开幕。以“搜罗各地美食、创新特色菜品、传播美食文化”为主线，推出200余道以金佛山系列特色菜为主的地方特色菜品。

9月 在第八届“中茶杯”全国名优茶评中，石溪乡能健茶业有限责任公司生产的“霍记牌金山雪眉”荣获名优绿茶一等奖。

9月 鼓楼广场改造启动。融资250万元改造鼓楼广场，完善设施，强化休闲、活动和景观功能。

10月11日 “重庆南川名润—时代广场项目合作签约仪式”在北京建工集团举行。项目占地约50亩，北京一建和重庆润一江公司联合投资近6亿元，打造集商务办公、居家置业、休闲购物、餐饮娱乐为一体的总建筑面积约22万平方米的现代城市综合体。项目月底启动，2012年5月竣工。

10月12日 城区空气环境质量综合整治百日攻坚战启动。

10月13日 国务院行政复议专项检查组一行检查区内行政复议工作。

10月19日 全市首宗零星木材拍卖落锤南川，140立方米马尾松木材以800元/立方米的高价售出。

10月22日 大观镇金龙村与浙江奉化市滕头村缔结友好。

同日 南川区委、区政府印发《关于加快水江镇改革与发展试点工作的意见》《关于加快南平镇改革与发展试点工作的意见》，决定在水江镇、南平镇进行扩权强镇工作试点。赋予水江镇、南平镇内设机构调整权、人事调配选择权、人员招录自主权、招商引资自主权、国有资产经营管理权（矿产资源除外）、国有土地经营管理权、政府投资项目决策权、基本建设项目审批权、城乡规划建设管理权等9项权限，财政税收、用地等6个方面的支持政策，进一步释放发展活力，壮大经济实力，将水江镇南平镇建设成为经济发达、社会和谐、环境优美的现代化中心城镇。

10月26日至27日 经水利部移民开发局副局长黄凯带领的评审专家

组现场勘察，《金佛山水利工程建设征地移民安置规划大纲》顺利通过评审。

10月27日 中恒集团与美国戴斯酒店集团（中国）合作签约，中恒集团将恒安五星级酒店全权委托戴斯集团经营管理，该酒店2011年建成投用。

恒安·戴斯酒店

10月28日 南川出台粮食应急预案，以有效监测和控制因各类突发公共事件或者其他原因引起的粮食市场异常波动，确保粮食市场供应，保持粮食市场价格基本稳定。

10月 大观镇建成全市首个自动水分观测站。

11月2日至3日 市森林工程领导小组办公室第一巡视组督查区内通道森林工程和示范片建设情况。该工程建设投资2.65亿元，建设9573.33公顷，栽植各类苗木1430.36万株，新增城市绿地86.67公顷，新造林7766.66公顷，改造低效林16666.67公顷，新建苗圃基地533.33公顷。全区森林覆盖率已达44.4%，同比增长1.3%。

11月3日 区内分到1000余支首批甲型H1N1流感疫苗，医疗保障机构、疾病预防控制机构一线工作人员和公安干警为首批接种对象。

11月4日 铁村乡成功创建市级卫生镇。

同日 “东北物流城杯”首届全国优秀农产品经纪人表彰大会召开，区供销社主任吕红和森源食品公司董事长皮其中分别获评“全国百佳农产品经纪人”“全国农产品经纪人十大创业模范”。

11月6日 南川区农民专业合作社协会成立，指导农民专业合作社规范化、制度化、品牌化发展。

同日　南川区与重庆一品建设集团有限公司签订协议，该公司投资上亿元，投资建设工业园区龙岩组团东胜片区土地整治及道路等基础设施工程。

11 月 8 日至 9 日　南川区党政代表团到浙江省杭州市学习考察。南川区与杭州市江干区缔结为友好城区。

2009 年 11 月 9 日，南川区与浙江省杭州市江干区缔结友好城区

11 月 10 日　水利部农村水电及电气化发展局总工程师刘晓田一行检查柏枝山小水电代燃料工程项目实施情况。该工程项目是全市第一批小水电代燃料试点项目之一，2007 年 4 月开工，总投资 2070 万元，由生态电站、代燃料项目区、代燃料供电三大部分组成。该工程项目建成，可解决项目区农村居民生活燃料，保护退耕还林面积 266. 67 公顷、天然林面积 3200 公顷、水土流失面积 66. 66 公顷。

11 月 16 日　荷兰驻华大使 Rudolf Bekink 一行考察澳美传媒集团大观生态观光农业统筹城乡综合开发项目。

重庆澳美集团为留守儿童教育成长中心建设捐赠 20 万元

11 月 17 日　大观镇中心校获澳美传媒集团 20 万元捐赠。

11 月 18 日　2009 年重庆市“百万贫困白内障患者复明工程”启动。100 名白内障患者在区人民医院陆续免费接受手术。

11 月 19 日　农村文化实验

工作南部片区现场推进会召开。古花乡推行“一站、一室、一户、一典型”模式，形成乡、村、社、户四级联动、延伸到底的文化工作网络。

11月22日 南川方竹笋初步通过绿色食品检测。

11月26日 南川区获重庆市干部大走访攻坚行动工作创新突出奖。

11月30日 公安局指挥中心成功营救迷路山王坪的8名驴友。

11月 “十二五”城市电网发展规划通过中国电科院评审。

11月 区畜牧局畜牧技术推广站申请的“南川鸡”地理标志登记保护产品，通过农业部农产品质量安全中心审查和组织专家评审，农业部拟准予登记，质量控制技术规范编号为AGI2009－09－00230。

12月1日 数字电视整体转换启动，至2010年基本实现南川主城区数字化。

12月4日 复员退伍军人汪友军被民政部评选为“全国优秀复员退伍军人”。

12月8日 南川成功创建全国白内障无障碍区。

同日 南川区选派的首批赴浙江余姚挂职的13名干部启程。这是南川首次选派干部前往长三角地区进行挂职锻炼。选派干部来自区建委、规划局、南城、水江、南平等部门、乡镇（街道），包括6名副处级干部、6名区管副职后备干部和1名一般干部。选派的干部，挂职岗位原则上与原来的工作岗位对口，并接受挂职单位和区委组织部的双重管理，挂职时间为3～5个月。

12月9日至10日 南川林改工作通过市林业局验收。全区集体林地面积127733.33公顷（含退耕还林地），分山到户122533.33公顷，分山到户率达到95.92%；发证面积124666.66公顷，林权发证率97.6%。共颁发林权证15.9万本。

12月10日 市粮食集团南川区粮食有限责任公司等6家企业获重庆市

级龙头企业称号。至此，全区市级龙头企业总数达 11 家。

12 月 15 日 《南川报》荣获全市优秀区县报。

12 月 20 日 南川区粮食局撤销并入商务局。

12 月 21 日 国家测绘局发布第三批著名风景名胜山峰精确高程数据，金佛山为 2238.2 米。

12 月 22 日 南川区与重庆市质监局签署合作备忘录。至 2012 年，支持和帮助培育中国名牌 1 个，重庆名牌 5～8 个，指导和帮扶有条件的企业争创重庆市市长质量管理奖 1～2 个。

同日 南川区与重庆市明瑜实业有限公司投资建设南川新城区中医院举行签约仪式。拟投资 1.2 亿元，建一座二级甲等中医院。

12 月 23 日 区公安部门集中销毁 40 吨劣质烟花爆竹。

12 月 24 日 南川区荣升重庆市文明城区先进城区。

12 月 25 日 水江镇水江大道开工。一期工程长 350 米，宽 40 米，龙马一路长 800 米宽 26 米，总用地约 3.87 公顷，工程投资和用地投资共 2000 万元。

12 月 27 日 南川区与重庆市渝惠食品集团签订投资协议，该集团投资 5 亿元建设区农产品批发物流市场项目。该项目建设用地面积约 420 亩，建设内容包括建筑面积约 25 万平方米的农产品批发物流市场和农资批发物流市场，以及建筑面积约 20 万平方米的朝天门市场分市场。

黎香湖农民新村

12 月 28 日 黎香湖统筹城乡综合开发项目旅游专用公路暨农民安置新村一期工程开工。按国家二级公路标准设计，总长 10.47 公里；农民安置新村占地面积 130 余亩，建设总面积 10 万平方米。

12 月 29 日 区委、区政府印发《关于深入贯彻落实“135”发展部署加快建设区域经济中心的意见》，强力推进“工业强区、旅游立区、宜居兴区、商贸活区、农业稳区”五大战略，力争早日将南川建设成为名副其实的区域经济中心。

12 月 30 日 南川区与重庆一品集团缔结工业园区龙岩组团东胜片区土地整治项目“BT 合同”。

12 月 区委、区政府印发《关于加快推进贫困村整村脱贫工作的实施意见》。南川 46 个贫困村被列入重庆市整村脱贫计划，区委提出 2 年内消除 4314 名绝对贫困人口、3 年实现 40 个贫困村整村脱贫的目标。从本年起首批启动 6 个贫困村整村脱贫（2011 年 1 月通过验收），2011 年起启动第二批 14 个贫困村的整村脱贫工作。

12 月 《南川报》更名《南川日报》，《南川手机报》更名《金佛山手机报》，“南川在线”网站更名“中国·南川网”。

12 月 南川区共有 69 个农产品获得无公害农产品认证。全区无公害产地有 50 个，绿色农产品 12 个，有机农产品 7 个，重庆市名牌农产品 6 个，南川米、南川鸡获得国家地理标志。

2009 年，实现地区生产总值 114.7 亿元，比上年增长 16.3%；财政总收入 13.05 亿元、增长 23.8%，其中地方财政收入 9.46 亿元、增长 39.2%；完成工业总产值 161.3 亿元，增长 31.6%；三次产业比例由 2008 年的 18.6:51.9:29.5 调整为 17.0:52.6:30.4。城镇居民人均可支配收入达到 14500 元、增长 12.5%；农村居民人均纯收入达到 5246 元、增长 15%。

2010 年

1 月 1 日 西城街道长远片区拆迁工作启动，涉及长远 1 社、2 社、3 社，东方红 2 社，需拆迁房子 91 栋，涉及居民 100 余户，拆迁面积达 35400 余平方米。

1 月 5 日 区政法系统 2010 年“爱民月”暨涉法涉诉信访工作宣传活动启动。期间，政法各部门组织开展亲民爱民为民活动，采取各种方式和途径，切实维护群众的合法权益。

同日 针对运煤商贩趁早上和晚上执法空隙伺机运输和销售燃煤的情况，区环保局开展“拂晓黄昏行动”，加大城区禁煤执法力度。

1 月 6 日 区公安局刑警支队干警经过 24 小时奋战，成功破获半山景苑“1·4”杀人案。

1 月 8 日 重庆市副市长周慕冰率领慰问团，看望慰问南川困难群众和贫困党员，并对南川推进惩治和预防腐败体系建设情况及学习实践科学发展观活动情况等进行检查。

同日 国家林业局林权制度改革领导小组副组长黄建兴一行检查集体林权制度改革情况。

同日 全区建成村级公共服务中心 151 个。年内启动最后一批 41 个村级公共服务中心建设，确保年底实现 192 个行政村全覆盖。

1 月 11 日 区政府召开第 87 次常务会议，审议通过《区国资集团组建方案》《区特殊困难离退休干部帮扶资金管理使用暂行办法》《2009 年信访稳定工作暨干部大走访攻坚行动表彰方案》《2010年森林工程春季造林重点项目计划》，审议决定《关于深化医药卫生体制改革的实施意见》、半溪河亲水工程和两岸景观工程施工招标方案等。

1月12日 第六届全国十大见义勇为好司机表彰大会召开，南川区获全国见义勇为城市奖，成为全市唯一一个获此殊荣的城市。

1月13日 首支50人组成的特勤队伍在三泉警察培训中心组建完成。

同日 区第十五届人大常委会第二十次会议决定，任命潘晓成为重庆市南川区人民政府副区长。决定免去夏于峰的重庆市南川区人民政府副区长职务。

1月15日 南涪铁路南川站至南川东站铺轨工程开工。南涪铁路是铁道部与重庆市政府合资建设的第一条铁路，线路起自南川铁路南川站，向北途经区水江镇，武隆县平桥镇、鸭江镇，涪陵区梓里镇，止于渝怀铁路涪陵站。全长78公里，总投资27.6亿元。

同日 第九届重庆中国西部国际农产品交易会暨第十二届迎春展销会在重庆国际会议展览中心开幕。展出的金佛山特色农产品首日签订农产品订单4个，签约金额1.34亿元；展台现场销售56.2万元，签订购销供货合同40万元。

1月16日 老科学技术工作者协会成立。

1月20日 区内15个部门抽调人员，组成科技宣传、卫生服务、法律咨询等多个服务队伍，把知识、健康送到农民身边。

同日 区委宣传部、区新闻中心、广播电视台、文广新局和金佛山旅业公司5家单位前往合溪镇开展“113”城乡文化互助工程帮扶活动，向该镇捐资数万元，支持该镇加快建设农村文化阵地。“113”城乡文化互助工程是加快农村文化阵地建设，推行“文化实验工作”开展的一项公益事业，通过社会各界参与帮扶，在各乡镇共建一个综合文化站，各村共建一个文化活动室和三个文化中心户，让基层群众有书报看、有电视看、有电影看、有演出看、有活动开展。

1 月 21 日 区人民医院建成渝南黔北首个介入治疗中心。

1 月 22 日 区委、区政府授予袁志伦、丁安平、蓝森古、肖红钢、李福珍、张晓华、杨国华、杨家烈、肖明瑜、朱玉伦等 10 人“优秀创业创新人物特别贡献奖”，授予李云强、陈芳、李华勇、赵魁、邓华伦、皮其中、朱富志、范利华、袁小娜、赵兴凤等 10 人首届“十大优秀创业人物奖”，授予马福元、苏长元、程彦花、向永鸿、程腊秀、刘茂秀、马吉相、刘宜琴、张霜丽、罗程等 10 人首届“感动南川”新闻人物奖。

南川区首届感动南川新闻人物

同日 南川区启动农村基层廉洁工程建设。以加强民主管理、决策、监督为重点，以强化农村集体资源、资产、资金管理为核心，以推进党务、村务、财务公开为载体，强力实施农村基层廉洁工程。

同日 区政府召开城乡清洁工程推进会。全区完成交通护栏安装 5400 米，增设临时停车位 391 处，改造垃圾站、公厕 5 处，落实 16 小时保洁制，晚间保洁时间延长到 9 点半，机械清扫时间由 8 小时增加到 13 小时，调整完善 17 个站点的垃圾收运系统，垃圾做到日产日清。增加 98 名清扫工人，清运背街小巷和城乡结合部遗留垃圾 13 处、500 余吨，建立广场、公园地面清洗长效机制，创建重庆市市容整洁单位 5 个。开展乱停乱放专项整治，规范车辆 75 台次，查处 163 台次。查处脏车入城、工地车辆冒装撒漏 58 台次、处罚 161 台次，处罚违章工地 1 个。

1 月 25 日 区农委与重庆商社新世纪百货连锁经营有限公司举行“新

世纪百货连锁经营有限公司蔬菜自采基地建设项目”签约仪式。重庆商社新世纪百货连锁经营有限公司将入驻南川，为南川蔬菜产业的发展提供了更加广阔的平台。

1月27日 大观镇龙川村党支部书记李虹获重庆市“十佳农村劳务经纪人”称号，淞渝兔业专业合作社理事长骆开永获重庆市“优秀返乡创业者”称号，福寿乡科学技术学会农艺师匡孝伦和南平镇花盆村村主任张承华分获重庆市“优秀农村劳务经纪人”称号。

1月29日 区文学艺术界联合会成立暨第一次代表大会召开。

2月1日至4日 区政协十二届四次会议召开。会议通过接受陈均辞去区政协主席职务请求的决定，张祥忠当选为政协重庆市南川区第十二届委员会主席。

2月2日至5日 区十五届人大六次会议举行。表决通过接受王永康辞去重庆市南川区第十五届人民代表大会常务委员会主任职务、张祥忠辞去重庆市南川区第十五届人民代表大会常务委员会副主任职务请求的决定，陈均当选为重庆市南川区十五届人民代表大会常务委员会主任。

2月2日 大观至南川开通高速公路客车。

2月8日 焦裕禄、王进喜铜像揭幕。

2月9日 国融投资集团有限责任公司成立暨授牌仪式举行。公司性质为国有独资公司，下设6个子公司，分别是南平投资有限公司、水江投资有限公司、灵峰旅游开发有限公司、博鼎投资有限公司、禹光水务投资有限公司、昌达交通投资有限公司。

2月10日 《金佛山神韵》大型舞蹈史诗首演。《金佛山神韵》用舞蹈艺术的形式，集中展示以金佛山为核心的历史文化、生态文化、民俗文化。

同日 全区实施“特色农业提升、专业大户培育、惠农政策落实、土地集约经营、农技进村入户”五大行动，发展农村经济。

同日 南川区在《南川日报》和互联网上公布区委、区政府领导个人电子邮箱，以及各乡镇（街道）、部门电子邮箱、办公电话、投诉电话，进一步倾听民声、了解民意、汇集民智。

2 月 11 日 区政府分别与浙江德发建设集团有限公司、金峰控股管理有限公司签署城西片区旧城改造综合开发项目投资协议、统筹城乡三泉综合开发示范区项目，总投资 37 亿元。

2 月 21 日 当代散文家、文化学者、艺术理论家、文化史学家余秋雨先生为南川题词。

2 月 24 日 南川区推出网络新闻发言人制度，产生 131 名发言人，专门负责网上回帖，就网友建议、投诉、咨询及时传递出声音。

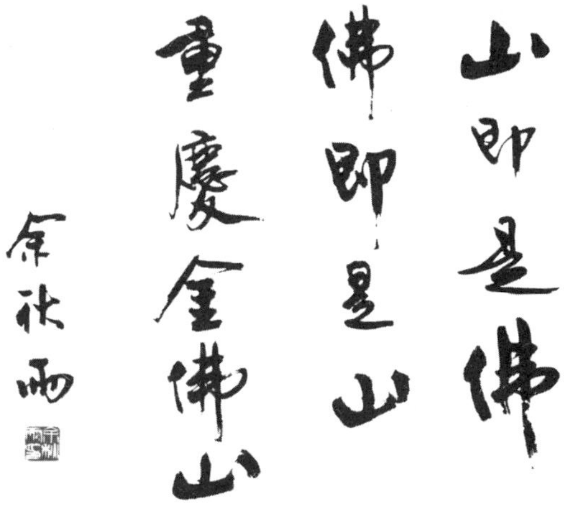

余秋雨先生为南川金佛山题词

3 月 1 日 区委、区政府印发《关于在全区深入开展企业服务年活动的实施意见》，要求重点以全区 124 家规模以上企业为对象，开展“百名机关干部进百企解百难促发展”和百名企业家素质能力提升活动。促进了政企联动，解决了企业生产经营过程中出现的困难和问题。

3 月 2 日 南川区推行“阳光村务八环工作法”、财务管理“五统一”等制度，强化农村集体资源、资产、资金管理，推进党务、村务、财务全面公开。

3 月 3 日至 4 日 全市公共文化服务体系建设现场会在南川召开。南川区基本建成“农村半小时公共文化服务圈”，文化实验部分工作创全市之先、全市之最。

3 月 5 日　南川区启动“六城同创”青年志愿者服务年活动。

“六城同创”志愿者劝导市民文明通行

3 月 9 日　博赛集团向区特殊教育中心现场捐赠 100 万元，改善特殊教育中心教学条件。新建的区特殊教育中心设计规模为 17 个教学班，总建筑面积 8000 平方米，建成可容纳 250 名残疾儿童就学。

3 月 10 日　大观镇铁桥村与浙江省余姚市梁弄镇五桂村缔结为友好村。

3 月 11 日　重庆市南川区金佛山旅游景区管理委员会设立。

3 月 12 日　全区开放工作暨企业服务年动员大会召开。2009 年，工业经济逆势增长，环保减排全面完成。2010 年，以工业园区为主战场，全年实现工业总产值、规模以上企业总产值分别增长 30%；完成工业项目投资 70 亿元，增长 40%；协议引资 500 亿元，到位资金 60 亿元；培育市级科技型企业 8 家，引进高新技术项目 5 个以上。扎实开展企业服务年活动，为企业提供政策服务、环境服务、保障服务、市场服务、创新服务、文化服务，促进企业发展。

3 月 14 日　十一届全国人大三次会议通过关于修改选举法的决定，实行城乡按相同人口比例选举人大代表。

3 月 15 日　全区“城市建设年”活动暨“六城同创”动员大会召开。至 2010 年年底，成功创建为重庆市级山水园林城市、森林城市和卫生城区；国家级生态示范区、中国优秀旅游城市、重庆市文明城区 80% 左右的考核指标达到标准。2011 年，成功创建为国家级生态示范区、重庆市文明城区，达到中国优秀旅游城市评定标准。

3 月 20 日　重庆市委、市政府下发《关于授予 5 个单位“重庆市人民满意的公务员集体”、10 人“重庆市人民满意的公务员”荣誉称号和给予 10 个单位记集体一等功、20 人记一等功的决定》，水江镇政府列入全市集体一等功单位。

3 月 22 日　全区对外开放工作领导小组第一次会议召开。2010 年，南川区成立 8 个重大项目专项招商组，1—3 月，全区招商引资工作协议引资 47.5 亿元，到位资金 3.1 亿元。签约重大投资项目协议 7 个，在谈重大项目 15 个，总投资约 244 亿元。

3 月 23 日　南川区与重庆市科学技术研究院签订关于科技合作的框架协议。

同日　国土资源部地质环境司司长关凤峻视察红层找水工程开展情况。年内全区红层找水工程计划打井 1500 口，整个工程 6 月内完工。

3 月　先锋氧化铝公司全面施工。30 万吨氢氧化铝项目 39 个子项开工，其中 9 个子项目主体工程完工，拜耳法系统工程建设完成 80%，热电系统工程完成 80%，烧结系统工程完成 20%，工程累计投资 8 亿元，总体工程完成 70% 以上。

博赛集团先锋氧化铝厂

3 月　金农科技服务中心申请的“金佛玉翠”牌金佛山野生大树茶（钻石）、金佛山野生大树茶（黄金）两个茶叶产品，符合 GB/T19630－4 有机产品生产、加工、标识与销售、管理体系要求，获北京中绿华夏有机食品认证中心颁发有机产品认证。该产品是南川区第一个获正式认证的有机产品。

4月4日 中国石油大庆油田公司团员青年向水江镇捐赠善款100.4778万元修建双河青年水厂。

4月9日 南川区启动土地承包经营权确权颁证工作，为全市4个试点区县之一。

4月13日 鼓楼坝社区获得“重庆十佳特色文化社区”称号，是区内唯一获此殊荣的社区。

同日 南川区启动农技推广体系改革试点工作。改革后农业主导品种优质稻、油菜、茶叶、蔬菜等主推技术入户率达95%。

4月15日 金佛山杜鹃花会开节。

4月19日 南大街示范改造提升工程动工，金山大道、南园路、西大街、钟楼街、和平路改造提升工程将陆续启动。六条示范街道将按照路面黑化、街旁绿化、街面洁化、临街美化和立面亮化的五大标准进行改造，解决城区内街道脏、乱、差的突出问题。整个改造提升工程预计总投资1.6亿元，改造道路6000米，整治临街建筑外立面约32.4万平方米。

2010年4月，浙江省宁波市企业家代表团考察南川

4月21日 4月14日，青海省玉树藏族自治州玉树县发生7.1级地震，造成巨大的人员伤亡和财产损失。南川区“四大家”领导带头捐款赈灾，以实际行动为青海玉树灾区群众献爱心。区级相关部门以及学校、宾馆等下半旗致哀，全区停止所有公共娱乐活动，沉痛悼念青海玉树地震遇难同胞。博赛集团向青海玉树地震灾区捐款300万元。

4 月 23 日　为期三天的 2010 中国国内旅游交易会在重庆国际会展中心开幕，全国 31 个省市和港澳台地区近百个参展团齐聚，区代表团携 8 个旅游项目参展，印制 9 万多份招商资料、图册和画册，推出山王坪旅游开发、金佛山三泉温泉旅游开发、龙岩城综合开发、大观温泉旅游城、龙泉洞旅游开发、鱼跳峡景区、神龙峡景区以及金丝木工艺品 8 个旅游项目参展。特色农产品中药材、方竹笋、金佛山蜂蜜、金佛玉翠登台亮相。

同日　金佛山景区管委会与重庆飞霞酒类销售有限公司签订投资意向协议。金佛山三泉温泉开发项目占地 150 亩，投资 3 亿元人民币，建设五星级温泉假日酒店、温泉洗浴中心、温泉度假公寓（别墅）、温泉保健康复中心、温泉老龄托管养身中心，并恢复蒋公馆、美龄桥等历史遗迹，打造“冷、温、烫”三泉并存的特色资源。

4 月 26 日　中纪委、国土资源部耕地保护与农村土地利用管理专题调研组调研区内相关工作开展情况。

4 月 29 日　由重庆交旅集团与铭嘉实业打造的神龙峡景区开园，投入运营。12 月创建为国家 AAA 级旅游景区。

同日　区社会主义学院挂牌成立，标志区内统一战线宣传、教育、培训工作有了新平台。

同日　区政协副主席、博赛集团董事长袁志伦，道南中学校副校长周南钢获全国劳动模范和先进工作者光荣称号。

4 月 30 日　南川区首届春季车展开幕。

重庆市南川区社会主义学院挂牌成立

4月 重庆粮食集团南川区粮食有限责任公司申请的“金佛山牌”金佛山贡米、“冬水品牌”大观米，通过转换期考察，转换产品符合GB/T19630.1～4《有机产品生产、加工、标识与销售、管理体系》要求，被认证为有机产品，填补了重庆市无正式有机大米空白。

4月 重庆市南川区金佛山食品有限公司生产的鹃蕊牌方竹笋产品，经农业部农业环境质量监督检验测试中心按照无公害竹笋质量技术标准检验检测，符合无公害农产品质量相关标准要求，被认证为无公害农产品，系南川区方竹笋产品首个无公害认证。

4月 南川区启动笔记串电脑配套声业基地建设。

4月 松林110千伏变电站完成扩容技改。该变电站是区供电公司主供城区的两个枢纽变电站之一，承担城区大部分供电任务。

5月5日 中加科技合作项目南川试验基地启用。加拿大方面安排林学院部分学生到乐村林场实践学习，协助林场编制森林可持续经营方案和有关森林可持续经营作业的指标及措施，并将林场的先进经验向全世界推广。

5月6日 区政府召开第99次常务会议。会议审议了《金融机构考核奖励暂行办法》《南川区政府重庆市电力公司股权划转框架协议》《巴渝新居建设和农村危旧房改造工程实施方案》《城乡建设用地增减挂钩试点工作方案》；研究专项追加安排城乡居民社会养老保险财政补贴资金事宜，实施大观统筹城乡康居试点工程有关事宜。

同日 区委办印发《关于在全区党的基层组织和党员中深入开展创先争优活动的实施意见》，决定以“强堡垒树先锋，推动南川科学发展”为主题，以在建设区域经济中心上、在深化实施“三百工程”上、在密切联系服务群众上、在建设学习型党组织上、在加强作风效能建设上“五个创先争优”为载体，深入开展创先争优活动。

5月10日 从2008年7月开工建设的永隆山森林公园一期工程完工，

免费开园迎客。总投资约 7000 万元，占地面积 33.7 公顷。9 月 24 日，永隆山公园获重庆最美公园称号，12 月 8 日获评国家 AAA 级旅游景区。

同日 区人大常委会召开调研“五五”普法工作座谈会。区“五五”普法工作自 2006 年开展，取得明显成效。全区有 1 个乡镇、12 个村（居委会）、140 个大院（小区）被评为全市普法示范乡镇（街道）、示范村（居委）和示范大院（小区），成功创建两个国家级民主法治示范村、14 个市级民主法治村和 4 个市级民主法治社区。全区 70% 的村（居委）聘请了法律顾问。

5 月 11 日 由西南大学、市农科院、市农委等组成的专家组现场测产验收区内万亩油菜高产创建示范片，示范片油菜最高单产达 233.1 公斤，创全市油菜种植以来的最高纪录。

同日 区委法建办、关工委、教委、公安局、司法局联合创建的区青少年法制教育基地成立。

5 月 12 日 城区交通秩序“百日大整治”启动，为期 3 个月。

5 月 17 日 全市第六次全国人口普查综合试点在区内启动。

5 月 18 日 重庆市能源供应和产业发展的战略性重点工程川气东送长寿至涪陵南川延长线（简称长南线）项目全线贯通，在水江镇水江配气站通气点火。

5 月 19 日 重庆市农科院南川分院授牌成立。该分院将在区内建设 300 亩试验示范基地，建设集农作物遗传资源保护、试验示范、产业开发和科技推广为一体的国家生态农业园区，通过基地示范带动，推动全区农业产业发展上档升级，建成市内统筹城乡发展的现代农业示范区。

5 月 20 日 重庆市委常委、组织部部长陈存根到南川调研党的建设工作。

同日 区内数字化城市管理系统试运行，把城市中的各个部（事）件进行准确定位并编号，在移动 GPS 定位系统的跟踪搜索下，可第一时间发现问题。

5月20日至23日 第十三届中国（重庆）国家投资暨全球采购会（简称渝洽会）在重庆国际会展中心开幕，南川区推出15个类别的项目参展。渝洽会首日，与香港复华医疗投资管理有限公司签约新城区人民医院合作项目，项目总投资16亿元人民币。次日，与14家企业达成投资合作协议。全区签约项目15个，投资总额121亿余元。

5月21日 区综治委、法建办、教委、司法局四委办联合发文聘请78名法制副校长，以推进普法进程和学校法制建设工作。

同日 南川区国家级玄参标准化示范区项目通过验收。

5月25日 博赛集团实施的高含硫高氨氮焦化废水生化处理新工艺，获2009年度重庆市科技进步奖二等奖。

5月25日至27日 首届中国（重庆·南川）中药材产业扶贫论坛暨中药产业招商会在南川召开。南川玄参产量和种植面积为全国最大，是重庆市重要的药材生产基地。被中国药文化研究会、国家质检总局、市扶贫办分别授予为"中国玄参道地药材产业之乡""玄参标准化生产示范基地""重庆市中药材产业扶贫工程示范基地"。

5月28日 区公共资源综合交易管理办公室和公共资源综合交易中心挂牌成立，标志着区内公共资源管理和交易活动进入规范化、统一化、透明化轨道。

同日 宁波市海曙区委书记、区人大常委会主任陈奕君率该区"四套班子"主要领导到区内考察，签署友好协议。

同日 南川区与圭亚那合作共和国林登市结为友好城市。

同日 南川区在区、乡镇（街道）、村（社）三级同时启动首批34个农民工综合服务中心。其中区农民工综合服务中心设在区人力社保局，东城、南城、西城街道和水江等13个乡镇（街道）农民工综合服务中心设在各自社保所，金佛等20个村（社）农民工综合服务中心设在所在村（社）级公共服务中心。

5月30日 波导科技集团股份有限公司捐赠10辆价值200万元的校车，支持建设平安南川、平安校园。

波导科技集团股份有限公司向南川捐赠校车

5月30日至31日 浙江省政协主席、中国国际茶文化研究会会长周国富到区内考察城市建设、旅游开发、工业园区建设、农业产业发展等。对金佛山野生大树茶进行品鉴，并欣然题下“天赐佛茶”四个大字。

5月31日 全区干部选拔任用工作总体评价等5项满意度测评均超过99%，高于全市平均满意度，进入全市前6名。

5月 重庆市南川区瑞丰农业开发有限责任公司生产的“金佛山”牌中药材系列产品，质量稳定合格，经中国工商管理委员会、中国著名商标认证中心审定，被授予中国著名商标称号。

6月1日 南川区10个重大建设项目开工，包括生态大观园景观大道、生态康居农庄、花卉苗木核心基地项目，市民广场及商务中心、成人教育培训中心、传媒中心、文化艺术中心、会展中心，渝惠集团南川区农产品批发市场工程。

同日 区委、区政府印发《关于全面推进统筹城乡综合配套改革试验的意见》，力争围绕城乡经济社会协调发展、城乡劳务经济健康发展、土地流转和集约利用三条主线，尽快在建立“以城带乡、以工促农、城乡互动”

机制和统筹城乡的土地、就业、社会保障、金融体制改革等重点领域取得突破。

同日　区人民医院首次通过冠状动脉支架植入术成功为一位72岁的前降支重度狭窄高龄患者李某进行介入治疗。

同日　区中医院针灸科被国家中医药管理局确定为农村医疗机构中医特色专科建设项目。

6月10日　浙江省余姚市政协副主席、市委统战部部长叶文龙带领该市台资企业家代表团到区内投资考察。

宁波市企业家考察南川

同日　黎香湖湿地生态园盛装开园，成为黎香湖统筹城乡综合开发首个竣工投用项目。该园总占地面积14.67公顷，总投资约4000万元，由中国海外集团投资建设。

同日　木凉乡与浙江省宁波市宁海县一市镇缔结为友好乡镇。双方将在水产养殖、招商引资、农村专业技术人才培养等方面展开合作。

6月11日　南川区政府与市政府法制办公室共同签署共建依法行政示范区合作协议。双方约定，将在制度建设、政府决策、执行监督、行政复议、队伍建设等五个方面携手试点示范。

6月18日　金佛山温泉酒店项目开工。

6月22日　兴隆镇金花“侨爱新村”举行揭牌仪式。

同日　区五五普法工作通过验收。

同日　石墙镇文化广场竣工，迎来首场文艺演出，庆祝即将到来的“七一”。

6 月 24 日　峰岩乡与宁波市宁海县长街镇缔结成友好乡镇。

6 月 25 日　民主乡与宁波梅林缔结友好。

6 月 28 日　天星旅游风情小镇开建。该小镇是交旅集团金佛山整体开发的重点项目。计划总投资 30. 15 亿元，总建设用地面积 2250 亩，建设期为 10 年，年内计划投资 1. 5 亿元。

6 月　南城街道溪水露营度假村、三泉镇三和园等被评为区内首批三星级农家乐。至此，全区共有 8 家星级农家乐。

7 月 7 日　区科委与木凉乡政府、重庆市香逸花卉苗木科技园、重庆市科学技术研究院日用化学工业研究所签订重庆生态大观园万亩玫瑰科技产业项目合作协议，四方联动合力打造重庆芳香谷。

7 月 8 日　区政府邀请市规划局相关负责人及市规划专家，对全区总体城市设计及核心区详细城市设计进行评审。总体城市设计规划范围面积 24 平方公里，总体空间结构特征体现“三区联动、内外呼应、以水为脊、依山抱绿”的组团空间格局，以保持山水与老城的和谐尺度，体现“山拥城—城抱山，水绕城—城系水”的城市空间形态特征。

7 月 13 日　博赛集团先锋氧化铝有限公司 30 万吨氢氧化铝技改工程竣工投产，实现节能型、环保型 60 万吨氧化铝生产能力。该项目是打造重庆铝镁产业基地的重点项目，也是推进全区产业结构升级、发展循环经济的示范项目，是典型的资源综合利用项目。项目 2007 年 9 月开工，总投资 10 亿元，历时 34 个月。项目投产后，每年新增销售收入 10 亿元，新增利税超 1 亿元，新增就业岗位 600 个。

7 月 14 日　被誉为南川“解放碑”的河滨中心商圈开工建设，集高档住宅、大型商业和政府办公为一体。2014 年 1 月名润广场竣工投入运营，重庆新世纪百货入驻商场。

7 月 15 日至 16 日　南川区第十二届委员会第八次全体会议召开，专题研究民生工作，审议通过《关于“解五难创五优”切实改善民生的决定》，决定用两年半时间，着力“解五难创五优”，即解决就业增收难、子女就学难、看病就医难、社会保障难、交通便捷难，创优居住环境、创优生态环境、创优人文环境、创优平安环境、创优服务环境，切实改善民生。

7月18日 世博城市之星——中国百佳最具投资潜力县（区）评选结果揭晓，南川区入选全国第三。

7月19日 宁波首批干部到区挂职。

7月23日至8月5日 中国大学生骨干培训学校第三期学员重庆实践锻炼活动在南川举行，来自全国31个省区市的大学生开展红色之旅体验等社会实践。

7月27日 以“品铁村葡萄赏乡村美景”为主题的铁村乡首届葡萄节开幕。

7月30日 金佛山与浙江东钱湖缔结友好，双方广泛开展合作，共同打造旅游品牌。

7月31日 南川区名优特产品展示展销月开幕仪式在上海浦东新区三林世博家园市民中心隆重举行。同时，在上海·宁波名品直销中心、浙江家家福超市等地设立南川名优特产品销售专柜，标志南川区名优特产品正式入驻上海、浙江等大市场。

7月 全区先后出动各类执法人员1.6万余人次，没收非法开采煤炭3000余吨，炸毁捣毁非法小煤窑765矿次。至此，全区非法小煤窑减少至20多个。

7月 南川区2009年宜居建设中的居住品质工程、公共空间优化工程和服务设施完善工程三大项目考核均获全市并列第一的好成绩。

8月3日 市体育局、旅游局、团市委、交旅集团和南川区委、区政府共同主办的“博赛杯”中国（重庆）金佛山国际大学生登山邀请赛在金佛山举行。来自全国 31 个省区市“211”工程重点大学学生会主席或研究生会主席，香港、澳门知名大学主要学生社团负责人，来自英国、印度尼西亚、孟加拉国、泰国、老挝、卢旺达等国家的留学生代表近 1000 人齐聚，共攀金佛山。

8 月 4 日 古花乡、兴隆镇、神童镇成功创建市级卫生乡镇。

8 月 5 日 中国佛教协会副会长、河南嵩山少林寺方丈释永信作客金佛山。

8 月 6 日 南川区生产力促进中心被认定为重庆市级生产力促进中心。

8 月 8 日 首届中国（重庆）金佛山国际旅游文化节开幕。当代文化学者、作家余秋雨先生被授予南川荣誉市民称号。晚上在区体育馆举行了旅游文化节开幕式暨《艺苑风景线·走进金佛山》大型主题晚会。本次活动历时 10 天，以“魅力金佛山·重庆后花园”为主题，以“展示景观资源·彰显人文特色”为主线，包括开幕式暨大型主题晚会、国际旅游文化论坛、大学生国际登山邀请赛、国际美术摄影大赛、招商推介会及签约活动、闭幕式暨金佛山民俗文化展演等六大活动。

同日 老一辈无产阶级革命家刘伯承、邓小平雕像在渝湘高速公路南川下匝道转盘处揭幕。

8 月 11 日 贵州省桐梓县县委书记罗其方率领党政代表团考察，洽谈金佛山水利工程有关水资源开发利用事宜。双方就金佛山水库水资源利用合作达成共识，并签订相关协议书。金佛山水利工程为国家发改委批准立项的大（二）水库工程，坝高 119 米，总库 1.03 亿立方米，坝址处以上集雨面积 180.8 平方公里，多年平均年径流量 1.31 亿立方米。金佛山水利工程合计向下游多年平均提供水量 4360 万立方米。工程建成，可为桐梓县提供有效水量 1490 万立方米。

8 月 12 日 区政府印发《关于统筹城乡户籍制度改革的实施意见》，全区统筹城乡户籍制度改革工作启动。此次改革以推动符合条件的农民工特别是新生代农民工转户进城为突破口，引导农村居民向城镇有序转移，逐步缩小附着在户籍上的城乡差异，促进城乡资源要素合理流动，助推城市和农村经济社会协调发展。

同日 区委常委、纪委书记周瑜泉做客人民网“新政大家谈”栏目，就“一把手权力监管”话题，接受人民网记者在线视频采访并与网友交流互动。

8月13日 国务院重特大生产安全事故责任追究落实情况第九检查组赴南川检查指导。2009年区内发生各类生产安全死亡事故同比下降3%，未发生重大及以上事故；上半年，全区发生各类安全事故同比减少19起，同比下降17%，未发生较大及以上事故。

8月13日 南川区面向全国公开选拔副处级领导干部全委会差额票决大会举行。出席会议的32名区委委员差额票决面向全国公开选拔的8名副处级领导干部人选。南川区于2010年5月启动公开选拔副处级领导干部工作，拿出区农业园区管委会副主任、金佛山景区管委会副主任、工业园区管委会副主任、区委政策研究室副主任、区商务局副局长、团区委副书记、水江镇副镇长、鸣玉镇武装部长兼副镇长等8个职位，面向全国公开选拔。

南川区公开选拔副处级领导干部面试考场

8月21日 金山大道获“重庆十大最美街道”称号。

8月25至30日 区委书记王永康率党政代表团赴昆山、上海、大连、长春、哈尔滨等地考察学习。吉林省委副书记巴音朝鲁，辽宁省委常委、大连市委书记夏德仁，长春市委副书记李树国、市人大常委会副主任冯占祥、市政协副主席管树森，哈尔滨市委副书记王颖、大连市委副书记里景瑞、市政府副市长张军，昆山市市长管爱国等分别陪同考察或接待代表团。

8 月 26 日 重庆市委常委、统战部部长范照兵视察南川“情漫故园”实践行动和社区统战工作。

同日 区综合应急救援队成立。

同日 区文联成立后主办的第一本文艺双月刊《金佛山》创刊。

8 月 30 日 水江大桥开工，该项目总投资 3000 余万元。

8 月 31 日 重庆市广播电视信息网络有限公司南川分公司成立。

9 月 1 日 《南川区园区管理办法》和《南川区财政管理体制实施方案》试行。自此，工业园区、生态农业园区在规划管理、招商引资、项目审批等方面享有一定自主权，这是区体制、机制的一大创新。

同日 南川区小学生校车正式投入使用。小学生校车共 10 辆，由波导科技集团股份有限公司捐赠，采取环线对开，主要沿金佛大道、金山大道、东环路和北环路行进。小学生校车收费标准为每人每次 5 角钱。

9 月 7 日 区委、区政府印发《关于加快发展现代特色农业的意见》，要求以发展都市型高效特色农业为主攻方向，产业重点和区域布局为稳定粮油基础产业，提升以南川鸡、中蜂为主的特色养殖产业、以高山蔬菜为主的蔬菜产业两大优势产业，做强以方竹笋为主的笋竹产业、以玄参为主的中药材产业、以观赏植物为主的花卉苗木产业、以优质茶为主的茶叶产业、以“农家乐”为主的乡村旅游业等五大特色产业，推进特色农业发展。

9 月 8 日 区委、区政府表彰罗述生、庞娅敏、许元芳、骆永杰、黄大文、韦燕、刘丹、陆清华、代兴全、刘明琼为 2010 年度南川区“十佳优秀教师”，唐继德、田淑兰、梁隆超、任国君、杨伟、李昌文、何家书、韦强、梁正犹、张健为“十佳优秀校长”，授予李成中、雷坤元、王纯友、郑光灿、唐国强“十佳优秀教师提名奖”，李学勇、梁隆江、杨静、雷玉洪、赵红“十佳优秀校长”提名奖。

是日 区委、区政府授予宁波燎原工业集团公司、宁波波导科技集团股份有限公司、浙江省余姚市慈善会、浙江省余姚市商会、宁波太平洋慈善基金会、重庆市博赛矿业（集团）股份有限公司、南川区江源煤业有限责任公司田坝煤矿为“尊师重教特别贡献单位”荣誉称号。

9月13日 区委、区政府印发《关于加快推进工业经济发展的意见》，要求坚持新型工业化道路，打造重庆市铝镁新材料基地、电子信息产业基地和渝南黔北地区现代制造业基地。

是日 区委、区政府印发《关于加快房地产业发展的意见》，要求着力发展城市商业地产、旅游地产和工业地产，大力建设普通商品房和保障性住房，稳步推进高档住房，有效改善城市居民住房条件。

9月14日 南川区启动“三考”选用副处级领导干部试点工作，每年拿出10~15个副处级领导干部职位，面向全区副处级后备干部进行晋级考试提名、业绩考核排位、品德考查定性相结合的“三考”。

9月16日 总商会大厦开工。总投资约2.5亿元人民币，为总高119.8米的双子塔型综合建筑体，总建筑面积约8.4万平方米。

9月24日 永隆山森林公园获重庆最美公园称号。

9月27日 南川区举行捐资造林全民认养专题文艺晚会，现场收到捐款4000余万元。

9月29日 鸣玉镇石牛河文化广场竣工。石牛河文化广场占地3000平方米，总投资80万元，属该镇龙凤新区配套项目之一。

9月 “勤劳勇敢、开明开放、实干图强”正式确定为新时期南川精神表述语。2007年，南川区提出了“勤劳勇敢、开拓创新、争强好胜、不甘人后”的南川人精神特质，对一个时期的经济社会发展起到了积极的推动作用。自2009年7月以来，南川组织开展了提炼弘扬新时期南川精神表述语工作。经反复酝酿，优化组合，最后确定为“勤劳勇敢、开明开放、实干图强”。

9月 全国绿化委员会办公室常务副秘书长曹清尧交流到南川，任中共南川区委副书记（正厅局长级）。

9月 南川区学生食用鸡蛋工程从2010年秋季入学开始实行，47369名中小学生受益。目前南川共有义务教育阶段在校学生66943人，农村和城区义务教育阶段贫困家庭在校学生能够免费鸡蛋外，其余19574名学生在自愿的原则下自费食用鸡蛋。

9月 经全国旅游景区质量等级评定委员会评定，金佛山景区达到国家AAAA级旅游景区标准的要求，国家旅游局批准南川金佛山景区为国家AAAA级旅游景区。

10月8日 重庆市委、市政府主办的“绿化长江·重庆行动”启动，区工业园区龙岩组团设立主活动场，东城街道东金华社区和大铺子社区花盆堡、陈家沟设立3个现场植树点；水江、大观等乡镇设立31个分活动场，两级活动现场共组织全区34个乡镇（街道），5万余干部群众在各自集镇植树，5万余干部群众参与绿化植树。

10月15日 南川区通过市级检查组检查验收，成功创建为全国残疾人社区康复示范区。

10月18日 浙商国际贸易城征地拆迁动员会召开。该项目拟选址东城街道，涉及东城街道东金华社区、大铺子社区居民约600户、3000人，企业10余家，拆迁房屋面积约15万平方米。

10月19日 农业部副部长张桃林一行来南川，调研大观镇铁桥村、东城街道三秀万亩油菜高产创建示范片。

10月22日 生态大观园第二批8大项目开工，涉及基础设施建设、农村住房改造、农村结构调整、乡村旅游发展等方面，总投资达 6 亿元以上，将于次年 5 月展示形象，开园纳客。

10 月 26 日　生活垃圾特许经营框架协议签约仪式举行，与北京桑德集团合作实施垃圾焚烧发电项目。

10 月 27 日　金佛寺复建项目和牵牛坪游客接待设施项目开工。金佛寺复建项目以设计再现古代金佛山佛教的兴盛时期，以建筑展现不为现代人所知的佛教文化，总投资约 8500 万元，恢复建成后总占地面积约 5456 平方米，总建筑面积约 6995 平方米；牵牛坪游客接待设施建筑海拔约 2081 米，规划建设总用地约 39307 平方米，总建筑面积约 12359 平方米。

10 月 28 日　集中开工签约一批重点项目，包括九鼎山公园和重庆铂砾耐新型复合材料产业园开工建设。

同日　南川商贸物流园区成立。

中铝 80 项目投料试车

同日　中铝 80 项目举行投料试车庆典。

10 月　城镇居民医保、职工医保和新农合三类医保实现同一套信息系统管理，走在全市前列。

10 月　《南川区玄参标准化生产示范与推广》项目获科技部、财政部批准，被列入国家科技富民强县专项行动计划，获中央资金 158 万元支持。

11 月 1 日　全国第六次人口普查启动。

11 月 3 日　区委、区政府表彰王易文、邓照兴、任正文、陈涛、张德剑、周雅（女）、罗明江、赵彬、姜国强、夏明红为南川区首届“十佳农民工”，11 月 5 日举行了首届十佳农民工表彰大会。

11月3日 区委、区政府印发《关于大力发展微型企业促进民营经济大发展的意见》，全面放宽投资领域和准入条件，解决民营企业用地问题，支持民营企业进入园区，促进了民营经济发展。

11月5日 全区首届“十佳农民工”表彰大会举行。王易文等10人被授予首届“十佳农民工”，这也是南川区首次专门表彰农民工。

11月10日 区商贸物流园区管委会成立，主要负责商贸物流园区规划、招商、建设和管理工作。

11月18日 工业园区龙岩组团11个重点项目竣工开工。投用的园区主干道包括园区东路、横一路、纵三路和迪康大道东段，共计10.08公里；新开工的九大项目总投资80500万元，建成后每年实现销售收入54500万元，带动2000余人就业。

同日 工业园区南平组团五大项目开工。总投资4.5亿元，总占地面积505亩，建成投产后将新增工业总产值7.2亿元，新增税收2000万元以上，新增就业岗位1500余个。

同日 新城区7个房地产开发项目和5个保障性住房项目开工。新增保障性住房逾60万平方米，房地产开发总面积将新增近100万平方米。

11月19日 中央编办督查司司长李世春率调研组调研区机构编制评估进展情况。

11月24日 南川金店发生抢劫案。经区公安机关细致的现场勘察，依靠刑侦技术支撑，通过摸排调查，用10小时成功锁定犯罪嫌疑人，30小时将其抓捕归案，被抢的黄金首饰全数追回。

同日 南川区启动三线客栈和金佛山博物馆项目建设等三线遗址改造项目，三线客栈预计次年“五一”竣工投用。

同日 南川区与东莞市大忠电子有限公司董事长、总经理李正中签订项目入驻工业园区龙岩组团协议。项目总投资1.3亿元，是落户工业园区的第一个笔记本电脑项目。

11 月 30 日 区委、区政府在渝召开“十二五”规划纲要征求意见座谈会。邀请市级相关部门领导、部分在南川工作过的领导、在渝南川老乡和在渝经济社会发展高级顾问等进行座谈，就“十二五”规划纲要征求意见。

11 月 区林木良种场荣获全国生态建设突出贡献奖，被授予林木种苗先进单位称号。

12 月 2 日至 3 日 区委召开十二届九次全会，总结了全区“十一五”成绩，研究了“十二五”规划。

12 月 5 日 金佛山画家村暨“巴渝风情带·最美新乡村”星级农家乐群开工，为全市首个开工建设的画家村。建成后，将引进上百名全国知名画家前来居住并作画，打造金佛山特色文化品牌。

同日 第二人民医院改扩建工程、新城区中医院建设项目、双鹿电器西部区域总部项目、泽京香格里拉·西苑项目开工。

12 月 6 日 骑龙乡与杭州江干区笕桥镇缔结友好。

12 月 8 日 神龙峡景区、永隆山森林公园通过市旅游景区质量评定小组评审，荣膺 AAA 级旅游景区称号。

12 月 10 日 曹清尧兼任中共南川区委党校校长。

12 月 11 日 南涪铁路南川段铺轨完工。

12 月 13 日 与中国兵器科学研究院签署科技合作框架协议，双方将在产业规划、技术研发、人才培养、企业引荐、资源共享等方面进行广泛合作。

12 月 14 日 南川区与北京市通州区缔结友好城区。双方将在承接产业转移、加快城市发展、开发利用资源、人才资源开发等领域开展广泛合作。

12 月 17 日 南川创建市级山水园林城区通过验收。南川区启动“城市建设年”活动暨“六城同创”工作以来，拆迁房屋 105 万平方米，拆违

15.8 万平方米；通过对 6 条示范街的改造和半溪河的治理，城市面貌大幅度提升；全年新造林 13 万亩，全区森林覆盖率达 47.2%，新建改建城市绿地 80 万平方米，城区绿化率达 39%，“绿色之城”“花园之城”“最清洁之区”等初具形象，宜居宜业宜游新南川正在建成。

12 月 19 日 森源食品三万吨竹笋加工项目在工业园区龙岩组团投产。

12 月 20 日 以“金佛山——南国雪原”为主题的金佛山冰雪节开节。

12 月 24 日 工业园区龙岩组团被重庆市特色工业园区规划建设领导小组批准成立重庆（南川）电子信息产业园，水江组团被重庆市特色工业园区规划建设领导小组批准成立重庆（南川）铝产业园。

12 月 25 日 南川区美术家协会成立。

12 月 28 日 浙商国际商贸城项目、南川国际建材家居广场项目和南川区汽车 4S 店项目开工。

同日 区政府与浙江富舜科技股份有限公司签订笔记本电脑及汽车配套电器连接线项目入驻工业园区标准厂房租赁合同，富舜科技入驻工业园区。

12 月 29 日 金佛山水利工程启动建设。该工程以农业灌溉、工业及城镇生活供水为主，兼顾水力发电，由大坝、溢洪道、放水隧洞、放空隧洞、坝后电站、跌水电站和渠系工程组成。受益范围包括南川、万盛、贵州省桐梓县共计 18 个乡镇、131 个行政村，三地共计 67.1 万人受益。

同日 金山镇统筹城乡综合开发建设项目暨南金佛养生园项目开工。

12 月 “南川方竹笋”地理标志商标获得国家商标局批准，成功注册为南川区首件地理标志证明商标。2007 年 5 月 17 日，金佛山方竹笋地理标志产品保护申请正式通过专家评审。为把金佛山方竹笋和其他地区的金佛山方竹笋相区别，于是更名为“南川方竹笋”。2008 年 9 月 19 日，国家质量监督检验检疫总局公告正式授予南川方竹笋地理标志产品保护专用标志。

2010 年，实现地区生产总值 143.6 亿元；财政总收入 30 亿元，增长

131%；全社会固定资产投资138亿元，增长50%，列10区第一；实现工业总产值210亿元，增长31%；外贸进出口6000万美元；三次产业结构从2005年的22.1:46.9:31调整优化为16:49:35。城镇居民人均可支配收入达16192元，增长13%；农民人均纯收入达6060元，增长19.4%。

2011 年

1 月 4 日至 5 日 经重庆市创卫专家组检查验收，南川区成功创建为市级卫生城区。

1 月 5 日 全市安全生产工作电视电话会召开。会议通报 2010 年全市安全生产工作情况及考核情况，南川区安全生产工作在考核中荣获一等奖。

1 月 7 日 民政部规划财务司司长冯亚平考察区社会福利中心、金佛山老年公寓、渝南救灾物资储备中心等项目建设情况。

同日 区科委、商务、工商、质监、文化执法等部门开展“风暴”联合执法检查行动，重点查处销售假冒伪劣酒类、盗版光碟和假冒专利商品等行为。

1 月 12 日 南川区与市扶贫办签署共同建设重庆市整乡脱贫扶贫开发南川示范区备忘录，将木凉乡建设成为全市首个整乡脱贫扶贫开发示范区。

1 月 17 日 区委、区政府表彰王应旭、刘正宇、吕鲜翠、汪仁友、肖仁荣、田川、李应弘、唐毅、杨毅平、周密为“南川区十大优秀人才”，授予童辉、宋敏、罗程、向华勇“南川区十大优秀人才提名奖”。

1 月 18 日 政协重庆市南川区第十二届委员会第五次会议召开。

同日 区委、区政府授予丁安平、袁志伦、朱玉伦、肖红钢、李云强、蓝森古、张晓华、马丽平、裘旭波、张永强“十大优秀企业家”称号，授予梁峻铭、池曾军、荣昆、陈健、郑延平、徐文勇、罗礼、刘作兵、张明俊、蒋维勇为第二届“十大优秀创业创新人物”奖，授予刘安容、向华献、张力、喻朝明、刘泽全、陈建国、侯绍堂、曹正学、金静、方竹论坛“爱心方竹”团队为第二届“感动南川”新闻人物奖。

1月18日 区十五届人大七次会议召开，审查和批准了南川区国民经济和社会发展第十二个五年规划纲要。

1月21日 波兰共和国驻上海领事馆一等参赞安杰伊·贝俊嘉、上海世博会波兰馆馆长杨努什·达什钦斯基、波兰共和国信息与外国投资局翻译尤得良、中南企业发展有限公司董事长陈礼成、宁波对外科技交流中心副主任杨志军一行到南川区考察。

同日 区委办、区政府办印发《“互看互学互比”活动实施方案》，决定在全区各乡镇（街道）开展“互看互学互比”活动，规划好、实施好一批招商项目、一批重点项目和一批民生项目，培育34只“小小老虎”。

1月25日 南川区启动应急联动防控体系数字化建设。以视频系统为依托，融治安防控和应急联动于一体，覆盖煤水电气油、道路交通、消防安全、治安防控、反恐等各个领域，涵盖应对自然灾害、事故灾难、突发公共事件、突发社会安全事件等所有应急事项，以增进群众安全感、推进平安南川建设。

1月 南川区成功创建为重庆市级森林城市。

1月 南川区遭遇持续雨雪冰冻灾害。金佛山区域的金山、头渡等10余个乡镇道路中断，生产、生活物资运输困难，11万余群众出行困难。全区农作物受灾10666.66公顷（其中蔬菜5333.33公顷），蔬菜大棚损坏160个，达33.33公顷；树木、竹木受灾5333.33公顷，直接经济损失1131万元。

1月 南川中学成功创建市级绿色学校。

1月 半山景苑获评市级绿色社区。

2月14日 工业园区获评重庆市2010年度“标准厂房建设优秀工业园

区”。

2 月 15 日 市人大常委会副主任陈雅棠调研南川。

2 月 16 日 区委、区政府印发《关于扎实开展“作风建设强化年”活动的通知》，“服务求精细、项目看绩效、攻坚破难题、乏力严追究”重点，在全区开展“作风建设强化年”活动，巩固“作风建设年”和“效能革命”活动成果。

同日 隆化大道、尹子南路和尹子北路 3 条道路同时开工。3 条道路总长 5003 米，宽分别为 50 米、24 米，总投资约 2.5 亿元，为贯穿新城区纵横交通的枢纽，也是连接南川城区与工业园区，完善新城区路网布局的重要通道。

2 月 18 日 区委、区政府印发《关于进一步加快发展旅游业的意见》，强力推进“旅游立区”战略，以创建金佛山国家 AAAAA 旅游景区为主导，把南川打造成为国内知名且具有国际影响力的佛教文化和养生度假旅游目的地。

2 月 21 日 区十五届人大常委会召开第二十七次会议。任命刘忠、简支全为重庆市南川区人民政府副区长；免去王身高、冯建的重庆市南川区人民政府副区长职务。

2 月 23 日 环保部副部长周建调研环保能力建设工作。

2 月 南川区 2010 年煤矿安全考核居全市首位。

3 月 1 日 南川区纪念全民义务植树运动 30 周年。

同日 三南铁路扩能改造工程（南川段）铁路用地交接仪式举行。南川段站改工程 77 亩征地任务全面告捷，正式向建设施工方中铁八局移交。

3 月 3 日 南川区获评全国无偿献血先进城市。

同日 “山即是佛、佛即是山——中国金佛山”宣传片和《发现金佛山》纪录片陆续在 CCTV—1、CCTV—4、CCTV—10 播出，深度宣传金佛山旅游。

同日　在全市“平安重庆”建设暨社会治安综合治理考评结果情况通报电视电话会上，获2010年全市平安建设暨社会治安综合治理工作考评优秀区县。

3月5日　重庆警备区政治部主任刘德伟少将看望慰问区内留守儿童和在抗美援朝中受伤的革命伤残军人。

3月6日　区政协副主席、博赛集团董事长袁志伦被市委、市政府授予重庆市第三届优秀中国特色社会主义事业建设者称号。

同日　以“金色花海、魅力南川”为主题的首届油菜花节在东城街道三秀社区开幕。

3月7日　重庆大忠电子有限公司4条生产线试产。从签约到试产，总共只用不到100天。这是迄今为止，区从招商签约到落户试产最快的企业，创造了前所未有的“南川第一速度”。

3月9日　区委、区政府作出《关于开展学习南川区“创先争优干实事”模范人物事迹活动的决定》，号召开展向创先争优活动中涌现出的模范人物（区隆化一校刘丹、区市政园林局段俊华、区信访办杨仁芳、区公安局刘陈、兴隆镇李倩颖、区人民医院李聘兰、区征地拆迁办谭斐、区招商局陈波、三泉镇马嘴东州春蕾小学校梁隆超）学习活动，营造“创先争优干实事”的良好氛围。

同日　区委、区政府印发《关于实施美丽新乡镇美丽新乡村行动的意见》，要求全力打造水江镇、南平镇、大观镇等3个市级中心镇和黎香湖镇、兴隆镇、木凉乡等10个示范乡镇；把大观镇金龙村建设成为国家级新农村建设示范村，重点建设大观镇铁桥村、黎香湖镇黎香湖村、木凉乡汉场坝村等10个重庆市级示范村，建设100个特色村，促进农村城镇化和农村新型社区的发展。

同日 博赛跻身中国制造业 500 强。

3 月 11 日 重庆市强达服饰有限公司投产。

3 月 14 日 十一届全国人大四次会议通过《中华人民共和国国民经济和社会发展第十二个五年规划纲要》。

3 月 16 日至 17 日 由重庆大学、重庆交通大学、铁道部第二勘察设计院等单位教授组成的专家组，对重庆南川至贵州道真高速公路重庆段工程可行性研究报告进行预审。

南川区党政代表团赴台湾开展经贸交流活动

3 月 23 日 大观镇发现一块巨型怪石，经专家鉴定，巨型怪石为约一亿六千万年的植物化石硅化木，是区内发现年代最久远的生物化石。

3 月 29 日 全市市容环境综合整治工作会在南川召开。市领导对南川区城市管理工作给予肯定，称南川半溪河综合整治工程为全市城区市容环境综合整治水平之最高者。

3 月 南川区农业综合开发连续十年获全市一等奖。

4 月 5 日 南川区思源酒楼被批准为国家四钻级酒家，新华酒店获评国家三钻级酒店，填补了区内无国家钻级酒家、酒店的空白。

4 月 6 日 重庆市干部下访群众工作督导二组来到南川，认为南川探索的“干部纳访日”“村干部”信访代办员制度等是亮点，很有创新，值得推广。南川区创新推行大学生“村干部”信访代办员制度。全区所有大学生“村干部”履行信访代办员职责，在基层里收集社情民意、宣传政策法规、化解矛盾纠纷、代办合理诉求，进一步方便群众反映诉求，以将矛盾化解在基层、化解在萌芽状态，确保大事不出村、小事不出组。

4月6日 东城街道85名“4050”人员与用人单位签约，成为南川区首批接受公益性就业岗位安置的人员，主要从事社区保安、保洁、绿化、托老和托幼等工作。南川区通过公益性岗位对“4050”等就业困难对象优先安置就业，并对这些就业困难人员实行岗位补贴和社会保险补贴。

4月8日 谭大辉任中共南川区委委员、常委、书记，李国军任区委委员、常委。王永康不再担任区委书记职务。

同日 浙江省丽水市委常委、市委秘书长毛子荣一行对区内城市规划、建设进行考察。

4月11日 南川区获评全国林权制度改革先进。

4月12日 2011年镇乡村规划编制工作推进会召开。南平、头渡、木凉等16个乡镇进行规划编制，具体工作分5步实施，在镇、乡、村规划编制工作中，要求坚持政府组织、专家领衔、部门合作、公众参与、科学决策；做到节约利用土地、推进集聚发展，要根据区域实际情况，撤并整合分散的自然村落，引导农民逐步集中居住，改善农村的生产生活条件和居住环境；要有利于推进城镇化进程，引导鼓励从事二、三产业的农民进入城镇；要按照建设美丽新乡镇、美丽新乡村的要求，因地制宜、分类指导。

4月13日 山东省淄博市委书记、市人大常委会主任刘慧晏，淄博市委常委、副市长周连华，市委常委、秘书长林建宁考察南川统筹城乡建设。

4月15日 浙江省宁波市赠送《浓墨重彩南川印象》3D宣传片。此部宣传片耗时6个多月，耗资60多万元，以绿色为基调，以金山杜鹃为线索，着力表现金佛山、黎香湖、永隆山等地优美的自然景观，人们幸福生活、城市的高速发展以及前景广阔的中长期规划。

4月16日 山东省烟台市牟平区区委书记王中，区委常委、常务副区长姚秀霞一行到区内考察。

4 月 17 日　金佛山杜鹃花会开幕。

4 月 18 日　市政协副主席杨天怡一行对经济社会发展、政协工作及委员“助推发展”“联系群众”活动等情况进行考察。杨天怡表示，南川发展成效明显，充满生机活力。

4 月 19 日　市人大常委会副主任、党组成员王洪华带领视察组就贯彻落实宜居重庆建设情况进行视察，认为南川在宜居建设中取得的成绩让大家感动、激动和震撼。

4 月 27 日　国家林业局森林公安局局长、国家森林防火指挥部办公室主任杜永胜等一行，考察指导森林城市建设、森林防火、林权改革等工作。

同日　石莲乡引进重庆市南川竹木研究所，流转土地 2.33 公顷，打造全市首家慈竹无性繁殖苗圃。

5 月 1 日　天星小镇滨水商业街及三线酒店完工，天星小镇举行开街仪式。金佛山天星小镇位于金佛山西麓，占地约 180 公顷，总面积 120 万平方米，总投资 40 亿元。交付使用的一期工程占地 2.6 万平方米，投资 8000 万元，是一项集休闲、亲水、自然风光、享受养生等娱乐项目于一体的大型休闲度假精品项目。

天星风情小镇

同日　水稻机插秧实现乡镇街道全覆盖。

5 月 5 日　体育中心投入试运行。

同日　国家发改委网站披露，国务院正式批复《成渝经济区区域规划》。整个成渝经济区包括了重庆 31 个区县和四川 15 个市，南川区作为建设区县被纳入其中。

5月11日 南平首届苗族民俗文化节在神龙峡景区拉开序幕。

5月13日 第二届中国·重庆金佛山国际旅游文化节开幕。市委常委、宣传部部长何事忠致辞并宣布开幕。国务院原副秘书长安成信、市人大常委会副主任胡健康、市政协副主席杨天怡出席开幕式。活动内容包括开幕式暨大型主题晚会、国际旅游文化论坛、金佛山大学生国际登山邀请赛、民俗花车巡游等十大主题活动。活动持续至5月19日。

同日 南川获评全国优秀旅游城市。

5月14日 重庆市市长黄奇帆深入南川工业园区、城市新区、旅游景区现场调研。

同日 英国驻重庆总领事馆总领事 Simon lever 对金佛山旅游资源及开发情况进行考察。

5月18日 被誉为日本围棋“希望之星”的井山裕太九段在“博赛杯”金佛山国际围棋超霸赛决赛中执白中盘战胜古力九段，夺得冠军奖杯和30万元人民币的头奖。

“博赛杯”金佛山国际围棋超霸赛决赛：古力对弈井山裕太

5月19日 区内建立应急联动中心，部署9800多个摄像头，形成“看得见、过得去、救得了”的短、平、快应急响应机制。

5月20日 宁波市政府国内经济合作办公室党组书记、主任王乐年一行实地考察半溪河、城市规划、龙岩工业园区建设等。

5月21日 在2011（第二届）中国产业发展大会上，南川区上榜“中国产业百强县（市、区）”，区长谭家玲获“‘十一五’推动中国县区产业发展功臣人物”荣誉。

同日 南川区与中国产业集群研究院签署战略合作协议。双方努力建设全国集群经济的示范基地和产业高地，进一步推动区内产业发展，繁荣地方经济。

5 月 23 日 工业园区成为重庆市第二批市级知识产权试点园区。进驻园区的企业有创新技术和产品出炉，即有人专门负责帮助申请专利，一旦遭遇侵权，有人负责帮企业维权打假。

5 月 24 日 区总工会获“全国‘十一五’劳动竞赛先进组织单位”。

同日 区委印发《南川区加强操办宴席管理暂行规定》《南川区国家工作人员饮酒五条禁令》，首次对国家机关工作人员办宴席做出明确规定。

5 月 26 日 市政协副主席于学信、山东省莱州市政府副市长张志强一行对城市建设、黎香湖农民新村和湿地生态园项目建设等进行考察调研。

5 月 27 日 《人民日报》以《重庆南川：定制“五部曲”培养锻炼后备干部》为题，报道南川“五段式”干部教育培训模式。自 2010 年起，为提高干部教育培训的针对性、实效性，突破“党校学习 + 参观考察”的传统套路，分批组织 130 余名处级后备干部，实施“高校培训—红色教育—军事拓展——周支书—沿海挂职”的“五段式”培训，全方位提升干部的执政素质和领导能力，并在全区主体培训中加以推广应用。重庆市委组织部认为，“五段式”培训模式创造了干部教育的重庆经验。

5 月 30 日 南川区与宁波市交通委签署战略合作协议。

5 月 金山镇遭遇旱灾，二千五百亩水稻干涸 ，四千亩玉米受旱。

5 月 区内 400 多家餐饮服务企业陆续签下了“食品添加剂使用承诺书”，承诺安全使用食品添加剂，并将使用情况在店堂公示，请消费者共同监督。

6 月 1 日 市委、市政府通报 2010 年度市管领导班子和领导干部考核情况。区内领导班子和党政主要领导均被评为先进。

同日 南川区与市旅游局商定，进一步加强市区合作，共同推动金佛山旅游大开发、大营销、大发展。

6月2日 骑龙乡石岗村被国家人口和计划生育委员会、中国计划生育协会授予“人口和计划生育基层群众自治示范村”称号。

6月3日 南川区新增11个发展环境监测点，以加强动态效能监察。

6月7日 南川区“小金库”专项治理启动，对党政机关、事业单位、社会团体和国有及国有控股企业存在“小金库”的情况进行严肃查处治理，加大反腐倡廉建设力度。

6月8日至11日 南川区组团参加第十三届中国浙江投资贸易洽谈会和第十届中国国际日用消费品博览会，成功签约6个项目，引进资金12.7亿元。

6月9日 浙江省宁波市政府市长刘奇在宁波香格里拉大酒店，会见由区委书记谭大辉、区长谭家玲率领的南川区党政代表团部分成员，就加强宁波与南川交流合作进行座谈。

6月9日至11日 在全国第六个文化遗产日活动期间，中国文化艺术研究院终身研究员、国家非物质文化遗产保护工作专家委员会副主任委员资华筠，在市人大常委会副主任王洪华陪同下到区内考察指导，对国家自然遗产金佛山景区给予高度评价，盛赞碧潭幽谷为“幽谷仙境、心灵氧吧”，并为神龙峡题字“天下奇观”。

6月9日 国家林业局督导组检查南川区林改工作。

6月14日 金佛山通过国家级摄影基地验收。

6月16日 市委常委、常务副市长马正其对区内电子信息产业园、马堡山生态移民康居示范点、体育中心、规划展览馆进行视察。

同日 廖德生任南川区人武部部长。

同日 在2010年度重庆名牌产品表彰大会上，“博赛”牌冶金级氧化铝和“博赛”牌冶金级棕刚玉蝉联重庆市名牌产品称号。

6月21日至22日 市人大常委会副主任郑洪就区内扶贫开发工作进行专题调研。

6月22日 南川区与中铁二院重庆公司签订战略合作框架协议。双方将在铁路枢纽规划建设，公路路网规划建设，园区规划建设，市政道路、桥梁隧道工程的规划建设、综合交通衔接规划建设，其他基础设施的规划建设等方面开展全方位的合作。

6月24日至26日 受环境保护部委托，环境保护部环境工程评估中心在重庆市主持召开《重庆市南川金佛山水利工程环境影响报告书》技术评估会议。

6月 南川区新增10个无公害农产品认证。

6月 “南川金佛山中华蜜蜂”被国家工商总局商标局认定为中国地理标志证明商标，至此，南川区的地理标志证明商标已有南川方竹笋、南川鸡、南川鸡蛋、南川金佛山中华蜜蜂等4件，居全市所有区县第一位。

6月 重庆威尔德．浩瑞医药化工有限公司与工业园区管委会签订了2亿元的投资协议，该公司医药化工产品生产研发基地项目正式落户龙岩工业园区。

7月1日 区博赛矿业集团公司党委等4个基层党组织获评全市先进基层党组织；区发改委党组副书记、主任罗弟杰等12名同志获评全市优秀共产党员；区水务局党委书记、局长郑远学等3名同志获评全市优秀党务工作者。

7月6日 刘茂秀、刘安容、梁隆超三人入选全市道德模范。

7月7日 南川城区人力客运三轮车退出运行工作正式启动。至7月13日，401辆人力客运三轮车已全数退出。自20世纪90年代初以来，南川先后分三批次无偿投放401辆人力客运三轮车经营权指标。

7月8日 农业部常务副部长危朝安对粮食稳定增产行动及水稻高产创建整建制推进情况进行视察。

7月15日 重庆市生态大观园首届乡村旅游文化节在大观镇铁桥村开幕。包括摄影比赛、作家记者采风活动、“生态大观园、美丽新乡村”百名驴友、车友行活动、百对新人七夕牵手木凉玫瑰园活动、木凉乡千亩水产园品虾节活动、黎香湖湿地公园星级农家乐餐饮技巧比赛、兴隆千亩荷花赏花节活动、大观精品蔬果采摘节活动、古茶文化节等活动，为期两个月。

重庆市生态大观园首届乡村旅游文化节开幕式

同日 南川区正式投放首批便民观光车。自5月试运行以来，该公司先后投放便民观光车30辆，2条客运线路覆盖了城区南大街、鼓楼广场、北街、中和街、西大街、南园路等主要路段。票价实行上车1元，70岁以上老人、残疾军人、因公致残人民警察、盲人凭证免费乘坐，1.2米以下的儿童免费乘坐。

7月16日 德隆乡茶树村树龄2700多年的大树茶迎来前所未有的盛会，金佛山古茶文化节在此举行“古茶王”纪念等活动，来自全国各地的嘉宾朋友参观了神秘的大树茶。

7月18日 中共中央政治局委员、书记处书记、中央组织部部长李源潮对南川大学生“村干部”代办信访员制度作出批示，给予高度肯定。2011年初，区委、区政府推行大学生“村干部”信访代办员制度，赋予大学生“村干部”“收集社情民意、宣传政策法规、化解矛盾纠纷、代办合理诉求”职能。

同日 种粮大户吴昌木被中国科协和财政部评为“全国农村科普带头人”。

同日 浙江省企业家、浙江省四川商会考察团到区内投资考察。

7 月 25 日 龙岩工业园区举行项目集中开工入驻签约仪式。重庆卓山科技警视系统项目正式开工，香港米泽科技雷达项目入驻，9 个入园项目集中签约，总涉及投资金额近 10 亿元，可实现年产值近 21 亿元。

7 月 26 日 副市长刘学普率队检查对市委、市政府安全生产工作部署的贯彻落实情况，调研安全生产工作面临的新问题，看望慰问高温下坚守在一线的安全生产工作人员。

7 月 27 日 南川区科技创业服务中心被认定为市级科技企业孵化器。

7 月 28 日 区委、区政府印发《关于进一步加快水利改革发展的决定》，要求实施骨干水源工程、饮水安全工程建设、防洪保安、农田灌溉保障、水生态建设、能力建设等六大工程，促进水利可持续发展。

楠竹山锅厂沟病险水库整治工程

同日 南川区新添诚信大酒店、新华酒店、乐普生酒店和新世纪宾馆四家星级饭店，星级旅游饭店数量达到 12 家。

7 月 28 日至 29 日 区委召开十二届十一次全委（扩大）会，审议通过《关于〈中共重庆市南川区委关于缩小三个差距促进共同富裕的决定〉的决议》。

7 月 30 日 南川以区工业园区、区生产力促进中心为平台，联合中铝、双赢、博赛、华大等重点企业，以合作共建方式申报的 2 个市级博士后科研工作站，经市人力社保局批准，正式设站。

7 月 中国优秀旅游文化品牌评审组委会正式确定南川区为“中国优秀

旅游城市目的地”并授牌。

7 月 南川城区人力客运三轮车退出手续全部办结。

7 月 南川被中国科协命名为“2011—2015 年度全国科普示范区”。

7 月 全区实现广播信息系统全覆盖。

7 月 鱼泉乡建成区内首个专业景观花卉基地。

8 月 7 日 天津市河东区委常委、纪委书记张国平一行到南川，就网络问政、阳光政务以及科技工作开展调研。

网络问政

8 月 8 日至 13 日 金佛山水利工程可研报告专家评估达成初步意见。专家组一致认为，金佛山水利工程建设很必要，下一阶段完善可行性研究报告，提速项目建设。

8 月 18 日 首届中桥辣椒文化节开幕。

8 月 22 日 南川区在广州市番禺区举办投资环境说明会暨投资合作项目签约仪式，成功签约 10 个项目，引进资金 108.72 亿元。

8 月 25 日 “金佛玉翠”在第九届全国“中茶杯”名优茶评比中，获绿茶类一等奖。

同日 南川区与习水县签订两地经济社会发展战略合作框架协议。

8 月 21 日至 25 日 区委书记谭大辉，区委副书记、区长谭家玲率党政代表团，赴广州、深圳、佛山、珠海等地，开展招商投资推介活动。

8 月 30 日 区知识产权局获 2010 年度重庆市规模以上工业企业专利统计工作先进集体。2010 年全区共申请专利 362 件，比 2008 年增长 4.7 倍，

2010 年授权专利 88 件，比 2008 年增长 10 倍，三年兑现专利资助奖励资金 149.7 万元。2011 年龙岩工业园区被正式确定为重庆市第二批知识产权试点园区。

8 月 水江镇推行工作“每周点评制”，进一步深化治庸酬勤、强化作风建设。

9 月 2 日 区委、区政府表彰张承芬、付锐琴、赖静、王颜欣、韦淑、范祖琼、张同林、尹洪、王贵红、郭兰为 2011 年度南川区十佳优秀教师，表彰李成中、冯绍松、韦磊、雷坤元、张仁权、杨文书、王平、任争鸣、谢刚、周晓斌为十佳优秀校长。

9 月 5 日 区内首支电梯应急救援队成立。保证事故发生后第一时间赶赴现场，解救被困人员，避免人员伤亡。

是日 周善元任中共南川区委组织部部长。

9 月 7 日 市人大常委会副主任郑洪率执法检查组检查《中华人民共和国农村土地承包法》和《中华人民共和国农村土地承包经营纠纷调解仲裁法》实施情况。

9 月 10 日 环保部生态司司长庄国泰一行调研农村环境连片整治工作。

9 月 15 日 “区长质量管理奖”设立。该奖两年评选一次，表彰在经营管理方面取得卓越成效的企业或组织。

9 月 19 日 市人大常委会副主任王洪华率执法调研组调研全区贯彻执行《中华人民共和国人民防空法》《重庆市人民防空条例》的情况。

9 月 20 日至 21 日 市委常委、组织部部长陈存根视察南川区经济社会发展情况。他指出，近年南川经济发展快、城乡变化大，看得见、摸得着，很实在、很喜人，区“四套班子”团结和谐、工作得力，值得信赖、值得肯定。

9 月 26 日 国家信访局副局长张彭发一行对信访稳定工作进行了调研。

9月29日 南川区与农行重庆分行签订战略合作框架协议。未来五年农行重庆分行向南川意向性授信100亿元。

9月 北方水稻杂交品种试种成功。粳稻最高亩产达820公斤，有望在全市推广。

9月 南川遭遇持续干旱。城市供水水源的双河水库和肖家沟水库库容下降迅速，城区面临供水困难。9月5日，城市供水主水源的双河水库蓄水位为603.7米，总库容228.3万立方米，采取提水方式能放入鹰岩水处理厂的水量为201.3万立方米，较上年同期有效库容437.5万立方米下降了236.2万立方米。作为城区另一供水主水源的肖家沟水库现蓄水位为644.7米，总库容272.2万立方米，能放入梅垭水处理厂的有效库容222.2万立方米，较上年同期有效库容1255.6万立方米，下降了1033.4万立方米，鱼泉河山羊坪引水隧洞已断流30天，已无水向肖家沟补充源水。

9月 重庆市博赛矿业（集团）股份有限公司进入重庆企业100强名单，列26位。进入制造业企业100强，列14位。

9月 《学前教育三年行动计划（2011—2013年）》出台。通过实施三年行动计划，至2013年基本实现学前教育全覆盖。

9月 金鑫纸业纸板生产线试生产。金鑫纸业有限公司始建于2003年7月，公司生产的瓦楞纸、箱板纸、染纸板等产品。2010年8月，该公司投入近4000万元，新建纸箱项目，该项目占地面积2.67公顷，其中新建标准化生产用房10000平方米，办公用房和生活配套设施3000平方米。于10月14日正式投产，满负荷生产年产值可达4亿元。

10月8日 石墙镇、石莲乡成功创建市级卫生乡镇。

10月9日 广州市白云区区委书记、区人大常委会主任骆蔚峰带领考察团考察南川旅游开发、城市建设等。

10月11日 全区打响秋季植树“百日攻坚战役”，完成6万亩荒山造林。

10 月 12 日 区消委会与浙江慈溪市消委会签订了消费维权异地合作协议书，正式建立战略合作关系，两地的消费者可跨市消费维权。

10 月 15 日 南川区获国家林业局国际竹藤中心命名为中国特色竹乡。

10 月 20 日至 21 日 市委常委、组织部部长陈存根到南川调研“三万计划”、创先争优活动等推进落实情况。

10 月 21 日 区内作者易文创作的电影文学剧本《乡间童谣》在陕西省宁武县片场开机拍摄，他是区内第一位将作品搬上荧幕的作者。

10 月 26 日 市委副书记张轩深入到区内视察指导，实地察看经济社会发展情况，检查指导社会维稳及区乡换届工作。她指出，南川撤市设区以后，区委、区政府紧紧抓住体制调整、高速公路开通等历史机遇，真抓实干，埋头苦干，经济社会发展成果丰硕，城乡面貌变化巨大，一些工作走在全市前列，令人十分振奋。

10 月 30 日至 31 日 国家发改委及六省市发改委考察了解生态农业园区建设、农村产业发展、整村整乡脱贫扶贫开发、户籍制度改革、新农村建设等统筹城乡发展的相关工作开展情况。

10 月 神龙峡景区被评为 AAAA 级旅游景区，半溪河滨水公园、楠竹山森林公园、黎香湖湿地生态园、花山公园被评为 AAA 级旅游景区。

10 月 南川被中国竹产业协会评为“中国方竹之乡”。

10 月 区民政局探索灾后重建“六个一点”筹资（灾民自筹一点、政府补助一点、社会筹集一点、邻里乡亲帮助一点、政策优惠一点、银行借贷一点），“六个统一”建房（统一规划、统一选址、统一设计、统一施工、统一质量监管、统一配套设施），“六个结合”统筹（把灾民倒房集中重建与新农村建设、土地流转经营、高山移民、集镇建设、旅游开发、防灾减灾等方面相结合）的办法，对灾民实行集中安置。灾后重建方式，改善灾民的生活状况，提高灾民的生活质量，此项工作得到时任民政部救灾司司长王振耀的肯定，中央电视台、重庆电视台、新华社等八家新闻媒体对铁村乡谢坝爱民新村进行专题报道。

10 月　水江蟹塘女子道班获交通运输部表彰为全国“模范道班”。

10 月　全国工商联公布 2010 年度中国民营企业 500 强名单。博赛集团以全年营业收入 67.6 亿元入榜，位居 330 位。

10 月　区青年作者唐利春以散文集《一地书香》获巴蜀青年文学奖。

11 月 2 日　博赛集团跻身中国有色金属企业 50 强。

11 月 3 日　首个乡村学校少年宫投用。南平镇中心校少年宫内设有舞蹈室、琴棋书画室、实验室、手工制作室、科技制作室等 12 间活动室。为了让学生能得到专业的辅导，该校还聘请了 20 位当地名人和地方艺人担任文化宫的辅导教师。

11 月 8 日　南川区启动家庭拒绝邪教活动，以签订家庭拒绝邪教承诺卡为载体，动员引导广大群众积极参与到反邪教斗争中来。

11 月 10 日至 11 日　全国农村环境连片整治现场会在重庆召开。南川区作为现场考察点接受了来自国务院办公厅、环保部、财政部，全国各省（区、市）、新疆建设兵团环保厅（局）等相关领导的参观考察。区内自 2008 年实施农村环境连片综合整治，完成大观、兴隆、木凉、河图、太平场等 5 个乡镇共 19 个行政村村庄环境连片综合整治。总投资 3326 万元，对畜禽养殖污染、生产生活垃圾、人畜污水、人畜饮水安全等进行整治，建设污水处理设施 686 套，垃圾中转站 31 个，垃圾收储点（桶）523 个，畜禽养殖污染处理工程 23 套，饮用水净化设施 34 套，年处理污水 80 余万吨、垃圾 7600 余吨、畜禽粪便 5.2 万余吨，削减化学需氧量 800 余吨。年内启动实施白沙、石溪、鱼泉等 8 个乡镇 15 个行政村的农村环境连片整治项目。

11 月 11 日　经国务院同意，国家发改委、财政部、国土资源部联合下发《关于印发第三批资源枯竭城市名单的通知》，批准南川区等 25 个城市为全国第三批资源枯竭城市，南川未来 10 年每年可获资源枯竭城市中央转移支付专项资金约 2 亿元。

同日 简支全任中共南川区人民政府党组成员，冯建任中共政协南川区委员会党组副书记。

11 月 13 日 第十届全国政协副主席、中国人权研究会会长罗豪才赴南川视察指导，考察城市规划建设、金佛山景区开发等情况。他说，在科学发展过程中，南川集中精力抓工业园区、旅游景区、城市新区、商贸物流园区、生态农业园区建设，思路清晰、定位准确，只要坚持不懈干下去，南川一定会取得更大发展。

11 月 15 日 市政府副市长吴刚到区内视察，对焕然一新的城市面貌、蓬勃发展的文化教育事业和日益提升的医疗卫生水平表示赞赏。他说，南川要集聚各方的人才力量，打造一流的区域文教卫生高地。

11 月 16 日 南川区“六五”普法工作正式启动。

11 月 17 日 南川区与邮储银行重庆分行签署合作协议。在全市推行“三权”抵押贷款试点中，邮政储蓄银行重庆分行优先考虑将南川支行作为“三权”抵押贷款试点单位，在符合银行相关信贷政策的条件下，积极为南川“三农”工作提供信贷支持。

同日 四川省国土资源厅副厅长王平一行对区内矿业权实地核查成果深度应用工作进行考察。

11 月 19 日 受国家发改委的邀请，尼泊尔政府代表团就南川区城乡统筹发展工作进行考察。

同日 南川区市级生态区创建通过考核验收。

11 月 25 日 区人民医院通过市医院分级管理评估专家组评审，成功创建国家二级甲等综合医院。

11 月 25 日 区文化馆被命名为国家一级文化馆。

11 月 28 日　《南川日报》数字报正式上线。

11 月　垃圾收运系统实现城乡全覆盖。

11 月　金佛山十二胜景评选揭晓。金佛山大睡佛、古佛洞、碧潭幽谷、龙岩城、生态石林、锦屏峰、金龟朝阳、金佛山五绝、金佛山瑞雪、龙岩飞瀑、石门宫、石人峰等榜上有名。

11 月　三泉镇马嘴东洲春蕾学校新建的标准化图书馆正式投用。

11 月　乾丰茶业有限公司申报的金佛玉翠、龙峰学芽、九台银毫、翠绿茶 4 个茶叶产品，通过中绿华夏有机食品认证。

11 月　金佛山牌圆黄梨获绿色食品认证。

12 月 1 日　谭大辉交流到市级机关工作，不再担任南川区委书记职务；谭家玲任南川区委书记，提名不再担任南川区区长职务；曹清尧提名为南川区区长人选。

同日　市水利局局长王爱祖一行对金佛山水库工程、半溪河亲水工程、龙川江河道综合整治工程等进行调研。

12 月 2 日　天马旅游公路开工。该公路是金佛山西坡入口的旅游景观通道，全长 8.1797 公里，宽 18 米，双向四车道，设计时速 60 公里，按国家一级公路标准设计和建设。项目总投资 4.2 亿元，预计两年完工。

12 月 7 日　区人大常委会召开 15 届 33 次会议。接受谭家玲辞去区政府区长的请求，任命曹清尧为区政府副区长、代理区长。

12 月 8 日　区委常委会班子召开民主生活会。区委书记谭家玲主持会议，并围绕“坚持以人为本执政为民理念，发扬密切联系群众优良作风”主题，代表区委常委会班子进行对照检查。市纪委副书记张伟到会指导。

同日　31 个发展中国家官员考察南川，认为南川统筹城乡经验值得借鉴。

12 月 9 日　南川区获全市对口帮扶工作先进单位称号。

12 月 13 日 市总工会扶贫集团对口帮扶南川联席会召开。

31 个发展中国家官员考察南川

同日 南川新增 4 件著名商标。至此，已拥有重庆市著名商标 12 件。

同日 南川启动安全放心医院创建。以加强医院管理，营造安全、放心就医环境。

12 月 14 日 市文广局副局长温俊华一行考察公共文化服务体系文化中心户标准化建设示范项目。

12 月 19 日 张兴益任中共南川区委委员、常委、副书记，兼任区委党校校长。

12 月 20 日 金佛山冰雪节开幕。持续至次年 2 月 20 日。期间，举办雾凇圣诞、冰雪狂欢，金佛山中国龙雪雕迎春游，“仙境迷雾冰雪皇后”户外大赛等九大活动。

同日 《南川区矿政监督管理信息系统》荣获全国地理信息产业（GIS）优秀工程金奖，在全国率先开创了矿产资源的信息化管理新模式。

12 月 21 日 “市容三创”通过验收。区财政局和盛丰源小区分别成功创建市级市容整洁单位和市容整洁小区。

南川城区免费公共自行车投入使用

12 月 22 日 南川区在城区推出了 160 辆公共自行车供市民出行使用。此次南川区推出的公共自行车采取限时免费管理措施：公共自行车免费使用时间限定为 1 小时，1～2 小时收费 1 元，超过 2 小时按每小时 3 元标准收费。凡年龄在 18 周岁至 60 周岁身体健康的居民，凭有效身份证及复印件办理公共自行车使用 IC 卡，即刻就能领卡使用。南川城区内金山大道、金佛大道、渝南大道等主要干道共设置了 10 个公共自行车服务网点为民服务，便民出行。

12 月 24 日 民盟南川支部成立。区政协副主席韦明齐出任民盟南川支部主委。

12 月 27 日至 28 日 区委十二届十三次全会暨全区经济工作会议召开。会议审议通过《中国共产党重庆市南川区第十二届委员会第十三次全体会议关于〈中共重庆市南川区委关于加强社会主义民主法治建设有关问题的决定〉的决议》。

12 月 28 日 与国药重庆签订合作协议。分期分批投资建设医药商业流通体系、医保卫生保障体系、中药材种植基地等，组建国药控股南川公司。

12 月 29 日 圭亚那总理塞缪尔·海因兹携夫人到南川访问。对工业经济、城市建设等进行考察。

同日 博赛集团首次实现销售收入破 100 亿元，成为全市除主城区外第一家跻身“百亿俱乐部”行列的区县民营企业。

12 月 30 日 首个乡镇展览馆在水江正式开馆。

12 月 31 日 金佛山水利工程开工建设，是新中国成立以来重庆市修建的第三座大型水利工程。

同日 赖云（女）、毛朝银、郝满炉任中共南川区委委员、常委。

金佛山水利工程开工建设

12月 南川区微型企业数量突破千户，注册资本达9987万元，带动就业7261人。

2011年，实现地区生产总值达到168.9亿元，年均递增17%，增长1.4倍。财政总收入突破40亿元，地方财政收入达到34.2亿元。完成固定资产投资146.4亿元，增长29.2%。实现工业总产值285亿元，增长4倍；社零总额达到59.6亿元，增长22.5%。城镇居民人均可支配收入达到35785元。农民人均纯收入达到7317元。

2012 年

1 月 1 日　新年首日，金佛山游客接待量实现开门红，突破万人。

1 月 4 日　区特教中心投用，被教育部、中国残联命名为“全国特殊艺术人才培养基地”。

1 月 5 日　南川区筹集 2000 多万元，启动“问计万家·情满南川”行动。全区 2 万余名干部、党代表、人大代表、政协委员对全区 25 万户家庭进行全覆盖走访慰问，给每个家庭送去一封慰问信，一张年画，一份礼品（一袋汤圆粉和两袋汤圆馅）。

同日　龙岩工业园区斯瑞传送机械、正凌制动器、全悦空滤器等九大入园项目集中开工。总投资 8.85 亿元，预计今年 10 月陆续投产，年产值将达 25 亿元，可实现税收约 7500 万元。

同日　国务院扶贫开发领导小组副组长、国务院扶贫办主任范小建在重庆市副市长吴刚的陪同下到区内考察。

同日　南川区获全市安全生产目标考核一等奖。

1 月 13 日　南川区首期廉租房抽号选房。本次实物配租的为庙宝顶廉租房，一共 142 套；剩下的 119 套将在第二期进行配租。全区在建廉租房还有 840 套，还将新开工约 340 套。目前配房对象均为城镇最低收入家庭，逐渐由最低收入家庭扩大到低收入家庭。

1 月 14 日至 16 日　全区启动资源型城市转型发展规划编制。由财政部、发改委、国土部、农业部、工信部等部委组成的专家组，就区内资源型城市转型发展总体规划编制工作开展调研。

1 月 16 日 南川区创建为首个市级生态区。2010 年全区村镇饮用水卫生合格率达 90.3%，森林覆盖率达 50.27%，受保护基本农田面积达 97.9%，秸秆综合利用率达 92%，城区气化率和污水处理率分别达 66.2%、87.33%，城镇大气环境、水环境、噪声环境质量均达到功能区标准。生态区建设规划指标均高于市级标准。

1 月 18 日 九鼎山城市公园正式开放。公园占地面积 681 亩，投资约 2.4 亿元。集旅游观光、休闲娱乐、商业购物、儿童娱乐、户外运动为一体。绿地率达 88.9%，绿化面积 41 万平方米，道路 3.3 公里，广场铺装 25000 平方米。公园内设计栽植乔木 90 种、灌木 68 种、草本植物 80 种、水生及藤蔓植物各 5 种。

同日 区发改委、水务局、财政局、公安局、交通局、博赛矿业集团、“六城同创”领导小组办公室等单位被授予振兴南川突出贡献特别奖。

1 月 19 日 区委、区政府在城区内各个学校、医院、银行、商场等窗口行业和公共场所布置了 31 个文明伞服务网点，3000 把金佛山文明伞投入使用。市民凭身份证等有效证件在各服务网点登记后就可借用。

1 月 20 日 南平镇政府获全市户籍制度改革工作先进集体；区国土房管局副局长王学全、区公安局户政科副科长张小平获先进个人称号。2011 年，全区以解决农民工户口为突破，推进户籍制度改革。建立户改权益同步保障机制，全面落实转户居民在社保、就学、就医、住房等方面权益保障；实施转户居民宅基地退出补偿，审查完毕退地申请 55 户，办理退地补偿 8 户，兑现补偿金 215412 元，全区户籍制度改革工作平稳有序推进。

同日 在 2011 年度重庆市人口和计划生育工作责任目标考核中，区人口计生委获“十一五”重庆市人口和计划生育工作先进集体，刘远明等三人获“十一五”重庆市人口和计划生育工作先进个人。

南川区升国旗仪式

1月29日 上午九点，全区干部在体育场举行升国旗仪式，作出“勤劳勇敢、开明开放、实干图强；创先争优、尽责履职、建功南川”的庄严承诺，开启龙年新的工作征程，凝神聚气、凝心聚力。

1月 南川区新增“南川贡米”“南川大树茶”“南川玄参”等3件中国地理标志证明商标。全区中国地理标志证明商标总数达7件，总数居全市第一。

1月 大观生态农业园区被农业部认定为第二批国家现代农业示范区。

1月 南川党政一把手“五不直管”分权改革获中国地方政府创新奖提名奖。

2月1日 南川籍大学生志愿者服务队成立。将依托村级公共服务中心，在寒暑假集中开展义务宣讲、文艺会演、心理辅导、关爱孤寡老人和留守儿童等志愿服务。

2月8日 在全市煤炭系统2011年度区县煤矿安全生产目标考核中，南川区名列第二名，并荣获全市煤矿安全生产先进集体称号。

2月9日至10日 中共重庆市南川区第十三次代表大会召开。区委书记谭家玲代表中共重庆市南川区第十二届委员会，向大会作了题为《加快转型强区推进共富惠民为建设区域经济中心和民生幸福高地而奋斗》的报告。选举产生中共重庆市南川区第十三届委员会委员39名、候补委员7名；选举产生南川区出席重庆市第四次党代会代表10名。谭家玲当选区委书记，曹清尧、张兴益当选区委副书记，刘忠、喻显镔、简支全、肖仁建、潘晓成、周善元、李国军、赖云、毛朝银、郝满炉当选区委常委。

2 月 10 日　区第十三届纪律检查委员会举行第一次全体会议。李国军当选为中共重庆市南川区第十三届纪律检查委员会书记；杜帆、王伟、刘忠毅当选中共重庆市南川区第十三届纪律检查委员会副书记。

2 月 11 日　国家发改委西部司副司长童章舜一行调研生态移民安置工作。

2 月 13 日　区委召开十三届一次常委会，讨论完善《区委常委会议事决策实施办法（试行）》。

同日　中国工运研究所所长吕国泉一行，围绕社会主义核心价值体系建设情况进行调研。

2 月 16 日至 19 日　政协重庆市南川区第十三届委员会第一次会议召开。康纪强当选为区政协主席；胡晓、曹维灿、王庆新、袁志伦、蒋建、广巨雄、张进当选为副主席；杨德兴当选为秘书长。

2 月 17 日至 20 日　区十六届人大一次会议召开。选举曹清尧为区人民政府区长，张祥忠为区人大常委会主任。刘先畅、阳仕坤、郑泽辉、周静、韦明齐当选为区人大常委会副主任，刘忠、潘晓成、石宏、张娅茜、罗弟杰、郑远学、冉庆国当选为区人民政府副区长，孙养统当选为区人民法院院长，许创业当选为区人民检察院检察长。

2 月 23 日　重庆西铝庆丰金属材料有限公司年产 15 万吨镁合金项目入驻南川。项目将于 6 月开工，2015 年年底全面建成达产，年销售收入 155 亿元，可为重庆笔电、汽摩产业提供镁合金材料。

2 月 24 日　农业部产业政策与法规司司长张红宇一行开展有关农村政策调研活动。

2 月 27 日　大学生村干部信访代办获肯定性批示。市委常委、宣传部部长、市政协副主席何事忠批示说：“南川的探索很好，既有利于解决基层群众的实际问题，又有利于发挥大学生‘村干部’作用，在密切联系群众中锻炼提高。希望在坚持中不断深化。”

2 月 28 日　南川区获得“重庆市文明城区”称号。南川已创建为重庆市级森林城市、山水园林城区、卫生城区、精神文明示范区、生态示范区和中国优秀旅游城市，蝶变为“一座万山丛中拔地而起的秀美城市”。

同日　南川荣获中国改革（2011）十大县（市、区）称号。中国改革年会评选组委会评审认为，南川区深入推进统筹城乡综合配套改革，在林权制度改革、一把手五不直管分权改革、扩权强镇改革、统筹城乡集中示范等方面改革成效明显、亮点突出，形成了较强的示范带动效应。

2 月　南川获评贯彻落实国发〔2009—3〕号文件统筹城乡示范工作先进集体。

2 月　南川荣获全市城乡规划管理考核一等奖。

2 月　80 岁以上老人可享长寿补贴。每年每人均可享受 200 ~ 2400 元不等的长寿生活补贴，补贴资金将由区财政筹集承担，受惠老人可达 1 万余人。

3 月 1 日　区委办、区政府办印发《南川区 2012 年作风效能建设“五大行动”方案》，决定在全区开展思想引领行动、服务提质行动、亲民清风行动、项目攻坚行动、效能亮剑行动等五大行动，不断优化发展环境。

同日　从 G65 巴南主线收费站上道至南川站下道、持有效年票卡且在南川境内停留 2 小时以上的一类客车，可获得单向通行费优惠。

3 月 6 日　全区产业转型动员部署大会召开。

3 月 5 日至 7 日　新华社重庆分社党组书记、社长杨维成率队考察。他表示，新华社将充分发挥媒体资源优势，积极宣传推介南川，助推南川经济社会发展。

3 月 8 日至 9 日　市整村脱贫检查验收组对南川区石溪乡南茶村、白沙镇顺竹村、南平镇云雾村等 14 个贫困村进行检查验收，同意 14 个整村脱贫村通过市级验收。

3 月 9 日 国家土地督察成都局局长常嘉兴一行调研农村土地整治改革工作，并与有关部门、乡镇（街道）负责人进行了座谈。

3 月 12 日 全区城市建设暨“四城联创”工作大会召开。会议提出，2012 年，全区要在成功实现“六城同创”的基础上，以城市转型发展为主线，启动国家级“四城联创”，力争通过 3 至 5 年的时间，在“十二五”末前，成功创建国家级文明城区、国家级生态区、国家级生态园林城市和国家级卫生区。

3 月 13 日 区民宗局获全国民委系统普法工作先进集体。

3 月 14 日 南川区社会科学界联合会正式成立，并召开第一次代表大会。

3 月 19 日 工商南川分局在金佛山西坡景区、神龙峡景区、南川宾馆、骑士百货、风之彩超市等部分景区、商场、超市、农贸市场以及企业设立 28 个消费维权服务站，“零距离”保护消费者权益。

3 月 26 日 区委、区政府印发《关于加快国家现代农业示范区建设促进农业转型发展的意见》，强力实施“十大示范工程”，加快构建现代农业产业体系，加快推进农业现代化，建设现代农业发展的先行区。

3 月 27 日 市委常委、宣传部部长，市政协副主席何事忠调研文化建设。

3 月 31 日至 4 月 1 日 全市农村商贸流通工作现场会在南川召开。全市商贸系统相关负责人，深入水江镇农村商贸流通建设现场点，开展参观交流活动。水江商贸中心以农贸市场、商场、超市为主，集农副产品、工业及日用品批发零售、品牌门店为一体，货品除满足水江镇自身需求外，还辐射周边中桥乡、骑龙乡等乡镇。

3 月 金佛山水利工程可研报告获批复。拟用地 401.07 公顷，按 2011

年第二季度价格水平估算，工程总投资将达197204万元，总工期为60个月。

3月 裕华玻璃制瓶有限公司检验二车间被中华全国总工会授予2011年度“全国工人先锋号”称号。

4月1日 《南川区饮用水源保护实施方案》出台，规定禁止在饮用水源区域内肥水养鱼，并将对水源保护区范围内的企业、规模化畜禽养殖业进行全面清理。

4月5日 重庆市人大常委会主任陈存根深入南川考察。

4月5日至6日 全市人大城乡建设环境保护工作联席会在南川召开。南川在城乡建设和环境综合治理领域，以“三城同建”“六城同创”为抓手，综合整治2.2平方公里旧城，拓展6.3平方公里城市新区，城镇化率达到51.12%，构建起30平方公里30万人的中心城区框架。打造一批特色鲜明的“美丽新乡镇”“美丽新乡村”，5个乡镇19个村庄环境连片整治成效明显，在全市率先实现乡镇“两污治理”全覆盖，形成“政府统筹、部门支持、企业参与、村民自治”的农村环境整治工作格局，农村人畜废水分类处置、乡镇生活污水“城乡联动、统筹治污”及城乡生活垃圾“户集—村收—镇运—区处置”四级联动长效机制得到国务院办公厅、财政部、环保部等中央部委肯定，成为全国、全市村庄环境连片整治会议参观现场。

4月13日 国务院三峡办副主任雷加富到区内调研。

同日 中铝公司副总经理敖宏视察重庆分公司。中铝重庆分公司80万吨氧化铝项目总投资66.7亿元，由年产80万吨的氧化铝厂、165万吨的矿山、155万吨的选矿厂和装机容量37兆瓦的热电机组四部分组成。2006年7月7日，重庆分公司成立。至此，试生产取得突破，生产流程全面打通，基础管理稳步推进。前三月，共实现销售收入16218.715万元。

4月16日 南川设立青少年科技创新区长奖。该奖每年评奖一次，旨在加快实施科教兴南、人才强区和可持续发展战略，增强青少年科技创新能力，提高青少年的科学文化素质，为全区转型发展提供后备人才支持。

南川区青少年科技创新区长奖颁奖仪式

4 月 18 日 中华全国总工会副主席张鸣起带领中华全国总工会服务职工工作组，在市人大常委会副主任、市总工会主席胡健康陪同下到区内开展“面对面、心贴心、实打实服务职工在基层”活动，看望慰问部分劳模和困难职工。

4 月 19 日 市人大常委会副主任余远牧带领市委、市政府联合督查组第三组督查群众工作开展情况。

4 月 24 日 副市长刘学普率市级有关部门负责人到区内调研。充分肯定南川换届选出的领导班子团结务实，发展思路清晰，工作措施有力。今年一季度，南川各项工作开局良好，值得肯定，未来发展前景美好，令人向往。

4 月 25 日 南川广播电视台新闻栏目《拨拨 90》荣获重庆市“十佳新闻栏目”称号。

4 月 26 日 区政协委员、重庆新红阳公司总裁朱玉伦向水江中学捐赠 200 台电脑。

4 月 28 日 中乙足球联赛（重庆赛区）在区内开赛。

同日 重庆市政协副主席杨天佑调研金佛山旅游开发。

4 月 南川区新增 5 家市级龙头企业。至此，全区市级龙头企业总数达 16 家。

4 月 水江入选全国发展改革试点城镇。

5 月 4 日　参政议政巴渝行采访团到南川，实地采访区政协“请群众走进政协·主席接待日”、委员问计万家等活动开展情况。

5 月 5 日　新嘉南余热发电项目投入试生产，每小时发电量达 4200 千瓦。2011 年 7 月，新嘉南投资 3500 万元引入余热发电项目。

5 月 8 日　南川召开民营经济调研情况座谈会。会议指出，要大力发展民营经济，把扶强民营经济作为转型发展的重要支撑，培育壮大市场主体，形成建设“一中心一高地”的内动力。

5 月 14 日　英国皇家建筑学会副主席奥利佛·理查德率领商务代表团赴南川考察。

5 月 18 日　第十五届“渝洽会”重庆可持续都市发展国际论坛在重庆举行。南川区首日成功签约引资近 10 亿元。

5 月 19 日　市委常委、政法委书记刘光磊调研区内政法维稳和社会管理创新工作情况，并视察了半溪河亲水工程。

5 月 21 日至 23 日　5 月 21 日早晨起，区内各地普降大到暴雨，全区有 20 个乡镇（街道）不同程度受灾，城区、大观镇、木凉乡达到 100 毫米以上。三天强降雨使南川区总蓄水量骤增 1500 万立方米，总库容达到了 5300 万立方米，基本能够保障农田灌溉和城区集镇用水。汛期来临前，负责为城区供水的肖家沟水库库容已低于 900 万立方米，强降雨后库容量达到 1020 万立方米，同样负责为城区供水的双河水库增加近 72 万立方米，蓄水达 362 万立方米，可以保障城区半年以上供水。

5 月 22 日　南川法学会成立。区委常委、政法委书简支全当选会长。法学会是法学界、法律界的群众团体，引领、繁荣地区法学研究，为社会主义民主法治建设提供理论支持；组织法学工作者、法律工作者进行调查研究，反映新情况，研究新问题；参与地区法治宣传等。

5 月 25 日　“旅游发展·问计全球”金点子征集活动新闻发布会在渝

举行，南川面向全球征集金点子推进旅游业转型升级，最高奖 10 万元。活动至 2013 年 1 月 25 日结束，共征集到来自全国各地提交的建议（点子）2800 余条，其中 800 字以上的金点子 271 条。经网络票选、初选、专家推荐和专家最终评审，共评选出获奖作品 15 件，其中一等奖 2 件、二等奖 4 件、三等奖 9 件。

5 月 27 日　国家统计局南川调查队成立。调查队是国家统计局的派出机构，既是政府统计调查机构，也是统计执法机构，除依法独立行使统计调查、统计监督等职责职权外，还要承担地方政府委托的各项统计调查任务。

5 月 31 日　区微企创业中心正式落成。中心共有面积近 3000 平方米，创业工作间 50 多间，最多可容纳近 80 户文化创意和信息技术类微型企业入驻。

同日　广东省广州市公安局副局长陈永球及广州市花都区公安分局一行对南川区协助抓获公安部 B 级通缉令逃犯杨斌表示感谢，与南川区进行警务协作交流。

同日　副市长吴刚看望慰问少年儿童，和他们一起共庆“六一”。寄语全区少年儿童要珍惜时光，学会学习、学会生活、学会劳动，养成良好习惯，成长成才。

5 月 31 日至 6 月 1 日　副市长凌月明一行调研经济社会发展情况。

5 月　南川城市管理获全市 2011 年度城市管理工作先进称号。

5 月　金佛山首次发现绒鼠属小型哺乳动物。

5 月　南川一中 40 件作品获国家专利。

6 月 5 日　中国工程院院士俞梦孙及其专家团队到南川考察。南川聘请俞梦孙院士为经济发展顾问，并与俞梦孙团队签订打造健康物联网运用示范基地和产业基地的战略合作框架协议。

6 月 10 日　区政府下发《关于大力发展民营经济的实施意见》。涉及扩大市场准入、优化政务服务环境、降低企业税务负担、提高金融服务、加大用工帮扶、提高民企素质、激发全民创业、强化组织保障等八大类，共60项具体内容。截至2011年年底，全区非公市场主体达到21340户，占各类市场主体的95.3%，民营经济增加值占GDP比重达到65%，2011年所缴税收占全区总量的67.34%，就业人数达69730人。

6月13日 全区民营经济“5311领头雁工程”首期培训班正式开班，首批100名民营企业家将参加为期7天的系统培训。南川区计划用五年完成非公经济法人代表和管理人员万人培训目标，其中微型企业5000人，中小企业3000人，专业合作社1000人，重点个体工商户1000人。

6月15日 南川获党政一把手环保实绩考核一等奖。

6月25日 区委、区政府命名区革命烈士陵园、合溪镇奚成烈士园、太平场镇王化洪烈士园为南川区爱国主义教育基地。

6月27日 南川区1户微型企业、4户个体工商户被市工商局、市工商联合会授予“重庆市优秀微型企业”“重庆市优秀个体工商户”称号。

6月 南川入选石漠化治理重点区。5个乡镇21个村将实施石漠化治理，获得国家投入专项资金3000万元。

6月 南川成功创建慢性病综合防控示范区。

6月 纵横纺织公司“川锦”商标和森源野生食品公司“金竹”商标被认定为市级著名商标。

6月 全区首个村务网站（头渡镇前星村公众信息网）开通。

6月 南川结合新农村建设，加快生态移民和地灾搬迁等项目实施，至该月完成6922名高山恶劣环境移民搬迁安置。

7月1日至2日 浙江省丽水市副市长葛学斌率该市党政代表团考察城市规划建设工作。

7月4日 南川区首届教职工运动会开幕。运动会设置广播体操、乒乓球、田径、篮球等 4 个大项 25 个小项比赛，共有 3000 余名运动员、75 支代表队参与其中。

7 月 8 日 第三届中国·重庆金佛山国际旅游文化节开幕。晚会以“大愿金佛山”为主题，对金佛山佛教文化内涵进行旅游包装，也是对金佛山旅游文化内涵进行高度凝练。活动持续至 10 月。

第三届中国·重庆金佛山国际旅游文化节

同日 市委副书记张轩视察全区旅游开发建设。

7 月 9 日 农业部部长韩长赋在市委常委、常务副市长马正其陪同下到区内调研现代农业发展情况。南川是 50 个整建制推进粮食高产创建试点之一。2011 年，全区通过整建推进粮食高产创建，在大旱之年 20 个万亩高产示范片平均亩产达 656.5 公斤，每亩增收 142 元。

同日 南川区聘请市委宣传部副部长、市委党史研究室主任周勇为经济社会发展顾问。

7 月 10 日 金佛山国际大学生登山邀请赛举行。来自重庆市内高校近 200 名研究生、大学生代表及大学生村干部，在渝留学生代表参加角逐。

“交旅杯”金佛山国际大学生登山邀请赛

同日 金佛山佛教文化研讨会举行。全国政协常委、中国佛教协会驻会副会长学诚法师作了《中国佛教文化自信》

专题讲座。

7月11日 区政府召开第12次常务会议，审议南川区部分道路、桥梁的规划储备命名方案、《重庆市南川区武陵山片区区域发展与扶贫攻坚规划（2011—2020）》《南川区卫生事业发展第十二个五年规划》《重庆工商大学与南川区人民政府校地合作协议》《南川区矿产资源总体规划、矿业权设置方案》《南川区煤矿安全生产违法行为和事故隐患举报奖励办法》等。

7月13日 南平天马新村开工建设。天马新村规划面积34858平方米，建筑总面积24492平方米，分两期建设，三年完成。

7月15日至16日 全市新闻战线“走转改”理论研讨会在区内举行。

7月18日 年产15万吨镁合金循环经济项目开工。总投资50亿元，年产5万吨金属镁、15万吨镁合金、75万吨电石等产品。建成后可实现年销售收入155亿元、利税收入约39亿元，可提供就业岗位3000余个。

同日 圭亚那自然资源与环保部部长罗伯特·帕索德一行到南川考察。

同日 残疾人创业者李明学，被全国绿化委员会、人力资源和社会保障部、国家林业局联合授予“全国绿化劳动模范”荣誉称号。

7月17日至18日 市人大常委会副主任王洪华带领市人大执法检查组对《重庆市农村扶贫条例》贯彻落实情况进行了检查。

7月19日 南川获批市级现代农业综合示范工程，规划面积30.3平方公里，包括大观镇观溪村、铁桥村、观音桥居委、龙川村、金龙村、木凉乡汉场坝村等6个村（居委）。

7月20日 南川区与市旅游局签订战略合作协议。未来五年，市旅游局将大力支持全区旅游转型发展，加快将金佛山景区建设为国际休闲度假旅游区。

7月25日 北京林业大学校长宋维明一行到区内洽谈校地合作事宜。

7月 全市第三批新农村建设重点村出炉，全区28个村上榜。

8 月 3 日 区公交一卡通投用。城区公交卡分为普通卡、优惠卡以及免费卡三种。

8 月 6 日 由国家发改委、水利部、住建部联合印发的《水利发展规划(2011—2015 年)》正式发布，金佛山水利工程项目纳入该规划。

同日 市长黄奇帆批示同意《关于支持金佛山申报世界自然遗产的请示》。

8 月 8 日 博赛集团与印尼达成初步协议，投 10 亿美元赴印尼建厂。

8 月 9 日 市委常委、市委农工委书记刘光磊视察南川现代农业发展情况。

8 月 10 日 全国政协提案委副主任席刘志忠视察南川城市建设。

同日 南川区投资 1069 万元，在马尾溪流域和福南桥流域实施岩溶地区石漠化综合治理工程，治理岩溶面积 3620 公顷，石漠化面积 994 公顷，以改善地区生态环境。南川区岩溶地区主要分布在石雷路沿线及以南区域，面积 122604 公顷，占全区面积 47. 2%，涉及东城、南城、西城、三泉、南平、水江等 10 个乡镇（街道）和乐村、金佛山 2 个国有林场。截至目前，南川区已先后在石钟溪、九龙沟、木渡河、福南桥等小流域完成石漠化综合治理面积 8443 公顷。2012 年年初，国家发改委、农业部、水利部、林业局联合发文正式将南川区纳入全国岩溶地区石漠化综合治理工程。

8 月 15 日 生态大观园荣膺国家 AAA 级旅游景区。生态大观园是经市政府批准的全市唯一生态农业示范区。该示范区先后建成珍奇瓜果园、金佛山植物园、巨型南瓜园、辣椒茄子园、树型番茄园等六个标准化智能温室，以及金龙村无公害有机蔬菜、无公害食品加工及蓝莓采摘园、香草园、玫瑰园、湿地公园等一批特色农业产业园。

8 月 21 日 “南川大树茶”“南川金佛玉翠茶”两个农产品成功登记成为中华人民共和国地理标志登记产品。

8 月 24 日　南川侦破全国首例植物检疫刑案。经区人民检察院批准，区森林公安局对违反《植物检疫条例》，非法将含有松材线虫病活体的松木门条从疫区运至太平场镇一建筑工地进行非法利用的嫌疑人执行逮捕。

8 月 27 日　三泉卫生院马嘴分院竣工投用。上年 8 月，区卫生局出资 200 万元，新建马嘴分院综合大楼。建筑面积 1100 平方米，新增 X 光、B 超、化验等常规医疗设备。

8 月 28 日　南川区与市电力公司签署战略合作框架协议。共同推进城乡电网建设与改造，强化全区经济社会发展的电力保障。

8 月 29 日　南川区启动交通安全百日大整治，至 12 月 5 日，重点对公路主干道、事故多发重点地区、危险路段以及客运车辆营运线路、乡村道路进行综合整治。

8 月　南川区聘任中国著名地质专家朱学稳、朱德浩等专家，担任金佛山申报世界自然遗产专家顾问，指导申遗工作。

8 月　南川区成立森林火灾专业扑救队。

8 月　南川区启动实施地质灾害防治搬迁避让“金土工程”，陆续对东城、大有、古花等 16 个乡镇街道 26 处地质灾害隐患点的 342 户、1244 人的险区群众实行搬迁避让。

9 月 3 日　“凤栖金山·智荟南川”引进人才欢迎会举行。“凤栖金山·智荟南川”引才计划自 4 月启动，共吸引 17 个省市 1020 名人员报名，引进人才 174 名；全市统一分配选调生、选派生和大学生村干部 40 人，年内共引进紧缺急需人才 214 人，创历年引进人才之最。

9 月 9 日　金佛山申遗专家座谈会召开，先后邀请 150 余国际国内知名专家到金佛山实地踏勘和科学考察。金佛山具有生物多样性和独特的喀斯特地貌特征，是一座基因宝库，已查明植物种类 5907 种，动物种类 2178 种，大型真菌 584 种，有审美观赏价值的景点景观达 100 余处，被誉为“植物王国”和“生物基因库”。在申遗工作中，确定申遗范围，科学编制地名地文本、保护管理规划、环境保护与生态建设规划。

9 月 11 日 市委常委、常务副市长马正其调研中药材产业发展情况，并就加强市药物种植研究所建设进行现场办公。

9 月 16 日 南川举行 2012 年房地产开发项目推介会暨房地产展示交易会，成功签约 12 个房地产开发项目，拟投资金额达 150 余亿元。

9 月 17 日 国家安全生产应急救援指挥中心副书记张平远带领国务院安委会第三督察组第二小组督察安全生产打非治违工作。4 月，全区启动打非治违专项行动，共派出检查组 318 次，出动打非治违工作人员 6867 人次，检查各级各类单位 27082 个，查处各类非法违法行为 2764 起。

9 月 18 日 由阿曼、巴基斯坦、巴勒斯坦、马来西亚等 34 个发展中国家的 76 名官员及专家组成的访华团到南川区大观园，考察统筹城乡建设。

9 月 20 日 “北京林业大学重庆继续教育分院”在隆化职业中学挂牌，结束区内没有大学办学机构历史。

“北京林业大学重庆继续教育分院”挂牌

9 月 27 日 《重庆市南川区志（1986—2006)》评审会举行。全区第二轮修志工作于 1998 年启动，采取“众手成志与专家修志相结合”的方法。《南川区志》上限起自 1986 年，下限止于 2006 年，全书共计 30 篇、141 章、426 节、110 余万字，篇目设置为继前志小篇体，隐类显篇。按照横排门类、纵述史实的体例，依次为政区建置、政区环境、经济总览、城乡建设、社会生活、民风民俗、人物等 30 篇，反映南川改革开放 21 年来自然、政治、社会、经济、文化等方面的发展变化。

同日　区委、区政府命名大观镇、石墙镇、神童镇、鱼泉乡、古花乡、兴隆镇为最美乡镇，永福村、东城街道高桥村、大观镇金龙村、头渡镇前星村、木凉乡汉场坝村、西城街道永隆居委为最美乡村。

9月28日　区委、区政府印发《关于加快推进农业现代化的意见》及《关于推进新型城镇化的实施意见》。

9月　铁路南川东站投用。铁路南川东站位于东胜，是南涪铁路七个车站之一，属货运站，占地约300亩，基础工程投资约5000万元。

9月　南涪铁路水江站竣工。南涪铁路水江站位于水江镇熊家湾，属二类火车站，总投资1200万元，建筑面积1817平方米，站台5000平方米。

南川至涪陵铁路正式通车

9月　南涪铁路林堡安置点月内交房。南涪铁路林堡安置点位于南城街道林堡社区，是统建还房安置点。该工程投资3200万元，用地面积为8782.79平方米，建筑面积为18217.25平方米。容积率为2.01%，建筑密度为34.6%，绿地率为17.89%，按照“巴渝民居”的风格进行打造。于2010年动工，用于安置南涪铁路项目林堡社区和花山社区136户拆迁户。

9月　顶典化工投产。2011年年底，区内引入技术密集型工业重庆顶典化工有限公司，该公司在12亩的土地上投资3000万元建成2个车间、1座办公楼。月底正式投产，投产后预计年产值可达2亿元。

9月　由南川区生物技术研究院、四川大学和市药物种植研究所，共同申请建设的特色生物资源研究与利用川渝共建重点实验室落户南川。该实验室是我国首个跨省市的重点实验室，以研究金佛山珍稀动植物及名贵中药资源为主旨。

10 月 1 日 经过四年建设的南涪铁路正式通车。首列始发南川东站的 40662 次货车出发前往重庆西站。南涪铁路全长约 78 公里，其中南川段约 38 公里，总投资 27.6 亿元，设计时速 120 公里/小时，以货运为主，兼顾沿线客运。

10 月 2 日 市人大常委会副主任、市总工会主席胡健康视察现代农业示范区、统筹城乡示范区建设。

10 月 8 日 区政府召开第 20 次常务会议。会议审议了《南川区黎香湖镇总体规划》《南川区客运中心建设投资协议》《南川区黄泥垭隧道工程规划方案》《南川区学科带头人选拔管理办法》《南川区博士后科研工作站经费资助和管理使用办法》等。

10 月 10 日 区总商会大厦主体完工。该大厦为高 119.8 米的双子塔建筑体，总投资 2.8 亿元，总建筑面积约 8 万余平方米，是一个集企业总部、商务办公、商务会展、商会会所等功能为一体的高档写字楼。完成主体建筑，正进行外装饰工程。

同日 双赢集团有限公司、重庆市诗仙太白古晟酒业有限公司、重庆新嘉南建材有限公司、南川区先锋氧化铝有限公司、南城街道办事处 5 家企业和单位获得首届区长质量管理奖。

10 月 11 日 监察部驻财政部监察局副局级监察专员王振东带领财政部国库业务检查组检查指导财政专户清理整顿工作开展情况和国库集中支付制度改革情况。

同日 南川区创建市级灭蝇先进城区。

10 月 15 日 中国南方喀斯特第二期申报世界自然遗产工作会在贵阳召开，重庆金佛山、广西桂林、贵州施秉被确定为第二期“中国南方喀斯特”申报提名地名单。

10 月 23 日 “阳光南川”网（ygnc. ygcq. com. cn）正式上线。通过“阳光南川”网，全区 100 个区级单位、乡镇（街道）通过软件联网工程，统一受理群众诉求，市民可以 24 小时随时通过网络反映自己的诉求，各部门在线予以办理。

10 月 24 日 区政府与渝运集团举行综合交通换乘枢纽建设投资协议签约仪式。

10 月 25 日 全国政协常委、民建中央常委、市人大常委会副主任卢晓钟到区内检查重庆市第四届人民代表大会代表选举工作情况。

同日 农民日报社社长唐园结调研农业现代化建设和新农村建设。

10 月 29 日 市政协主席邢元敏率队开展调研助推活动。

10 月 30 日 国药集团中国药材公司副总经理祝红五、兰青山到河图玄参基地、大观中药产地加工厂、重庆药物种植研究所等进行实地考察，了解区内中草药产地品种、发展规模、中药材标准化种植、加工体系以及中药产业发展情况等。

同日 青海省扶贫开发局局长罗松达哇带领考察团深入东城马堡山安置点、木凉乡汉场坝村、大观镇金龙村，实地参观考察扶贫、移民和新农村建设工作及生态农业发展情况，了解扶贫项目村基础设施配套、民居环境改造、移民安置点建设、主导产业发展等实施情况。

10 月 启动重点项目百日攻坚。力争全年社会固定资产投资完成 146. 4 亿元。

10 月 《南川日报》42 件作品获中国地市报新闻奖。

10 月 鸣玉盐巴廊桥等 13 处文物被列为第二批区级文物保护单位，南川区区级文物保护单位达到 24 个。13 处文物保护单位分别是：鸣玉镇文化居委盐巴廊桥、石溪乡盐井村雷坪石民居、石溪乡卫星村石坊园牌坊、南城街道兴南社区福南桥、石莲乡桐梓村三河廊桥 5 处古建筑；大有镇石良村冯九姑墓、太平场镇河沙村犀牛岗崖墓群、南平镇云雾村宝象寺 3 处古墓葬；三泉镇三泉居委大河坝碑刻、三泉镇三泉社区石门题刻、木凉乡玉岩铺村漱玉岩石刻 3 处石窟石刻；西城街道安坪居委 7012 工程库房、南城街道万隆村胖垭渡槽 2 处近现代重要史迹及代表性建筑。

11 月 6 日　首届中华蜜蜂产业发展论坛在南川开幕。来自全国各省市的蜂业管理部门、科研及养蜂专家、企业、蜂农代表在南川共同探讨蜜蜂文化、蜜蜂养殖技术和发展方向。南川区先后建立国家级“中华蜜蜂种质资源保护与利用基地”和市级“中华蜜蜂保护区”，全区具有地理标志证明商标的中蜂养殖超过 6.9 万群，实现年产值约 1 亿元，小蜜蜂成为南川效益农业加快发展和农民增收致富的大产业。

11 月 6 日　区政府召开第 22 次常务会议。会议审议《重庆市南川区城市公共交通规划（2012—2020）》等事宜。

11 月 8 日至 14 日　中国共产党第十八次全国代表大会在北京举行。

11 月 9 日　国家发改委农经司副司长石波带队到区督导中央预算内资金投资水利项目计划执行工作。

11 月 11 日　水利部建管司副司长刘志荣到南川对水利建设工作进行调研。

11 月 22 日　合溪镇新落成的合九溪大桥正式通车。合九溪大桥位于合溪镇九溪社区，大桥全长 45 米，宽 12 米，共投资 300 余万元。

11 月 26 日　市委常委、市委农工委书记刘光磊在《区县专报》第 55 期“南川区以特色效益农业为抓手推进农业现代化”上对南川工作进行批示肯定。

11 月 27 日　区“政协委员之家”成立，主要进行接待群众、走访单位、调查研究、对口帮扶等活动。

11 月 30 日　重庆市政府出台《关于促进南川区资源型城市转型发展的

意见》（渝府发〔2012〕121号）。《意见》提出，努力把南川区建设成为渝南区域中心城市，全市铝镁新材料及页岩气新能源基地，国家现代农业示范区，国家级旅游度假区。

11月 古佛变电站投运。35千伏古佛变电站的投用为金佛山景区及周边的金山、头渡等乡镇提供了电能保障，同时提升了当地居民的用电质量。

11月 水江镇宣传文化中心荣获全国文化体制改革工作先进单位称号，系全市唯一获此殊荣的乡镇级宣传文化中心。

11月 南川获中国茶叶学会评定的“中国名茶之乡”荣誉称号，是重庆首个获此殊荣的产茶区县。

11月 年产18000吨车用弹簧钢板项目正式签约落户工业园区南平组团。项目总投资额为5400万元，占地面积约1.33公顷。项目达产后可实现年产车用弹簧钢板18000吨，年产值1亿元以上，实现年税收300万元以上，解决就业100人左右。整个项目计划建设时间为一年，投产后试生产时间不超过半年。试生产完成后，项目达产时间不超过一年。

12月4日 中共中央政治局制定改进作风八项规定。

12月6日 金佛山申报世界自然遗产创国家AAAAA级旅游景区动员部署大会召开。

12月11日 南川区探索实行企业互保金制度。互保金与区政府安排的南川区民营企业贷款风险补偿金共同组成贷款风险补偿金，用于合作银行对“民营企业池”中的企业长期发放中长期贷款的增信和风险补偿。

同日 民生银行北部新区支行为南川区企业提供1亿元人民币的集群项目授信。

12月12日 南川区被国家林业局确定为全国天然林保护工程二期第一批示范点单位。全国共24个示范点单位，重庆仅南川区1个。

12月13日 中国·重庆中药材产业发展暨产业扶贫推介会在南川举

行。聘请刘正宇、李隆云、蒋林、高平、王继永 5 名专家为区中药材产业发展顾问。

12 月 19 日 南川区成为全国 31 个全国休闲农业与乡村旅游示范县之一，是此次全市唯一获此殊荣的区县。

12 月 22 日 重庆市部分区县平安建设调研座谈会在区内召开。

12 月 22 日至 26 日 区长曹清尧率区政府代表团访问圭亚那，分别拜会了圭亚那合作共和国总统唐纳德·拉莫塔、总理塞缪尔·海因兹以及前任总统贾格迪奥。

12 月 26 日 民盟南川总支部成立。区人大常委会副主任、民盟南川支部主委韦明齐当选民盟南川总支部主委。

12 月 28 日 南川成功创建市卫生应急综合示范区。

同日 区综合交通换乘枢纽建设启动。位于东城街道东金华社区，建成后，将拥有客车停车位 184 个，发车位 40 个，日均班车发班 860 班，日均旅客发送 1.5 万人。预计 2014 年建成投用。

12 月 30 日 南川至贵州道真高速公路正式开工建设。

12 月 31 日 九鼎山公园全面竣工。占地 38.2 公顷，总投资 2.4 亿元，分为广场片区、游乐园片区、高尔夫片区三大区块，内有 24 个景点、三个广场，车行道 4.9 公里、步行道 5.5 公里，每日可容纳游客五六千人。

12 月 在由联合国环境规划基金会主办的“绿色中国 2012·环保成就奖”评选活动中，南川区夺得“杰出绿色生态城市”奖。

12 月 南平建成全市最大村级体育场。红锋村体育场占地面积 3000 多平方米，场内有标准篮球场 1 个、羽毛球场 1 个，乒乓球桌 4 张，各类健身器材 20 余件。

12 月 南川区微型企业创业孵化园和南川区大观生态农业微型企业孵化园被评定为市级微型企业孵化园，并分别获 50 万元和 30 万元资金补助。

12 月　双赢集团有限公司的“53%生态磷酸二铵”“45%生态复合肥”、重庆才华科技发展有限公司的“LED 路灯高效节能散热系统”在 2012 年重庆市第二批高新技术产品评审中被认定为重庆市高新技术产品。南川区高新技术产品实现零突破。

12 月　区国土房管局被国土资源部表彰为“全国国土资源行政复议工作先进单位”。

12 月　位于工业园区龙岩组团的顶典氟碳涂料项目进入试生产。该项目达产后，每年可生产高性能氟碳涂料及笔电塑胶涂料 3000 吨。

12 月　经国家工商总局初审认定，“南川金佛山杜鹃”“南川金佛山银杉”“南川金佛山银杏”成为区今年新增的三件地理标志产品。截至目前，南川区已拥有“南川方竹笋”“南川鸡”“南川鸡蛋”“南川金佛山中华蜜蜂”“南川玄参”“南川贡米”“南川大树茶”“南川金佛山杜鹃”“南川金佛山银杉”“南川金佛山银杏”10 件地理标志保护产品，以区县排名，拥有量位居全国第一。

2012 年，实现地区生产总值 176. 2 亿元、增长 12%，实现地方财政收入 46. 36 亿元。其中一般预算收入 14. 07 亿元，增长 17. 2%。完成固定资产投资 164 亿元。实现旅游综合收入 30. 1 亿元、增长 76%。社零总额达到 69. 55 亿元、增长 16. 7%。城乡居民收入分别达到 21585 元、8341 元。

2013 年

1 月 5 日　中共重庆市南川区委十三届二次全会召开。会议审议通过《中国共产党重庆市南川区第十三届委员会第二次全体会议关于深入学习贯彻党的十八大精神的决议》。

1 月 8 日　区工商联组织区内部分重点企业负责人到文峰塔，对文峰塔修缮工程现场捐款。区长曹清尧参加捐款活动并带头捐款，企业家现场捐款百万。文峰塔被视为南川区的标志性建筑，被誉为“县城水口”“邑中名胜”，为区级文物保护单位。文峰塔外墙内楼严重破损，雕花浮图日渐脱落，亟待修缮。2012 年 10 月 26 日，文峰塔修缮工程正式开工。

1 月 9 日　区委常委会审议了《中共重庆市南川区委常委会关于改进工作作风、密切联系群众的实施办法》。《办法》从下基层察实情、到现场抓落实、少开会开短会、讲实话简发文、俭办事少应酬、改报道强导向、优考评促实干、改作风强联系、带好头做表率等方面提出了具体要求。

1 月 10 日　第十二届中国西部（重庆）国际农产品交易会在重庆国际会展中心开幕，此届农交会为期 4 天，以“绿色、品牌、合作、发展”为主题。区内 20 家企业参加，现场签下 5 个农业投资项目，协议引资 6.8 亿元。

同日　重庆市高级人民法院院长钱锋到南川调研。

1 月 11 日　工业园区科协挂牌成立。

1 月 15 日　新城区中医医院开工。医院地处金山大道延伸路，项目占地近50亩，预设病床499床，总投资约4.5亿元。是一所二甲规模的中医医院。

1月21日 市委副书记张轩前往南川慰问部分困难党员群众。

同日 国家旅游局规划财务司规划处委派国家AAAAA级旅游景区专家、中科院地理科学与资源研究所博士田大江对金佛山和神龙峡两景区考察调研后，同意金佛山与神龙峡两景区打捆创建国家AAAAA旅游景区。

1月22日 金佛山申世遗获国务院批准。国务院正式批复“中国南方喀斯特”第二期世界自然遗产申报项目作为国家的自然遗产项目向世界遗产中心申报。

同日 南川区成功创建市级环保模范区。

1月24日 双赢集团参与制定肥料分级国标。该集团作为第一单位参与起草《肥料分级要求》国家标准，是区内企业第一次参与制定相关国家标准。

双赢集团有限公司

1月25日 山王坪镇挂牌成立。

1月31日 区委书记谭家玲当选为重庆市人民政府副市长。

1月 区总工会获评“全国工会职工法律援助维权服务示范单位”。

1月 南川区被评为2011—2012年度市法治区县创建活动先进区县。

1月 区交通局荣获“全国交通运输行业文明单位”称号。

1月 南川区新增粮食生产能力项目实施。该项目总投资600余万元，涉及西城的沿塘、永合、安平3个社区，整治稻田面积12500亩，建设内容是以小型农田水利设施为基础的一系列田间工程。同时，配套实施土壤改良、增施有机肥、测土配方施肥和提升农机装备手段、完善区级农业技术推广体系等。

2 月 4 日 区委、区政府发文表彰 2012 年度振兴南川突出贡献奖，获奖单位为泽京房地产开发有限公司、区工商分局、区惠农投资有限公司，获奖个人为丁显平、孔博、陈砚、金文驰、鲁庆丰、李福珍。表彰冯柳容、王鹏、游鑫、李明学、王邦珍、韦界平、谭世学、罗伦、卓友、刘正宇、王家英为第三届“感动南川”新闻人物。

2 月 5 日 谭家玲不再担任中共重庆市南川区委书记、常委、委员职务；李殿勋任中共重庆市南川区委委员、常委、书记。

同日 35 千伏土溪变电站投运。有效分解 35 千伏大观站负荷压力，改善北部电网结构，提高该片区供电可靠性。

2 月 19 日 南川区与市林业局签订战略合作协议，明确将投资 5 亿元，共建重庆市现代农业综合示范工程林业示范项目基地。

2 月 市政府办公厅印发《重庆市天然气“县县通”管网建设实施规划（2012—2015 年）》。涉及南川的“巴南（姜家）—南川（城区）管道工程、南川工业园区供气管道工程”2 个项目纳入该规划。

2 月 区节能监察中心能力建设项目和先锋氧化铝赤泥选铁项目日前通过国家发改委预审，被列入国家发改委 2013 年度资源节约和环境保护备选项目。

3 月 3 日至 17 日 第十二届全国人大第一次会议和第十二届全国政协第一次会议召开。

同日 重庆南川油菜花文化节开幕。

3 月 4 日 区委、区政府召开全区城乡三级开发建设工作推进会，安排部署三级开发建设工作，推进中国旅游名城、西部风情小镇、巴渝美丽乡村“三级开发建设”。

3月5日 四川省邻水县县委副书记刘学超率队考察商会大厦总部经济建设情况。

3月6日 重庆市社区科普大学南川区分校在南城街道清桥社区成立，将面向社区居民，聘请有经验的专家、学者以及科技工作者参与教学。

同日 中国收到世界遗产中心对“中国南方喀斯特”（第二期）世界自然遗产提名地项目正式受理的回复。

3月7日至8日 国家发改委东北司副司长彭会军一行就资源型城市转型发展进行调研。

3月16日至18日 第二期“中国南方喀斯特”组织协调领导小组副组长、总体专家组副组长、贵州省风景名胜区协会会长傅玉良带队的国内专家组实地考察了金佛山景区以及申世遗的有关工作推进情况。

3月20日 三南铁路建设全线开工。建成后，重庆将形成一条“綦江—万盛—南川—涪陵—北碚—沙坪坝—綦江”的外环线网络，成为渝黔与渝怀干线之间的重要联络线，是开发沿线丰富矿产资源和旅游资源、有效促进沿线区县经济快速发展的必要通道。至此，三南铁路项目便道租用临时用地已结束交地，共完成11宗临时用地面积达118亩，而400亩正线征地也接近尾声，预计月底全部结束，4月正式开始征地的拆迁工作。

3月26日 南川区与重庆兴农融资担保有限责任公司确定联合组建南川兴农融资担保公司，促进“三权”抵押工作，促进南川区域经济发展。

3月 头渡镇前星村被农业部认定为“全国一村一品（金佛山玄参）示范村”。

3月 市林业局、市发改委编制实施的《重庆市极小种群野生植物拯救保护工程实施方案》公布。南川木波罗、银杉、金佛山兰、南川茶4种极濒危物种，被列为重庆市极小种群野生植物拯救保护工程。

4月1日 区委、区政府印发《关于广泛开展“三品”“两德”教育活动的意见》，在全区党员干部中广泛开展“做人讲品德、做官讲品位、做事讲品质”。在全区干部群众中深入开展“以尊老爱幼为主要内容的家庭美德、以明理守法为主要内容的社会公德”集中教育活动。

4 月 2 日 李殿勋任中共重庆市南川区人民武装部委员会委员、第一书记。

4 月 3 日 重庆金佛山喀斯特国际学术研讨会在南川召开，来自国内外的地质专家对金佛山喀斯特地貌进行调研。

4 月 8 日 区全民教育行动组委会召开第一次会议，审议了《南川区 2013 年“三品”“两德”教育活动方案（讨论稿）》《南川区“三品”“两德”教育活动宣传方案（讨论稿）》《南川区“青年论坛”实施方案（讨论稿）》和《南川区业余夜校实施办法（试行）（征求意见稿）》等。

4 月 12 日 全区党政领导干部“周末学习讲坛”暨“干部夜校”正式启动。

4 月 17 日 南川区与重庆联合产权交易所签署战略合作协议。

4 月 20 日 雅安市芦山县发生 7.0 级地震。南川区立即组织 10 名矿山救护人员和 2 辆专业救援车辆赶赴地震灾区参与救援工作。

4 月 21 日至 23 日 由波兰洞穴学会副主席、教授安杰尔·切塞夫斯基和波兰洞穴学会高级工程师马特乌斯·高尔基等带队的专家组一行 4 人对金佛山洞穴等进行实地考察后，称赞金佛山资源保护好，洞穴很有美学价值。

波兰专家考察金佛山洞穴

4 月 25 日 区委、区政府召开西部风情小镇建设推进会，正式启动风情小镇建设。风情小镇建设是南川加速推进新型城镇化的重要一环，是南川城市转型的战略举措。

4 月 区中小企业服务中心与工行南川支行正式签订《中小企业融资战略合作协议》。

5 月 6 日 安坪机械加工产业园获批。产业园定位为汽摩电镀和配套机械加工产业，规划电镀规模每年 500 万平方米，设计电镀生产线 100 条，预计每年可实现产值 3.5 亿元，吸纳就业人数 600 人。

5 月 7 日 区政府召开第 32 次常务办公会，审议了《关于推进社会和谐化建设的实施意见（2013—2017）（送审稿）》《关于推进新型城镇化暨三级开发建设的意见（送审稿）》《关于推进城乡一体化建设的实施意见（送审稿）》《关于推进新型工业化发展的实施方案（送审稿）》《关于印发南川区推进新型工业化考核办法的通知（送审稿）》、金佛山景区门票收归管委会出售管理方案（送审稿）》《南川区高山生态扶贫搬迁总体实施规划（送审稿）》等。

5 月 8 日 区委作出《关于务实推进改革开放的决定》，要求创新推进旅游名城、风情小镇、美丽乡村“三级开发建设”，推进行政机构改革、政府职能转变、行政决策改革、监督机制改革，实现全面小康。

5 月 9 日 区长曹清尧调研金山湖建设指出，要坚持统一规划、严加管理、高端设计、超前设想的原则，加快推进工程建设，把金山湖真正打造成为一个全国知名的旅游胜地，以大建设带动南部片区大发展。

5 月 14 日 区政府出台《南川区工程建设项目招标投标实施细则》，以此强化对工程建设项目招投标活动的监督管理，进一步规范工程建设项目招投标活动。

同日 市委常委、农工委书记刘光磊调研南川发展特色效益农业和

“美丽乡村”建设。

同日 贵州省遵义市市长王秉清、市人大常委会主任余遵义、市政协主席陈凌华，率遵义市党政代表团到区内考察。就氧化铝生产工艺创新、环境保护等方面做了深入交流。

5 月 19 日 国家旅游局副局长王志发调研南川旅游工作，对金佛山创建国家 AAAAA 级景区进行检查指导。

5 月 22 日 四川省阿坝州委常委、汶川县委书记青理东率汶川县党政考察团考察区内工业发展、现代农业示范区建设等情况。

5 月 23 日至 24 日 全国第一批创建国家公共文化服务体系示范项目验收评审工作会在北京召开。南川区国家公共文化服务体系文化中心户标准化建设示范项目成功通过文化部专家评审验收，评审得分名列西部 13 个省市区第二名。

金佛山乡村小舞台

5 月 24 日 区内女企业家协会成立。主要发挥企业和政府间的桥梁和纽带作用，及时反映企业的呼声和要求，宣传推广优秀企业管理经验，开展企业间的交流与合作等。

5 月 28 日 由南川本土作家刘先畅编剧、导演大飞执导的《乡间童谣》在南川举行首映式。

5 月 30 日 国际地貌学家协会高级研究员、美国国家洞穴协会终身会员保罗·威廉姆斯一行对金佛山喀斯特地貌作进一步考察。

5 月 重庆市首批 10 个博士后创新实践基地名单出炉，南川区博士后创新实践基地将落户工业园区。

5月 入驻工业园区的重庆恒亚铝业有限公司将正式投产运行。该公司于2011年正式签约入驻工业园区龙岩组团，入驻园区项目总投资6500万元，占地1.67公顷，主要生产铝单板，建设规模为年产铝单板50万平方米，年产值可达8500万元，上缴税费250万元以上。项目自2012年10月开工，历经7个月的紧张建设，生产车间、办公楼及厂区环境全部完成施工，比预期提前5个月投产。

5月 5个新型乡镇（街道）劳动就业社会保障服务中心建设顺利通过市人力社保局检查验收，并正式投入使用。2012年建成4个乡镇（铁村乡、古花乡、民主乡、兴隆镇）和1个街道（西城街道）新型劳动就业社会保障服务中心，总建筑面积为1827平方米，项目总投资255万元。5个服务中心均达100平方米以上规模，配套建设档案室、中心领导办公室、劳动保障监察举报室、培训室，并把计生、民政、财政等部门纳入服务中心设立办事窗口，基本实现民生事务一站式办公。

6月3日 金佛山喀斯特第二期国际学术研讨会召开。来自国内外的专家们表示，金佛山具有重要价值，是中国南方喀斯特重要组成部分，具有独特地质地貌形态，有很高的美学价值、科研价值、文化价值、历史价值，将全力支持金佛山申世遗工作。

6月17至27日 37届世界遗产大会在柬埔寨金边召开，金佛山申遗领导小组副组长、区长曹清尧率金佛山申遗代表团现场观摩会议，并会见第37届世界遗产大会主席、柬埔寨副首相索安助理钱明光。

6月18日 党的群众路线教育实践活动工作会在北京召开。

同日 四川省万源市市委常委、常务副市长王华平带领万源市党政代表团考察旅游开发工作。

6月19日 区政府召开全民创业与招商引资项目储备专题会。

6月21日至22日 市委副书记张国清赴南川调研，实地了解经济社会发展、基层组织建设等重点工作。

6 月 南川区获环保考核一等奖。

6 月 首座景观式变电站投用。35 千伏古佛变电站改善金佛山核心景区供电网络的同时，保护金佛山的整体景观。

6 月 金佛山西坡电缆迁改完工，金佛山核心区电缆本月全部下地。

6 月 三南铁路南川段最长隧道开挖。三南铁路南川段共涉及三个隧道，马家湾隧道、孝子河隧道、南平隧道，其中马家湾隧道南川段占据一半，其余两个隧道全在南川段，而南平隧道是三南铁路南川段最长的一个隧道。该隧道起于南平镇玉龙村 13 社，止于南城街道兴南社区 2 组，全长 9.859 公里，开挖段面 57.57 平方米，形成段面 32.88 平方米，净空 6.74 米，计划工期为两年半。

6 月 在全区启动开展“十星级文明户”创建，评上“十星级文明户”的家庭可以享受更多惠农政策以及优先贷款等。“十星”包括：五爱星、法纪星、发展星、人口星、学习星、诚信星、新风星、公益星、团结星、卫生星，评星工作由各乡镇街道行政村党支部、村委会组织实施。

7 月 1 日 宏墙 220 千伏输变电工程项目正式启动。建设内容主要是在水江镇（原火电厂旁）新建 220 千伏变电站 1 座，新建线路全长 18.39 千米，共有铁塔 46 基。

7 月 2 日 区委、区政府印发《关于加快三级开发建设推进新型城镇化的实施意见》，按照“一年扎实基础，两年全面铺开，五年基本建成”的进度要求，分三个阶段推进“旅游名城、风情小镇、美丽乡村”三级开发建设，5 至 10 年内达到全区三级开发“三个一千万平方米”目标。

7 月 5 日 区委、区政府在渝洽会上举行招商推介暨主城产业转移项目签约仪式，现场签约 11 个项目。涉及建材加工、木钙塑混炼材料加工、医药公司搬迁、食品加工园、生物科技产业园、机械加工产业基地、电镀集中加工、中药材种植及深加工、休闲食品生产基地等行业和领域。

7 月 8 日　经西北师范大学地理与环境科学院测定，金佛山古夷面的形成年龄确定为 6500 万年。此鉴定佐证了金佛山的古老性，使金佛山具有较高的科学研究价值。

7 月 10 日　全区重点项目推进会召开。1—6 月，全区 60 个重点项目累计完成投资 32.6 亿元，带动全社会固定资产预计完成 51.9 亿元，同比增长 33.1%。

同日　南川区与市气象局签订了共同推进南川率先基本实现气象现代化合作备忘录。明确共同推进南川气象现代化建设，力争在全市率先基本实现气象现代化。

7 月 16 日　龙济片区安置房主体完工。

7 月 22 日　王立任中共南川区人民政府党组成员、中共南川区公安局委员会书记。

同日　蓝博源家庭农场成功注册，成为全区首家经工商部门注册登记成立的个人独资企业家庭农场。

7 月 25 日至 26 日　水利部总工程师汪洪率领的国务院安委会第 8 督查组到南川区，检查指导全区安全生产工作。上半年，全区发生各类安全死亡事故和死亡人数分别比去年同期下降 53.8%、57.1%。

7 月 28 日　安徽滁州市委书记江山率领党政代表团到南川，考察全区城市规划建设、城市管理等情况。

7 月　区政府出台返乡创业“区 10 条”。从准入政策、产业政策等方面提出 10 条具体措施，帮扶更多返乡人员成就创业梦。

7 月　南川区获得 2013 年首批资源枯竭城市中央转移支付资金 1.83 亿元。

7 月　南川区获批“重庆市环境保护模范区”。

7 月　南万高速部分路段 7 月中旬半幅通车。

8 月 2 日　生态大观园第三届乡村旅游文化节暨重庆中海投资第四届员工运动会开幕。8 月 4 日，重庆生态大观园第三届乡村旅游节“木凉面条杯”山地自行车赛在木凉汉场坝举行，南川以及重庆北碚、巴南、江津、万盛骑友 200 多人参赛。

同日　市政府副秘书长王银峰主持召开协调会专题研究支持南川转型发展。2011 年 11 月，南川区获得国家批准成为第三批资源枯竭转型发展城市。2012 年 11 月，市政府下发了《关于促进南川资源型城市转型发展的意见》，明确了全市铝镁新材料基地、国家现代农业示范园、国家级旅游度假区的转型定位，部署了产业、城市、生态、民生、机制等转型任务。三年来，国家财政累计直接拨付南川转型发展资金 5.77 亿元，11 个国家和市级重点项目落户南川，《南川区资源型城市转型发展总体规划》编制完成。

8 月 5 日　区公共资源交易中心首次在网上成功拍卖了一宗地块，南川区首次网上拍卖土地成功。

8 月 14 日　中国金佛山国际旅游文化节、中国·金佛山杜鹃花节、中国·南川大观樱花节、中国·南川福寿西瓜节、中国·南川大有年猪文化节，入围重庆市十大影响力节庆。

运瓜比赛

8 月 15 日　副市长谭家玲主持召开协调会，专题会研究金佛山创 5A 工作。

8 月 19 日至 20 日　民政部副部长宫蒲光调研南川区社会工作情况。

8 月 21 日　中华全国总工会副主席、书记处书记段敦厚一行，在市总工会副主席唐军的陪同下调研工会工作。

8月20日至23日 联合国教科文组织世界自然遗产保护联盟（IUCN）派出专家莱斯·莫洛伊、禹卿植，对金佛山申报世界自然遗产进行了实地考察评估。8月20日，副市长谭家玲在重庆会见专家组一行。

8月27日 区委、区政府在“珠三角”召开乡情联络暨返乡创业座谈会。

8月30日 渝南片区政协会议在南宾会议中心召开。

8月 南川区通过第三批全国节水型社会建设试点评估验收。

8月 金佛寺复建项目主体完工。金佛寺起建于明成化年间，1956年因用火不慎被焚毁。2012年10月启动金佛寺复建项目，投资近亿元，总规划用地面积27460平方米。

8月 重庆一唱雄鸡餐饮文化有限公司的刘氏烧鸡公品牌被重庆市商委认定为第二批“重庆老字号”，结束了南川区本地无“重庆老字号”的历史。

9月1日 区内黑叶猴数量增至104只，总量增加了20只。

9月3日 南川区成功创建国家卫生应急综合示范区。

同日 “南川鸡”荣获“2012年最具影响力中国农产品区域公用品牌”称号。

9月9日 区委、区政府授予韦界平、汪鸿、李承勇、杨毅平、吴阳泽、许阳泽、许洁、黎兴梅、罗意、骆健、冯茂生等10名教师为“南川区十佳优秀教师”，王纯友、鲜文俊、赵琪、李先俊、陈显梅、张俊、成平、高小兵、刘卫华、黄学林等10名校长为“南川区十佳优秀校长”，表彰杨波、丁显均、梁光荣、郑永忠、段永群等5名教师“南川区十佳优秀教师提名奖”，韩云、李太坤、唐科忠、雷祥华、陈德勇等5名校长“南川区十佳优秀校长提名奖”。

9 月 11 日　中国艺术摄影学会金佛山摄影基地正式授牌，海峡两岸知名摄影家首次同看金佛山活动同时启动。9 月 12 日，海峡两岸知名摄影家首次同在金佛山采风。

9 月 13 日　全国旅游景区质量等级评定委员会发布 2013 年第 9 号公告，重庆市南川区金佛山—神龙峡景区被批准为国家 AAAAA 级旅游景区。金佛山—神龙峡成为重庆市第 6 个 AAAAA 级景区。

金佛山—神龙峡景区被批准为国家 AAAAA 级旅游景区

9 月 16 日　区政府与市民政局签订合作协议。明确将南川区打造成重庆乃至全国的生态养老示范基地，共同推进南川区民政事业转型发展。双方合作推进困难群众救助体系建设、灾害应急救助体系建设、社会养老服务体系建设、基层社会管理服务平台建设、国防保障服务体系建设，共同把南川建设成为社会救助体系健全、社会福利设施完善、城乡社区和谐发展的示范区。支持南川建设重庆高山生态养老基地，探索推进社会办养老事业发展，不断提升全区养老服务工作总体水平，在“十二五”期间支持南川区建设 4 所中心敬老院和 15 个社区养老服务中心（站），力争在“十二五”期末全区养老服务床位达 3900 张，实现每千名老人拥有 30 张养老服务床位的目标。

9 月 25 日　区政府与农行重庆分行签订战略合作框架协议。未来五年农行重庆分行新增授信不少于 100 亿元，帮助全区推进三级开发建设和三次产业培育。

9 月 26 日　圭亚那合作共和国第十省省长沙玛·所罗门、林登市市长欧林·戈登，赴南川访问。

9 月 27 日　100 个村（社区）首期启动网络问政平台工作站。

9 月 28 日　南涪高速（南川至涪陵）正式通车。南涪高速公路把渝宜高速、渝湘高速和沿江高速 3 条高速公路连接起来，南川和涪陵两地车程从老路的 2.5 小时缩短至 40 分钟。

9 月 28 日至 29 日　《半月谈》总编王海征一行到区内“走转改”。现场采访全区美丽乡村建设和高山生态扶贫搬迁工作。

9 月　区政府出台《关于大力培育家庭农场的实施意见》。明确采取五项培育措施、八项扶持政策，计划在五年内培育 500 家家庭农场，助推现代农业发展。

10 月 1 日　第九、十届全国政协副主席张思卿到南川视察城市建设、旅游发展等工作。

10 月 12 日　中共南川区委十三届三次全会召开。会议审议通过《中共重庆市南川区委关于创新推进党的建设的意见》《中国共产党重庆市南川区代表大会常任制度（试行）》。

10 月 15 日　南商投资（集团）有限公司挂牌成立。集团注册资本金 2.39 亿元，股东累计资产 100 亿元以上，累计银行授信 256.9 亿元。南商投资集团经营方向分为投资业务和自营业务。投资业务包括支持投资小额信贷和担保公司、参股商业银行、股东企业优势项目发展等；自营业务包括商业地产、旅游地产等房地产业，矿产资源、页岩气等资源产业，现代医药、新材料等新兴产业以及旅游业等。

10 月 22 日　区动物疫病预防控制中心合作开展的“重庆地区高致病性猪蓝耳病病源变异及免疫防控技术研究”、区农业技术推广站合作开展“超级稻标准化栽培技术研究与示范推广”获得“重庆市科技进步奖二等奖”；重庆市药物种植研究所开展的“重庆市药用植物多样性研究”获得“重庆市科技进步奖三等奖”。三项成果分获 5 万元和 2 万元奖金。

10 月 24 日 区政府出台《促进微型企业持续健康发展的意见》，以打造“一园二村四基地”为重点，进一步加大对微型企业发展的扶持力度，促进微型企业持续健康发展。

10 月 25 日 区政府出台《科技创新奖励办法》，将重点奖励自主创新能力突出的企业，最高奖励达 50 万元。

同日 南川宏仁医院成功创建成为国家二级综合医院。

10 月 2 日 南川区工商南川分局获得冠“重庆”名企业的核名权。除个别特殊、重点行业以及容易引起争议的名称外，冠以“重庆”或“重庆市”的企业名称，将直接由该分局核准。

11 月 6 日至 8 日 “院士专家南川行”咨询服务活动正式启动。17 位市内外院士专家及企业家在南川进行三天的考察和现场咨询服务，为南川“整体转型、提速发展”建言献策，提出一系列切合实际、科学严谨的建议意见，

11 月 7 日 区政府召开第 43 次常务会议。会议研究机关事业单位吃“空饷”清查处理等事宜，审议《重庆市南川区建设项目配建停车位标准细则》《重庆市南川区农村公路客运许可实施细则》等事项。

11 月 10 日 国家林业局总工程师陈凤学专题调研金佛山国家级自然保护区和全区城市建设与管理工作。

11 月 15 日 市消防总队总队长陈育坤少将检查调研消防部队建设和工作开展情况。

11 月 19 日 中国首位诺贝尔文学奖获得者莫言中篇小说改编的同名电影《藏宝图》拍摄地落户金佛山签约仪式在区内举行，金佛山景区成为该影片主要外景拍摄地，时长将达整部电影的 2/3 以上。

同日 区政府出台八项政策支持家庭农场发展。其中创建示范性家庭农场的，将给予 10 万元以内的奖励性项目扶持。

同日 区政府出台《重庆市南川区人民政府关于支持南商集团加快发展的意见》。《意见》指出，通过加快以工业为主导的自营业务和以金融地产为主导的投资业务发展，力争用5年时间，将南商集团打造为产值50亿元的综合性民营企业集团。

11月22日 南川区全面完成661户文化中心户建设，覆盖全区185个行政村，农村“半小时文化圈”成为现实。2011年11月，南川区开始探索建立“文化中心户”的标准配置，让农民群众“足不出村”就能享受到看书看报、跳坝坝舞等文化娱乐活动，促进农村“半小时文化服务圈”的形成。

11月25日 2013年招商引资项目集中签约仪式举行。涉及工业、农业、医药等领域的5个投资项目成功签约，投资总额达23.4亿元。

11月27日 金佛山喀斯特资源考察学术交流会在开星两江假日酒店举行。会上，国内外专家对金佛山喀斯特资源价值给予充分肯定，并进一步挖掘、论证、提炼金佛山申世遗重要价值。经检测金佛山洞砾石层上的最新沙层形成于81万年前。加拿大皇家科学院院士、原国际岩溶洞穴联合会主席德里克·福特，中国地质科学院岩溶地质研究所研究员陈伟海，中国地质科学院岩溶地质研究所副研究员黄宝健、张远海等国内外专家参加会议。

11月28日 新华社重庆分社社长王丁采访调研南川。

11月 南川区试点农房保险。农房保险以区民政局作为投保人，保险期限一年。作为全市首批农房保险试点区县，全区17.5万户农户共计105万元的保险费用由区政府出资，每户年保险费6元。

11月 “水江黑猪”注册地理标志成功。至此，南川区已拥有11件国家地理标志证明商标，居全市各区县之首。国家地理标志证明商标和“金佛山”“大观生态园”两大区域特色品牌极大地推动了南川区农产品产业的发展。农产品注册商标、成立品牌，也带动了相关产业的发展。许多乡镇利用自身优势品牌，开始发展集约化的特色产业。贡米之乡、绿茶之乡、蜜梨之乡、辣椒之乡、中蜂之乡等一批特色乡镇应运而生。

11 月 南川区地灾防治连续 9 年零事故零伤亡。截至目前，全区共有自然地质灾害隐患点 351 处，威胁居民约 2727 户 12060 人；全区采煤沉陷区受灾面积 234 平方公里，影响居民 9335 户 33342 人，C、D 级危房约 2759 户 8867 人。

12 月 2 日 国家农发办主任王光坤到现代农业园区，调研农业综合开发和农业产业发展情况。

12 月 4 日 市委常委、政法委书记刘学普调研政法综治和平安建设工作。

12 月 9 日 区委追授郑洪超为“优秀共产党员”。郑洪超生前系区公安局副局长，多次荣获县区市级嘉奖，彰显了“人民警察为人民”的崇高精神，2013 年 11 月 16 日因病去世。

12 月 13 日 南（川）万（盛）高速通车。南万高速构成了重庆—綦江—万盛—南川—涪陵 3000 亿级工业经济带，对全区区位条件、交通运输、招商引资、产业布局、旅游发展产生显著而有利影响。

12 月 14 日 四川省工商联主席、省商会会长陈放到工业园区川渝共建重点实验室考察。

12 月 18 日 第四届金佛山旅游文化周暨第十五届冰雪运动季开幕。金佛山—神龙峡景区将推出第十五届金佛山冰雪运动季、穿越时光奇幻 3D 仕女秀、金佛山旅游歌曲大赛和金佛山冰雪时尚秀等系列活动，时间持续到次年 2 月底。

同日 南川、万盛、武隆缔结旅游战略合作联盟，利用三区县旅游资源互补性的有利因素，形成交通一张网格局，共同出资完善万盛黑山谷—南川神龙峡、南川水江乐村乡村旅游区—武隆铁矿乡乡村旅游区等基础设施建设，实现三区县景区联线、联网，形成万盛—南川—武隆大环线，拉动三地旅游经济增长。

同日　“金佛山杯”全国小小说大赛举行颁奖仪式。共评选出金奖1名、银奖2名、铜奖10名和优秀作品奖20名。区内2名作者的作品获优秀奖，山东徐闯的小小说《假如我是杜小四》获金奖。

同日　区人民医院被授予“博士后科研工作站”。

12月23日　南川区与南京林业大学签订产学研合作协议。

12月25日　大坪黄泥垭隧道开工建设。大坪黄泥垭隧道是南川区建设渝南黔北区域交通枢纽的重要交通基础设施。一直以来，南川区南部乡镇及黔北地区约15万人主要借助省道S413出行，因受地质地形影响，三汇至金山段道路每年有一个多月的结冰期，严重影响了沿线居民出行。大坪、黄泥垭隧道建成后将有效解决南部片区居民霜冻期的出行问题，同时缩短南部片区至城区时空距离11公里，大力助推当地及金佛山南坡、金山湖水库的开发建设。

12月27日　中国医学科学院药用植物研究所重庆分所在位于三泉镇的重庆药物种植研究所挂牌成立。这是中国医科院药研所在重庆市成立的第一个分所。

同日　南川区举行首届美德青少年颁奖仪式暨事迹报告会。全区共评选出10名美德青少年和4名美德青少年提名奖。

12月28日　南川区首届“美丽人生·梦想舞台”小品·主持人大赛开赛。

12月　南川区获评2013年度全国重点产茶县。

12月　南川区发现9万株野生金荞麦。金荞麦为蓼科植物，国家Ⅱ级重点保护野生植物。其性凉，味辛、苦，有清热解毒、活血化瘀、健脾利湿的作用，可入药。

12 月　南川区森林重点火险区综治工程获批。该项目总投资 1545 万元，主要建设新建防火瞭望塔 2 座、林火视频监控系统 24 套、新建专业扑火队营房 3000 平方米、防火物资储备库 340 平方米，以及必要的防火宣传等设施设备。

12 月　金佛山摄影作品首次在台北展出。

12 月　木凉汉场坝村入选农业部“美丽乡村”创建试点。

12 月　住建部确定 28 个村庄规划为第一批全国村庄规划示范，大观镇金龙村成为全市唯一一个入选村庄。

2013 年，实现地区生产总值 160.5 亿元，同比增长 11.2%。完成公共财政收入 16.95 亿元，增长 21.3%。规上工业产值达到 118 亿元，增长 4.9%。社会消费品零售总额达到 80 亿元，增长 15%。全社会固定资产投资 143 亿元。城镇居民人均可支配收入达到 23528 元，增长 9%。农民人均纯收入达到 9384 元，增长 12.5%。旅游综合收入达到 36.3 亿元，增长 21%。三次产业结构为 17.7:47.4:34.9。

2014 年

1 月 1 日　全区执行新的最低工资标准，最低工资标准为 1250 元/月，较上年提高 200 元/月。

同日　以金佛山秋色为背景的南川天气预报，出现在了每天早晨 6 点 58 分的央视一套《朝闻天下》栏目里。这是南川区天气预报首次在央视出现。

1 月 7 日　水江至东胜天然气管线贯通。该管线主要用于商贸物流园区东区、工业园区龙岩组团东区、水江镇（工业用户）供气。

1 月 8 日　南川区青年企业家协会成立。

1 月 9 日　中共重庆市南川区第十三届委员会第四次全体（扩大）会议召开。

同日　市人大常委会副主任、市总工会主席郑洪率领市总工会扶贫集团成员单位开展春节慰问活动，并召开座谈会，共谋对口帮扶工作。

1 月 15 日　国家安监总局第 12 督查组到区内督查安全生产。

1 月 27 日　第一届乡情代表大会暨“四大全民行动”年度通报会、“依托乡情纽带、共谋南川发展”座谈会召开。

2 月 10 日　区政协第十三届委员会第三次会议召开。

2 月 11 日　区十六届人大四次会议召开。

2 月 13 日　区委印发《关于在全区深入开展党的群众路线教育实践活动的实施意见》，决定从 1 月起至 9 月，在广大党员干部中开展党的群众路

全区党的群众路线教育实践活动动员大会

线教育实践活动。按照“照镜子、正衣冠、洗洗澡、治治病”的总要求，以为民务实清廉为主题，坚决反对形式主义、官僚主义、享乐主义和奢靡之风，解决人民群众反映强烈的突出问题，让广大党员干部普遍受到一次马克思主义群众观点和党的群众路线教育。2 月 14 日，区委召开了党的群众路线教育实践活动动员大会。

2 月 14 日 区政协助推重庆服装制衣基地建设暨重庆服装制衣行业商会成立筹备大会召开。香港缔造一百服饰国际集团将带领区内制衣行业建设基地、成立商会，抱团发展成国际国内知名品牌服装加工基地。

2 月 24 日 金佛山神龙峡景区与武隆仙女山、万盛黑山谷和酉阳桃花源 AAAAA 级旅游景区达成共识并成立“铂金 AAAAA 景区联盟”。通过整合资源，增强整体营销的竞争力，全力打造渝东南 5A 景区铂金旅游线。

2 月 金佛山神龙峡获评首批市级（省级）旅游度假区。

2 月 南川区农综开发连续 13 年获全市一等奖。

3 月 3 日 “金佛山野猪”成全国首个野猪类绿色食品。

3 月 5 日 基层党员干部座谈会召开。征求基层党员干部对区委开展党的群众路线教育实践活动的意见建议。区委书记李殿勋在会上指出，乡镇要通过党的群众路线教育实践活动，提高认识、统一思想、转变作风、增强能力、造福民众，办好“美丽乡村建设、鼓励返乡创业、社会矛盾化解”三件大事，推动乡镇发展。

同日 妇女儿童维权律师团成立。律师团有维权律师团成员 15 名。

3 月 13 日 区政府与重庆琪金食品有限公司签订 20 万头生猪养殖项目

投资协议。未来两年，该公司将投资2.5亿余元，分批建设年出栏20万头花园式生猪猪舍及相关配套设施。

3月21日 区内玄参通过GAP认证。中药材GAP是中药材生产质量管理规范的简称。认证目的是对中药材生产全程进行详细规范，从源头上控制中药饮片、中成药及保健药品质量。通过认证的中药材可参与制药，具有较高的市场声誉度。

同日 市政府副秘书长屈增国率队调研农村金融改革、高山生态扶贫搬迁后续产业发展工作。

3月22日 南川区出台《南川优质稻标准化生产技术规程》，优质稻生产有统一标准，让粮农掌握优质稻种植技术，提升全区水稻产量和品质。

3月28日 南川区启动“科长履职在一线”专项行动。行动从3月底开始持续到9月下旬，1100多名科级干部带头一线履职，通过“落实决策在一线”“培养能力在一线”“检验实绩在一线”“解决问题在一线”“树立形象在一线”“改进作风在一线”，激励全区科级干部练就硬本事、创优软环境、整治“中梗阻”、树立正形象。

南川区“科长履职在一线”专项行动千人动员大会

3月 南川区计划用五年时间打造100个以上的森林公园。业主可利用森林公园总面积的2%用于修建旅游服务接待设施，林下种植、养殖、防火通道、消防水池等，区林业局均可纳入相关项目给予扶持。全区林地共152866.66公顷，其中国有林地约14000公顷，集体林地约134000公顷，可用于森林旅游开发的林地约30000公顷，已建或在建的国家级森林公园1个，市级森林公园2个，区级森林公园1个，建设意向106个。

3 月 新版营业执照在区内启用。

3 月 金佛山景区管委会组建旅游综合执法队，加强景区重要景点和区域的日常巡查。

3 月 全区试行农产品产地安全证明制度。由乡镇街道监管站根据检验监测结果出具《产地准出证明》，未经检测或检测不合格的农产品不得上市销售。

4 月 1 日 市委副书记、市长黄奇帆赴南川区督导党的群众路线教育实践活动。

同日 区高毒农药实行定点经营，居民购买须出示身份证接受登记。

4 月 8 日 重庆市第三中级人民法院在南川法院一号法庭开庭审理三泉镇郑女士不服区政府作出的征收集体土地公告案，区长曹清尧到庭应诉。

同日 由中国城市第一媒体旅游联盟主办的 2013 年中国旅游总评榜在武汉举行颁奖典礼，区内 AAAAA 级景区神龙峡荣获年度最受欢迎国内旅游目的地。

4 月 11 日 教育部基础教育课程教材发展中心与南川区签署了基础教育课程改革实验区合作协议，正式启动实验区建设工作。南川区是重庆市第一期基础教育课程改革 4 个实验区之一，将通过项目引领、试点先行、专家指导、研修培训、区际交流、经验总结等方式，制定区域基础教育课程改革规划，推进国家课程的校本化实施，强化课堂教学改革，探索评价制度改革。

4 月 20 日 区长曹清尧前往北京向国家林业局汇报，争取将山王坪打造成为全国第一个国家级喀斯特生态公园，将黎香湖打造为国家级湿地公园。

4 月 27 日 国际旅游小姐重庆赛区总决赛在南川区举办。25 位选手齐聚金佛山西坡，角逐第 14 届国际旅游小姐重庆赛区桂冠。

4月29日 市政协副主席陈贵云调研集体林权制度改革工作。

同日 富滇银行重庆分行与南商集团签订合作协议。双方将在客户推荐、风险控制、资金融通等方面建立全面合作关系。

南川区工业发展顾问团成立暨第一次会议

4月30日 全区工业发展顾问团成立。顾问团成员由28位来自市级部门、大专院校、科研院所的专家、南川工业战线退休老领导、区内企业家和南川籍在外企业家组成。顾问团将围绕我区工业经济发展规划，对关系全区工业经济发展的重大决策及带全局性、倾向性或急待解决的重大问题提出具体意见、建议，并接受区委、区政府以及相关部门和企业的咨询。

4月 区农委组织人员深入金佛山普查资源，共发现野生古茶树17712株。

4月 区内首本特色美食指南出炉。收录全区近四十家酒店、饭馆、农家乐的近两百道菜式，附上城区美食导游图和农家乐线路图。

4月 国家土地总督察办公室发出通报，给予国家土地督察成都局6个观测点土地利用和管理形势分析工作成效突出观测点称号，重庆市仅南川区和渝北区获此殊荣。

“南川巧媳妇”创业大赛

5月6日 南川区首期“金佛山巧媳妇”培训班开班。免费培训心巧、手巧、嘴巧、眼巧、人巧的景区“留守妇女”，提高职业技能，更好地从事旅游服务。

5 月 7 日 生态农业大观园被新命名为“重庆市科普基地”。至此，全区有金佛山药用植物博览园、生态农业大观园 2 个市级科普基地。

5 月 9 日 IUCN《中国南方喀斯特第二期技术评估报告》建议把包括金佛山在内的中国南方喀斯特第二期列入世界遗产名录。

5 月 12 日 教育部专家组到区内就课改工作进行调研。

5 月 13 日 重庆龙九农业开发有限公司和重庆岸山桥水产养殖有限公司上榜“农业部水产健康养殖示范场”名单，至此全区共 4 家水产养殖企业被授予该称号。

5 月 15 日 在第十七届渝洽会上与渝富资产经营管理集团有限公司、金科地产集团股份有限公司成功签署合作协议。与两集团将合作进行国有资产重组、土地联动开发、房地产开发以及旅游景区和风情小镇等区域以休闲度假、养老养生为主的地产开发，两年实现百亿规模投入。

5 月 16 日 全区召开“两违”整治工作动员大会，区委、区政府决定集中整治“两违”，开展“百日攻坚”行动。

5 月 20 日 《人民日报》《光明日报》《重庆日报》《香港文汇报》《新加坡联合早报》等 23 家境内外媒体组成的采访团，专题对金佛山申遗工作进行采访。

5 月 22 日 区政府出台《关于服务微型企业十条措施的通知》，缩短微企申办时限、企业注册登记档案的公开时限等。

5 月 28 日 住房城乡建设部村镇建设司司长赵晖调研区内农村危旧房改造、建设用地复垦等工作。

同日 南川区首家重点产业人力资源服务有限公司在区人力社保局挂牌成立。公司是由市区两级人力社保局共同出资组建的国有企业，主要负责为重点信息产业企业和区内重点企业提供人力资源供求信息的收集、发布和咨询，应聘人员推荐、职业指导和咨询，人力资讯信息网络及媒体服务，人力资源培训、测评、规划设计，高级人才寻访等服务。

同日 首个乡镇企业商会——南平商会成立。该商会以商会会员有效资产为基础，以组建企业集团为依托，实行新型联合担保股份制企业的管理发展模式，搭建构筑新型银企融资合作新机制。

5月 南川区在服务人口多、地理位置偏僻的行政村建设投用东城街道高桥村麻凼卫生室等39个撤并村卫生室，实现撤并村卫生室建设全覆盖。

5月 首届中国杜鹃花资源与产业发展国际系列研讨会在金佛山举行。来自英国、荷兰、比利时的杜鹃花及植物专家与中国专家共聚一堂，共同为金佛山杜鹃花的保护、利用及产业链开发献计献策。

5月 南川在全区34个乡镇（街道）设立食品药品监管机构。

5月 在全国首批国家级残疾人职业培训基地的名单中，隆化职中位列其中。

5月 区林业局启动山王坪景区改造工程。主要包括景区公路的改造、石林游道改造和安全饮水改造。其中，景区公路改造由原来的泥石路变为沥青路，同时石林里的游道改为石板路，新建的2000立方米蓄水池，解决景区缺水问题。

5月 全区上万名建筑从业人员在培训合格后将取得“平安卡”，实现“持卡上岗”。它记录了建筑从业人员的个人基本信息、安全培训考核以及职业技能、劳动合同、工资、保险、出勤、奖惩等信息。

6月4日 旅游资源普查显示，全区旅游资源种类齐全，旅游资源品质较高。具备开发潜力、经济效益和操作空间的旅游资源共108处。

6月6日 区委全面深化改革领导小组召开第一次全体会议，审议了《中共重庆市南川区委全面深化改革领导小组规则》《中共重庆市南川区委全面深化改革领导小组专项小组工作规则》《中共重庆市南川区委全面深化改革领导小组办公室工作细则》等。

退休区领导视察社区“法律诊所”

同日 首家授牌开诊的“法律诊所”——东城街道灌坝社区“法律诊所”正式挂牌。“法律诊所”能实现调诉对接，为社区居民调解纠纷、法律咨询、学习法律知识提供方便，而且能使矛盾纠纷尽可能化解在社区，强化社区的自治职能。

6 月 7 日 区长曹清尧到外交部汇报金佛山申报世界自然遗产工作。外交部国际司有关负责人表示，全力支持并力保金佛山成功申报世界自然遗产。

金佛山喀斯特正式列入世界自然遗产名录

6 月 19 日 南川首个光伏发电项目并网发电。该项目位于金佛社区松林山庄，是重庆地区目前最大的私人光伏发电产业，共安装有太阳能板 436 平方米，装机 54 千瓦。

6 月 23 日 多哈时间 6 月 23 日 12 时 31 分（北京时间 6 月 23 日 17 时 31 分），联合国世界遗产委员会（WHC）第 38 届世界遗产大会上，“中国南方喀斯特”第二期世界自然遗产项目通过大会审议，中国重庆金佛山喀斯特正式列入世界自然遗产名录。

6 月 24 日 重庆市政府举行新闻发布会，区委副书记张兴益在会上就金佛山喀斯特资源特色、金佛山遗产地符合的标准、申遗的简要过程以及后期的保护开发向到会媒体做介绍。

南川区区长曹清尧带队参加第38届世界遗产大会

6月26日 南川区举行金佛山创AAAAA申世遗总结记功大会暨第五届金佛山国际旅游文化节启动仪式。区委、区政府对金佛山创AAAAA申世遗工作表现突出的区旅游局、金佛山景区管委会等单位记集体三等功或嘉奖，对蓝兴淑、邓华等记个人三等功或嘉奖。第五届金佛山国际旅游文化节按照“政府主导、企业主体、市场运作”的原则组织实施，期间将开展神龙峡奇幻漂流季、生态大观园乡村旅游节、留学生夏令营、中国翼装飞行个人表演赛等八大主题活动。

6月27日至28日 市委副书记、市长黄奇帆全程指导南川区委常委班子党的群众路线教育实践活动专题民主生活会。

6月 重庆市政府办公厅印发《关于促进南川区资源型城市转型发展2014年重点任务分工的通知》(渝府办〔2014〕17号)。

6月 南川出台《南川区农村耕地集中经营管理暂行办法》，对推进农村耕地集中适度规模经营，加快现代农业发展提出了参考意见和管理办法。

6月 “重庆市南川区竹林扁农业股份合作社”正式挂牌。这是南川首家农业股份合作社。

6月 菜园坝开通金佛山景区班车。

6月 汤盆交通大桥主体完工。2001年大溪鱼跳电站蓄水后，淹没了正阳村4座大桥，骑龙乡、民主乡、冷水关乡、峰岩乡等村民的必经要道被阻断，影响了沿河两岸12000名群众的出行和学生上学，村民靠自制竹筏或靠打渔船渡河。于 2011 年破土动工按四级公路标准修建一座交通桥。该桥长 150 米、宽 5.5 米，总投资近 1000 万元，设计速度为 20 公里/小时。

7 月 3 日 全国政协委员、全国政协文史和学习委员会副主任、港区省级政协委员联谊会会长谭锦球一行，在中共中央统战部三局局长郑刚淼陪同下，对大观生态农业园区、黎香湖风情小镇和城市规划建设等进行考察。

7 月 7 日 区文明委决定在全区开展专项行动，着手加大滥办酒席治理力度。以国家公职人员、村（社区）党员干部为重点，对违规操办宴席、请客送礼、参加宴请、大操大办等行为进行监督劝阻，并通过村规民约等方式引导和规范村（居）民操办宴席，倡导积极向上的文明新风。

7 月 15 日 根据区政府出台的相关奖励政策，全区兑现对企业科技创新奖励资金共计 103 万元，20 家企业获区政府科技创新奖励。

7 月 17 日 古花乡成为重庆首个国家卫生乡。至此，全区累计建成国家卫生乡 1 个、市级卫生乡镇 9 个、市级生态卫生村 13 个和市级（优秀）卫生单位 61 个。

7 月 24 日 全国人大内司委调研组调研南川公务员法实施情况。全区已建立公务员公开招录、遴选、考核奖励、职务任免、培训教育等机制，公务员管理工作实现制度化、规范化、科学化。

7 月 29 日 全国政协常委、中华海外联谊会副会长、香港南益实业（集团）有限公司主席林树哲一行，在中央统战部三局副局长傅铁生的陪同下，到南川参观考察。

7 月 30 日 国务院公布《关于进一步推进户籍制度改革的意见》，全面放开建制镇和小城市落户限制。

7 月 31 日 金佛山茶业集团挂牌成立。重庆市绿航母现代农业开发有限公司、乾丰茶业、艾伦茶叶、天绿园名优茶厂、能健茶业、兴之缘茶叶六家区内茶叶企业正式联合发展。

8月2日　工业园区庆岩组团引进春飞包装印务有限公司、长寿湖机械有限公司、綦江机器厂、重庆长征药物机械厂四家企业。庆岩组团主要以机械加工业、铸造业及建筑业为主。入驻企业达35家。

8月4日　重庆散文学会金佛山创作基地挂牌。金佛山成为重庆散文学会在全市范围内首个创作基地。

8月9日至11日　南川区遭受有气象记录以来最严重暴雨灾害。至11日16时，全区58个监测站中，三泉观音村、山王坪村、鱼泉、鱼泉水库、水江、靛厂沟、神龙峡、一线天等8站累计降水超过100毫米，其中三泉观音村站为325毫米，山王坪村站为272毫米，鱼泉站为240毫米，达特大暴雨级别。18个乡镇、街道不同程度受灾，受灾人口2.1万人，农作物受灾8990亩，房屋倒塌32户、136间，公路损毁30余处，灾害造成直接经济损失达1.7亿元。

8月22日　市人大常委会主任张轩到南川调研。

8月27日　李明清任中共重庆市南川区委委员、常委、书记，李殿勋不再担任中共重庆市南川区委书记、常委、委员。

8月19日　在广州举办的“第十届宋庆龄少年儿童发明奖”颁奖典礼上，区文凤中学校初三年级学生胡泽艳作品“摩托车链条简易加油装置”获得该项比赛铜奖。

8月　南川区出台《促进工业经济加快发展12条政策措施》，以促进该区工业经济发展。在未来3年时间，构建五大特色产业体系，形成300亿元工业增量。

9月2日　全市最大重竹地板企业在工业园区投产，可年产2万立方米方料，100万平方米重竹地板，是重庆市内最大的重竹地板生产企业。

9月3日　南川一中学生张润丰的科技小发明作品《刹车蹄片装卸器》在第十二届中小学NOC活动全国决赛技术发明创新赛项中荣获二等奖。

9 月 12 日　南川区治理滥办宴席专项行动动员大会召开。为积极响应群众诉求，大力倡导勤俭节约良好风尚，南川区制定了《南川区加强公职人员操办宴席管理规定》《南川区加强村（社区）党员干部操办宴席管理暂行规定》，对违规操办宴席、请客送礼、大操大办等行为进行专项治理。

9 月 15 日　金佛山首届重庆创意微电影大赛开赛。活动面向全球电影爱好者征集作品，重庆籍著名导演张一白担任此次大赛的名誉主席，角逐 1 部评委会特别大奖和 10 部优秀作品奖。

9 月 17 日　市委常委、政法委书记刘学普调研政法和平安建设情况。

9 月 23 日　金佛寺举行佛像开光法会。中国佛教协会谘议委员会委员、四川省佛教协会名誉会长、雅安云峰寺方丈清德长老，中国台湾佛光山寺第二代宗长释心定法师，中国佛教协会副会长、山西省佛教协会会长、五台山碧山寺方丈释妙江法师共同主法。

金佛寺金佛寺开光法会

9 月 25 日　区委印发《开展提升“四力”专项行动巩固发展党的群众路线教育实践活动成果实施方案》，决定从 2014 年 10 月起至 2015 年 3 月，在全区党员干部中开展提升“四力”专项行动。

9 月 28 日　南川至两江新区、九龙坡至永川、合川至长寿高速公路项目投资协议签约仪式在重庆雾都宾馆举行。

同日　新世纪百货签约入驻南川区。

9 月 30 日　中国首个烈士纪念日，区领导李明清、曹清尧等与各界代表一起，在区烈士陵园举行公祭活动。

9月　《南川区加强公职人员操办宴席管理规定》出台，公职人员本人及子女结婚、直系亲属去世、70岁及其以上的整旬寿宴等“三类”情况才能操办宴席。

9月　区内两类水果获A级绿色食品认证。

9月　“玄参GAP规范化种植技术推广应用及加工技术集成示范”项目获得科技部科技富民强县专项行动计划后续奖励项目，获得项目奖励经费180万元。

9月　入驻工业园区龙岩组团的重庆蓝视博得光学科技有限公司正式投产。该公司投资1500万元，在园区租用标准厂房3700平方米，主要生产隐形眼镜镜片、护理液。

10月11日　区委常委会审议通过《南川区机关单位科级及以下工作人员绩效考核办法（试行）》，从德、能、勤、绩、廉等方面，以工作实绩考核为重点，对工作人员以100分制进行全面量化考核，考核结果与绩效奖金挂钩。

10月13日　第一部由南川作家编剧、南川企业投资、南川本土实景拍摄的电影《深情约定》在南川上映。《深情约定》是一部励志公益电影，通过讲述到偏远山区支教女教师刘一的故事，宣扬人们匮乏的的坚强、坚韧等生活精神，反映城乡统筹过程中城乡教育资源分配不平衡等问题。片中还多处展现了生态秀丽的金佛山风光。

同日　南川区召开党的群众路线教育实践活动总结大会暨提升“四力”专项行动动员大会。

10月14日　中国科学院西双版纳热带植物园副主任、研究员曹敏，厦门大学环境与生态学院教授李振基现场核查、访谈金佛山国家级自然保护区范围和功能区调整情况。

10月16日至17日　全国国有林场帮扶工作经验交流会在区内召开。

10 月 17 日　中央纪委驻国家林业局纪检组组长、国家林业局党组成员陈述贤到区内调研，实地了解金佛山国家森林公园等地的保护、开发、效益等情况。

10 月 20 日至 23 日　中国共产党十八届四中全会召开，审议通过了《中共中央关于全面推进依法治国若干重大问题的决定》。

10 月 20 日　区政府与市农委缔结战略合作协议。双方立足南川实际，紧密合作、携手共进，共同加快农业转型升级，推进南川现代农业发展，提质建设南川国家现代农业示范区，努力打造全市特色效益农业示范区、全国休闲农业与乡村旅游示范区。

同日　四川省政协副主席、四川省工商联主席、全国政协委员陈放带领四川省工商联部分会员企业负责人到区内考察。

10 月 21 日　市政协主席接待委员日活动在区内举行。全国政协常委、市政协副主席杨天怡与来自万盛经开区、綦江区、江津区、巴南区及南川区的政协委员，就城市发展建设及大家关心的问题进行交流。

同日　德国巴伐利亚州农业局药草和调味植物工作处处长、植物种植与培育研究所博士海蒂·豪伊贝格一行到南川考察。

10 月 25 日至 26 日　2014（第六届）中国国际生态竞争力大会在山东省烟台市举办，南川荣获 2014 年中国最具生态竞争力城市。

10 月 28 日　区人民医院正式成为国家残疾儿童康复救助项目定点机构。南川及周边区县、遵义片区广大脑瘫患儿在区人民医院即可享受到和重庆主城区一样的规范化康复治疗，2015 年起，贫困脑瘫患儿可获得每年 1.2 万元的医疗救助。

10 月 29 日　区委提升“四力”专项行动领导小组召开第一次会议，审议通过区委提升“四力”专项行动工作机构方案和“南川大发展、我们怎么干”大讨论活动实施方案、提升能力素质系列专题培训实施方案、行政审批“两集中、两到位”改革试点实施方案、“为官不为、为官慢为、为官乱为”专项治理实施方案、发展和民生难点问题清单式攻坚实施方案。

全区提升“四力”专项行动动员大会

10月 全区开展市容环境综合整治百日行动，重点对车辆乱停乱放，占道经营，户外广告招牌设置，扬尘污染，餐饮油烟污水非法排放等8项内容进行整治。

10月 南川区推出“最难办事科室群众评”活动。从2014年第四季度起，每个季度从区内具有行政审批和公共服务职能部门中选出100个左右科室开展群众评议。评议得票前10位科室及主要问题在《南川日报》、党政电子办公内网公示，组织所在单位主要领导、分管领导集体谈话；对评议得票前3位的科室负责人进行诫勉谈话。12月10日至12月25日，开展了第一次评议。

11月4日 全国政协常委兼副秘书长、民革中央副主席何丕洁一行到南川调研。

11月6日 南川举办农民工专场招聘会。来自区内外12家企业入场招聘，提供就业岗位900个，现场2000余名求职者求职，办理求职登记814人，达成就业意向435人。

11月10日 重庆市委第四巡视组巡视南川区工作动员会召开，启动对南川的巡视工作。

11月11日至12日 广东省重庆商会24名企业家到南川区考察。

11月11日 南川区完成了民国时期珍贵档案的数字化管理。从2007年年初开始，区档案局启动实施民国重点档案抢救和保护工作，对区档案馆保存的民国时期重点档案 8893 卷（盒）册，采用专业档案保护技术，完成整理归档 8611 卷，裱糊修补近 30 万页，数字化扫描 76.88 万画幅，题写卷内目录题名 17.5 万条，建立了完善的数据库。

11 月 17 日 中央专项公益金支持项目——国家级示范性综合实践基地落户南川区，中央予以 3000 万元资金支持，用于基地的基本建设和设备配置。

11 月 18 日 《重庆市南川区志》举行首发仪式。《重庆市南川区志》是《南川县志》的续编，自 2007 年启动编纂工作，全志共 31 篇 143 章 475 节 180 万字，记载年限为 1986 年至 2006 年。

10 月 24 日 重庆世晟汽车零件公司南川项目开工。此次入驻工业园区龙岩组团的项目总投资 2.2 亿元，预计实现年销售产值 1.5 亿元。

世晟项目开工仪式

11 月 25 日 市政协副主席何事忠率市政协委员年终视察团第二分团视察公益文化建设和全民阅读工作。

同日 文凤煤焦化厂启动环保关停。煤焦化厂始建于 1997 年，产值 2.2 亿元，是南川区重点工业企业，主要污染物为废气、废水两大类。2009 年 10 月，该厂投入 360 万元建设了烟气脱硫治理工程，安装了在线监测系统，并与市环保局联网；2010 年 5 月，该厂又投入了 690 万元对焦化废水处理设施进行技改。但由于受工艺水平限制等种种原因，焦化厂污染问题始终没有得到根本解决。2014 年 5 月，区委、区政府决定环保关停煤焦化厂。2014 年 12 月 1 日，文凤煤焦化厂焦化炉熄火，生产了 17 年的文凤煤焦化厂正式停产关闭。

11月26日 新城区一批重点项目开工建设，包括隆化大道（龙济大道）延伸路、凤嘴江特色商业风情街、龙凤西路、金山大道延伸路、龙济一路、金川支路、金龙西路、客运西站等8个城市基础设施项目，总投资超过10亿元。

同日 南川成立10个经济社会发展工作指导组。每组分别由区人大常委会和区政协的领导任组长，就经济社会发展工作分别对全区40个经济部门和34个乡镇（街道）进行指导。

11月27日 市政协副主席、市干部接访下访群众工作督导三组包片市领导李钺锋实地了解南川信访接待情况。

11月28日 金佛山水利工程大坝两岸全面爆破。标志着市级重大项目金佛山水库进入实质性大规模建设阶段。

金佛山水利工程开启大规模建设

12月1日至2日 中共南川区委十三届五次全会召开。审议通过了《中共重庆市南川区委关于全面推进依法治区的实施意见》等。

12月2日 南川举行招商引资项目集中签约仪式，涉及工业、旅游、农业等领域15个项目，总投资176亿元。

12月3日 南川区首个视障阅览室正式开放。区图书馆视障阅览室配备有适合盲人阅读使用的盲人阅读椅，配装有盲人专用读屏软件的电脑、低视力放大阅读器、盲文电子摸读机、听读耳机等设施，书籍涉及医学、文学、历史、文化等内容。目前，南川区共有2000余名视障人士。

同日 由重庆市文化委员会、重庆市文联主办，重庆市电影家协会承办的“艺真杯”第五届重庆市电影剧本征集评选揭晓。刘先畅创作的电影剧本《金佛山》获提名奖。

12 月 5 日 国家铝镁合金及制品质量监督检验中心投用。中心是经国家质检总局批准设立在重庆的集研发检验为一体的技术权威机构，立足南川、辐射西南，面向全国开展铝镁合金及制品产品质量检验的综合型专业检测研究机构。

12 月 12 日 全市区县报研究会理事大会在区内召开。来自全市 36 家区县的社长（总编）、重庆市报刊审读专家相聚世界遗产金佛山，交流先进办报经验、共议办报良策。

12 月 18 日 第十六届重庆金佛山冰雪节开幕。相继举办雪地企鹅秀、祈福金佛寺·欢乐逛庙会、双旦（诞）礼品疯狂抢、游金佛山抽新春头彩、企鹅浪漫求婚季、迎新年篝火音乐晚会等 10 大主题活动。

同日 南川举行安坪都市工业园招商洽谈暨签约仪式，共吸引 45 家企业参加，其中 7 家企业签订正式入驻协议。

12 月 23 日 南川区“两集中、两到位”改革试点正式运行。“两集中、两到位”即部门内部行政审批职能向行政审批服务科集中，行政审批服务科向区行政服务中心大厅集中，通过审批职能归并，突破原有的审批运行体制，变“接待型窗口”为“审批服务窗口”。试点改革过程中，南川区对 33 个审批职能部门的内部审批职能进行了清理整合，共保留行政许可项目 208 项，服务类非行政许可 213 项，保留行政事业性收费项目 106 项，取消行政许可和服务类事项 178 项。至 2015 年 4 月试点完成，各试点单位累计压缩审批时限 911 个工作日，办事效率极大提高。

12 月 26 日 南川区召开区特邀监察员和政风行风监督员聘任暨“最难办事科室”评议会。15 名监察局特邀监察员和 85 名政风行风监督员正式接受聘书上任。

12 月 29 日 民革南川区总支部委员会成立。区政协副主席蒋建当选民革南川总支部主委。

12 月 30 日 首届重庆镇长年会暨重庆最美小城镇颁奖典礼举行，大观镇被评为重庆市最佳生态宜居小城镇。

12 月 重庆市土地和矿业权交易中心对位于南川区水江镇水河村的石灰石采矿权进行现场拍卖，经过一轮竞价，最终被绍兴安盛爆破工程有限公司以 360 万元价格竞得。此宗采矿权公开拍卖是南川区首例。

2014 年，一般公共预算收入达到 18.37 亿元、增长 8.4%，税收 10.32 亿元、增长 12.2%。完成工业增加值 46.9 亿元，增长 5.1%。实现社零总额 90.81 亿元、增长 13.4%。城乡居民收入分别增长 9.6%、11.8%。实现旅游综合收入 42.5 亿元、增长 17%。

2015 年

1 月 5 日　南川区新增 7 家星级农家乐。

1 月 9 日　南川再添 5 个市级高新技术产品。全区共有 16 个市级高新技术产品。

1 月 12 日　副市长谭家玲到南川考察。

同日　全市部分区县政法稳定工作座谈会在区内召开。

1 月 16 日　新世纪百货南川商都开业。系南川首个大型的中高端综合性百货商店。

同日　区政府与市城乡建委签署战略合作协议，标志着重庆市建筑产业现代化产业园项目落户南川区。

同日　在第十四届西部（重庆）国际农产品交易会上，南川区与 3 家企业现场签订投资协议，总投资达 3. 5 亿元。

1 月 18 日　黎香湖获批建国家湿地公园。黎香湖以国家湿地标准展开保护恢复以及生态旅游等工作。

同日　由区质量技术监督局和区农委共同发布“南川鸡”统一地方标准，“南川鸡”选育、饲养和繁殖走向标准化。

1 月 30 日　区委召开第 85 次常委会，研究部署全年重点项目建设投资计划和民生实事项目。年内，全区安排重点项目六大类 70 个，年度投资计划 134 亿元。其中工业化项目 15 个、旅游类项目 11 个、城镇化项目 13 个、商贸类项目 7 个、农业现代化项目 5 个、基础设施建设项目 19 个。

1 月 区政府下发《关于开展机关事业单位“吃空饷”问题集中治理工作的通知》。要求1月起在全区范围内深入推进机关事业单位“吃空饷”问题集中治理工作。单位和个人的“吃空饷”行为将受到严格清查。

2 月 2 日 市委常委、市纪委书记徐松南赴南川检查落实党风廉政建设“两个责任”工作。

2 月 3 日至 6 日 区政协十三届四次会议召开。

2 月 4 日至 7 日 区第十六届人民代表大会第五次会议召开。

2 月 9 日 在重庆市政府公布的《重庆市重点保护野生植物名录（第一批）》中，金佛山升麻、木菠萝、树枫杜鹃、阔柄杜鹃、金佛山兰5种野生植物被成功录入其中，成为重点保护对象。

2 月 11 日 南川区举行春季招聘会。吸引区内区外100家企业进场，各企业共计提供岗位12000个，有2280人现场达成就业意向性协议，为760余名创业人员提供政策咨询和项目推介。

2 月 13 日 南川区举办“走进金佛山·点赞世遗美”南川籍在读大学生助力金佛山旅游活动。本次活动共分为“微笑南川·服务旅游”青年旅游志愿服务、“走进金佛山·点赞世遗美”大学生集中体验微宣传、“南川学子齐相聚·共话家乡旅游情”大学生旅游宣传志愿者交流座谈三项内容。

2 月 25 日 市政府副市长吴刚深入市药物种植研究所调研。

2 月 26 日 区委、区政府召开重点项目建设突破年动员大会。对2015年全区重点项目建设突破年各项任务进行全面部署，并签订目标责任书。

同日 南川区实施国家第五期超级杂交水稻高产攻关片建设，在东城街道三秀社区，建立110亩目标水稻产量为每亩900公斤的高产攻关片。

2 月 27 日 木凉乡撤乡设镇干部大会召开，会上正式宣布撤销木凉乡，设立木凉镇，以原木凉乡的行政区域为木凉镇的行政区域，木凉镇人民政府驻玉岩铺村12社。

2 月 28 日　金佛山景区荣膺“全国文明旅游景区”。这是金佛山继世界自然遗产、国家 AAAAA 级旅游景区、国家级风景名胜区、国家森林公园、国家级自然保护区、国家自然遗产、全国科普教育基地“七顶国家级桂冠”后获得的又一殊荣。

3 月 4 日　市纪委副书记、市监察局局长李维超检查南川区落实党风廉政建设“两个责任”及反腐败工作情况。

3 月 6 日　浙江省丽水市云和县委书记张建明带领考察团考察城市建设管理等工作。

3 月 9 日　位于工业园区水江组团的重庆科瑞东和制药有限责任公司技改扩能项目主厂房土建工程正式启动。

3 月 14 日　东城街道高桥村荣获第四届全国“文明村镇”称号。

3 月 16 日　2015 年春耕春播现场会在大观镇铁桥村举行。全区年内继续推进粮食生产机械化作业，机耕面积将达 90000 公顷，机插秧推广面积达 6666.67 公顷，机收面积达 12666.67 公顷。

3 月 18 日　区委全面深化改革领导小组召开第二次全体会议。会议审议了《南川区土地一级整治 PPP 投融资改革试行办法》《南川区深化科技体制改革实施方案》《南川区深化文化体制改革实施方案》等专项改革方案。

3 月 19 日　市委宣传部常务副部长、市委外宣办主任（市政府新闻办主任）、市网信办主任周波到区内调研宣传思想文化工作。

3 月　区公证处荣获全国巾帼文明岗。

3 月　南川新增规上工业企业 42 家。重庆明高机械制造有限公司等 42 家工业企业成功升入年产值 2000 万元以上的规模企业，全区新增规上工业企业数量较 2013 年翻了近一番。至此，全区规上企业总量达 89 家。升规的 42 家企业中，存量企业 37 家，新建投产企业 5 家；位于工业园区的 26 家，约占升规总数的 62%，龙岩组团 11 家，水江组团 4 家，南平组团 11 家；位于乡镇（街道）16家。

3月 南川区土规中期修改方案获得市政府批准，全区建设项目用地布局需求得到有效保障。

3月 位于工业园区南平组团的上泽机电工厂生产的大型设备制造产品走出国门，销往泰国、埃塞俄比亚等国家。

4月1日 南川区启动“春夏攻势”打击整治专项行动。集中开展“三打五治”行动，包括打击盗、扒、骗，整治枪爆危、出租屋、治安乱点、涉众型经济犯罪、黄赌毒。

同日 《南川区岩溶地区石漠化综合治理工程实施规划（2015—2020年）》获市发改委批复，规划总投资6431.3万元，涉及5个乡镇（街道）19个村（居）委，治理石漠化面积100.3平方公里。

同日 南川城区气温一路攀升至35.1℃。

4月2日 凌晨5点，南川区内出现雷雨伴6级大风天气，风速最高达10米/秒，风力达6级。南城、鸣玉、民主等部分地区受大风及雷电影响，出现不同程度灾情，损失超过400万元。

4月3日 全国人大常委会委员、全国人大农业与农村委员会副主任委员陈光国到南川开展《中华人民共和国农民专业合作社法》修法调研。

4月4日 天空出现21世纪最短月全食，持续时间仅12分钟。

4月13日 南川区荣获第三批“全国法治区县创建活动先进单位”。该活动每两年评比表彰一次，南川区第二次获此殊荣。

4月14日 水利部水土保持司司长刘震调研南川坡耕地水土流失综合治理项目。

同日 南川区启动“千家倡廉”活动。区纪委向全区党员领导干部家属发出“千家倡廉”倡议书，倡议大家以德治家，以廉保家，从我做起建设廉政家庭、倡扬廉政新风。

4 月 18 日　第六届金佛山旅游文化节暨搜狐车友营启动。

同日　23 时左右，德隆、头渡、金山、古花等南部山区乡镇遭受冰雹袭击，导致 6000 余户、13400 余人受灾，无人员伤亡。

4 月 20 日　市人大常委会委员、市人大内司委主任委员李元鹤带领调研组一行对法院行政审判工作进行调研。

4 月 21 日　恒安戴斯大酒店获评五叶级中国绿色饭店。

4 月 23 日　国家林业局林改司司长刘拓调研南川区深化集体林权制度改革工作。

4 月 23 日　水利部督导检查金佛山水利工程建设。

4 月 25 日　国家安监总局副局长孙华山率队到南川，检查煤矿安全工作和“遏制煤矿重特大事故攻坚战”进展情况。

同日　南川区启动新一轮扶贫开发工作，年内实施 10 个建档立卡贫困村整村扶贫。10 个贫困村包括山王坪镇庙坝村、铁村乡锅厂村、庆元乡汇龙村、古花乡天水村、合溪镇风门村、中桥乡普陀村、骑龙乡道角村、民主乡朝龙村、河图乡长坪村、石溪乡五星村。

4 月　中共中央办公厅印发《关于在县处级以上领导干部中开展“三严三实”专题教育方案》。

4 月　《重庆市南川区国有项目安置小区规范管理暂行办法》正式实施。全区安置小区将逐步实现建管分离、达标移交、尊重历史、平稳过渡、业主自治管理，形成齐抓共管、各负其责的管理模式，确保群众诉求及时解决，合法权益得到保障。

5 月 5 日　区人大常委会启动对区政府水污染防治工作情况专题询问，这是区人大常委会举行的首次专题询问。

同日　南城蔬菜基地获千万投入。将利用世界银行贷款 1081 万元投入万亩高山蔬菜基地基础设施建设，为农业项目可持续发展提供支撑。

5月7日 南川区小微科技企业创业孵化器投用。将为符合条件的创业者免费提供办公场所，并有专人联系提供咨询和服务。入驻地点为商会大厦，免费入驻时间为2年。

同日 覃于忠任中共重庆市南川区委委员、常委，廖德生不再担任中共重庆市南川区委常委、委员职务。

5月9日 南川城区上空出现罕见日晕。

5月12日 全区“三严三实”专题教育正式启动。区委书记李明清以“从严从实开展‘三严三实’专题教育，深入推进全面从严治党”为题，为全区党员干部讲了一堂专题教育党课。

5月13日 区委书记李明清、区长曹清尧率党政代表团赴深圳，对接正威国际集团拟在南川投资项目。正威国际集团董事局主席王文银会见党政代表团一行，并就正威集团布局南川项目进行深入洽谈。

2015年5月，南川区区领导考察深圳正威国际集团

5月14日 首届全国职业教育活动周重庆市启动仪式在南举行。副市长吴刚出席启动仪式并为活动揭幕。

5月15日 四川省重庆商会南川分会举行成立大会。李明清应邀在四川省重庆商会南川分会成立大会上致辞。

5月18日 南川区举行2015年招商引资项目集中签约仪式，签约项目22个，总投资307.8亿元。

5月20日 国家工商总局推进非公党建工作领导小组副组长、个体司副司长兼非公党建办副主任韩旭调研南川区非公党建工作。

同日 重庆市文艺界“种植艺术 助力南川”系列活动启动。来自市摄影家协会、音乐家协会、舞蹈家协会、曲艺家协会的文艺志愿者们走进南川，开展蹲点采风、培训辅导、结对帮扶等志愿服务工作。

同日 区公安局交巡警支队车辆管理所成功创建区县一等车管所。

5 月 23 日 南川区与世界中联养生专业委员会签署合作协议，在中医药养生领域开展合作。

5 月 24 日 中国健身名山登山赛在金佛山举行。吸引了全国各地 1098 名登山爱好者参加。在登山赛开幕式上，金佛山被中国风景名胜区协会和国家体育总局中国登山协会授予“中国健身名山”称号。

5 月 25 日 民主乡狮子农民新村、骑龙乡杨梅农民新村、白沙镇井泉农民新村被纳入 2015 年度“重庆市级农民新村示范点”。至此，区已有大观镇“大观人家”、南平天马村、木凉玉岩铺村、山王坪龙泉村、山王坪庙坝村、古花天池村、大有石良村等 10 个村庄获得这一称号。

5 月 26 日 “全国网络媒体总编看南川”举行媒体见面会。此次活动由中国广播网、环球网、华龙网等 40 余家全国网络媒体总编走进金佛山，实地领略世界自然遗产、国家 AAAAA 级景区的秀美风光、历史文化，并在网络媒体平台宣传金佛山、推介金佛山、展示金佛山。

5 月 27 日 南川区出台《南川区机关事业单位工作人员考勤管理若干规定（试行）》，加强机关事业单位管理。《规定》明确，日常考勤情况与本人平时考核、年度考核及绩效考核挂钩。

5 月 29 日 市政府副市长谭家玲会见力勤集团董事长闻健明，就山王坪旅游综合开发项目进行了交流座谈。

同日 南川区在第十八届渝洽会上签订 7 个项目，引资 250 亿元。

6 月 1 日 区委、区政府召开专题会议，专题研究中医药科技产业园规划及产业发展。会议指出，要加快规划建设中医药科技产业园，努力把中医药产业培育发展成为南川新兴战略性支柱产业。

6月2日 区规委会召开第57次会议。会议审查了《重庆市南川区水江镇总体规划（2015—2030)、重庆市南川区工业园区水江组团控制性详细规划》《南川区南大街延伸路规划方案设计》《南川区龙岩河片区详细城市设计》《重庆市南川区鸣玉镇总体规划（2011—2030)》《南川区长和星街规划设计方案》等事宜。

6月8日 作为全国五十个试点单位之一，南川区启动人民陪审员制度改革试点。

同日 重庆三不加食品有限公司、重庆特珍食品有限公司成功入选重庆农产品加工业百强。

三不加食品有限公司酿造车间

同日 太平场镇三星村青龙湾发现一条长72厘米的野生娃娃鱼。交由区渔政执法大队运送到指定的专业养殖场放养。

6月10日 南两高速公路开工。南川至两江新区高速公路项目是重庆市高速公路网规划中第五联线“潼南—合川—两江新区—南川—道真”中的重要路段，路线经过南川、涪陵、巴南、渝北四区，全长74.6公里。设计车速80公里/小时，项目总投资108.152亿元，预计工期为4年。

6月11日至12日 《金佛山风景名胜区总体规划》修编纲要评审会召开。会议审议并原则通过金佛山风景名胜区总体规划》修编纲要。

6月13日 下午14时41分，金佛山水利工程大坝左岸山体崩塌，崩塌量约6万立方米。1人受伤、4人失踪。

6月15日 区政府第83次常务会议审议通过《南川区城市道路临时占道停车管理办法》，决定对城区临时占道停车进行分类收费管理。

6月24日 金佛山岩溶与洞穴监测试验站挂牌成立。该站的成立将进一步挖掘金佛山喀斯特自然遗产地的科学价值，提升其调查与研究、管理与开发、监测和保护的水平。

6 月 25 日　全区土地和房屋征收攻坚行动动员大会召开。

同日　南川区正式启动职工互助保障制度。

6 月 25 日　天使慈善医疗救助基金成立仪式在区人民医院举行。该基金由区慈善会实行专户存储、专账管理、专人负责。从 2015 年起到 2019 年，区人民医院每年向该基金捐款 100 万元，定向救助在该院治疗的贫困“重性精神疾病患者”和“肾病血液透析患者”。

6 月　金佛山国家自然保护区管理局运用科考摄像头监测手段首次拍到黑叶猴的活动轨迹。

6 月　东城社区卫生服务中心、鸣玉镇中心卫生院等 7 家医疗服务单位率先与辖区居民签订医疗服务协议，5 万居民有了“家庭医生”。

7 月 2 日　南川区 2015 年房地产展示交易会开幕。房交会持续至 7 月 6 日，共有 19 家开发商、15 家建材企业、3 家中介机构进场。期间，区政府出台返还有关税费的优惠政策，银行出台贷款优惠措施，房地产商推出优惠价格。

7 月 8 日　区规委会召开第 58 次会议。会议审查了《南川区凤江晓月项目方案设计》《南川区城市总体规划 2012 年修改片区控制性详细规划》F2～17～1/01 地块控规修改方案、《南川区仙龙塘片区改造工程方案设计》《重庆市南川区天星片区控制性详细规划修改》《重庆市南川区新农村通用图集》等事宜。

7 月 10 日　区委、区政府主持召开了全区扶贫攻坚工作会，南川区扶贫攻坚工作正式启动。按照新的识别标准，南川区有 40 个贫困村、1.28 万户贫困户、4.25 万个贫困人口，分别占行政村总数、农村住户总数、农村人口总数的 21.6%、8.5%、8.6%。2015 年内将实现 20 个贫困村“销号”、

南川区扶贫攻坚工作正式启动

21500名贫困人口“越线”的目标。从2000年到2013年，南川区已累计投入各类扶贫资金4.848亿元，农村贫困人口占农业人口的比重由22.4%下降到7.9%，30个贫困村，12.8万贫困群众实现脱贫。

7月14日 为打赢扶贫脱贫攻坚战，区委决定选派40名优秀年轻干部担任贫困村党委（总支、支部）第一书记，入驻贫困村，扎实开展扶贫工作，帮助困难群众增收致富。

7月14日 南川区2015年城区小升初电脑派位工作正式启动。2435名城区小学应届毕业生成功派位到南川中学、道南中学、书院中学三所城区初中。根据国家义务教育阶段学校招生政策，2015年起南川区小学招生依据“三对口”原则（即学龄儿童与父母的户口、房产证和实际居住地一致），实行就近划片免试入学；农村初中实行免试就近入学，城区初中在免试基础上实行多校划片、电脑派位招生。

7月20日 金佛方舟露营公园开园。公园位于三泉镇观音岩村，是区内首个以露营为主的主题公园。

同日 全市森林火灾应急演练在南川区举行，直升机、无人机、灭火炮等亮相。

7月21日 国家森林防火指挥部专职副总指挥杜永胜到区，察看防火安全举措落实情况，调研区内森林防火工作。

7月25日 古花乡、德隆乡、大有镇遭受风雹灾害，8000余人受灾，直接经济损失621.8万元。

7月28日 重庆市庆祝“八一”建军节暨双拥模范城（县）命名表彰

大会在市委礼堂召开。会上，南川区接受市委、市政府对市级双拥模范城的授牌、命名，连续六届荣获市级双拥模范城称号。

7 月 29 日 南川区获批国家生态保护与建设示范区。国家将优先在示范区内安排专项资金，实施相关政策，推动各项示范建设任务的落实。

7 月 30 日 市委常委、统战部部长宋爱荣到南川调研。

7 月 区政府与建设银行重庆分行合作，推出“助保贷”业务。区政府出资 1000 万元作为铺底资金后，建设银行南川支行将为辖区小微企业提供 1 亿元贷款资金。

7 月 南川区被纳入全市首批建卡贫困户大病医疗补充保险试点区县，全区 33640 名建卡贫困户参保受益。

8 月 1 日 重庆市药物种植研究所被正式确定为全国中医药文化宣传教育基地。

8 月 4 日 金佛山粮油（集团）有限公司成立。集团公司主要从事粮油收购、加工、销售，年产精米加工能力达 10 万吨，目标预计年加工精米 8 万吨，实现产值 5.5 亿元。

同日 区扶贫办、区财政局安排下达年内第一批贫困村资金计划，安排资金 3000 万元，用于长坪村、山水村、锅厂村、庙坝村、会峰村、普陀村、五星村等 20 个贫困村项目建设，每个村安排资金 150 万元。资金 50% 用于该村产业发展，50% 用于基础设施建设和贫困户搬迁。

8 月 10 日 广东省重庆南川商会召开成立大会。该商会由南川籍在粤企业家自愿发起，目前有 50 余家会员单位，主要涉及投资管理、皮革、家具、服装等行业。

8 月 10 日 中国工程院院士、湖南省政协副主席、国家杂交水稻工程技术中心主任袁隆平到南川，实地考察第五期超级杂交稻百亩片高产攻关项目。国家杂交水稻工程技术中心在全国布局 30 多个高产攻关片，南川区作为重庆市唯一的示范片，首次承担超级杂交稻高产攻关任务。9月15日，攻关片“超优千号”品种由市农委组织专家测产验收，最高亩产1006.7公斤，加权平均亩产为950.5公斤，创全市单季水稻亩产新高。

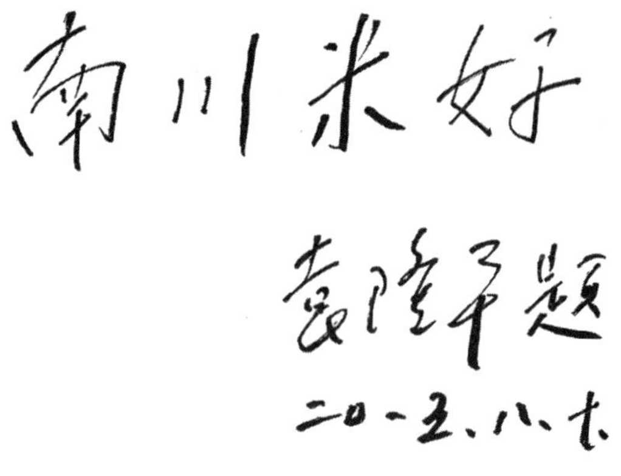

袁隆平为“南川米”题词

8月12日 水江组团园区大道全面开挖。该道路位于水江镇兴盛社区和大燕社区，贯穿水江整个工业园区。水江大道共分为三个标段，起于渝湘高速水江下匝道口旁，全长约3公里、宽40米，为SMA沥青砼路面，设计道路等级为城市主干道二级。修好后可承载水江组团所有企业的物流运输。

8月18日 南川区启动电力通信扶贫。两年将斥资2000万元对40个贫困村进行电力改造升级。

8月21日 市人大常委会“主任接待日”在南川举行。

8月25日 全区42533户建卡贫困户享受农村扶贫小额保险扶持政策，农村扶贫小额保险实现全覆盖。

8月26日 鸿庆达首批电石产品出炉。鸿庆达项目是工业的“一号工程”，主要建设内容包括热电联产装置、煤炭气化装置、电石乙炔装置、PVC～O系列新型材料装置（包括PVC～O管材、CPVC树脂、粉塑材料及配套烧碱装置）、石灰氮装置、LNG清洁能源装置。

8月 科考专家在金佛洞发现60多米厚的古河流沉积物，其厚度在世界科考界罕见。

8月 南川区出台《关于大力发展中医药产业的意见》，从技术创新、精深加工、物流配送、健康养生等方面，扶持中医药产业规模化、集群化、国际化发展。

8 月 南川区注册商标达 1400 余件。上半年，新增注册商标 136 件，总量达 1456 件。其中重庆市著名商标 16 件，中国地理标志证明商标 12 件。成功注册“金佛山”商标 106 件、“大观生态园”商标 65 件。

8 月 重庆市科委评审命名 42 家重庆市农业科技专家大院，区内铁桥农机专业合作社的“重庆市南川优质粮油科技专家大院”和乾丰茶业有限责任公司的“重庆市南川茶叶科技专家大院”获得命名。

9 月 7 日 区政府召开第 89 次常务会议。审议了《南川区扶贫攻坚项目实施及资金管理办法（送审稿）》《南川区选派干部为企业服务活动实施方案（送审稿）》等事宜。

9 月 9 日 金佛山荣获重庆日报报业集团评选的“重庆十佳避暑休闲目的地”称号。

9 月 15 日 南川区 3174 名高校生获助学贷款。

9 月 21 日 正威国际集团决定在南川区投资建设正威南川电子信息产业园项目。项目总投资 200 亿元，分两期实施，一期项目为精铜加工及线缆系列；二期项目为电子信息项目，包含精密铜箔、高级覆铜板等。项目建成达产后，预计实现年销售收入 400 亿元以上。一期项目将于年内实质开工建设，预计 18 个月内建成投产。

同日 正威国际集团董事局主席王文银获颁“南川区高级经济顾问”聘书。

南川区第一届全民健身运动会开幕式

9 月 23 日 南川区第一届全民健身运动会开幕。运动会将持续至 28 日，设置 12 个单项竞赛项目，全区 8 大系统、34 个乡镇（街道）共42个代表团的1500多名运动员参加运动会。

9月25日至28日　区长曹清尧率代表团赴台湾，举办南川区旅游产业说明会，对接旅游联盟，推介金佛山旅游。

9月28日　重庆市慈善总会志愿者南川区大队成立，主要开展助老扶弱、扶贫济困、社会公益等传统志愿服务项目，并积极拓展科普宣传、医疗义诊、文体活动等慈善志愿服务新形式。

9月30日　区政府与猪八戒网缔结战略合作协议。双方将依托猪八戒网的平台优势和大数据资源，合作建立“大众创业、万众创新”的基础性支撑平台，携手推进“猪八戒网+南川”建设，促进互联网与南川各行各业深度融合发展，打造“互联网+南川”模式，实现双方共赢发展。

9月　南川发现富硒土地面积1364平方千米。占全区面积的52.4%，其相对值和绝对值位重庆市前列。土壤硒平均含量是全国的2.5倍。

9月　区委下发《关于贫困村便民服务中心基础设施建设集中整顿的通知》，将贫困村便民服务中心建设项目纳入贫困村基础设施建设内容，全区40个贫困村便民服务中心整顿工作逐步启动。

10月1日　南川区正式对登记的各类企业和农民专业合作社实行“三证合一、一照一码”登记模式。凡申请设立、变更登记及换发营业执照的企业，由工商部门颁发“一照一码”营业执照。

10月12日至20日　水利部重大水利工程稽查组稽查金佛山水利工程。

10月14日　南川区建立社会救助联席会议制度，主要职责为研究拟订贯彻执行上级社会救助制度政策的实施意见，完善社会救助体制机制等。

10月16日　区委常委会会议审议全区招商引资目标考核、扶贫攻坚工作考核等相关事项。

10月18日　南川海宁皮草城开业，标志着浙商国际商贸博览城正式开街。

10 月 21 日 国家林业局副局长刘东生先后前往山王坪、乐村林场调研。

10 月 22 日 中铁二院重庆公司总经理李正川考察渝怀高铁走向，现场踏勘高铁南川站选址。

10 月 23 日 区政府与对外建设集团缔结合作协议。双方将本着平等互利、诚实守信、合作共赢的原则，共同加快推进项目建设，实现双方共赢发展。

同日 南川区启动城区交通秩序百日整治，重点解决城区车辆乱停乱放、货车及机动三轮车违法入城、不按规定车道行驶、占用交叉路口车道停车、占用公交站点停车等突出问题。

10 月 26 日至 29 日 中国共产党第十八届五中全会召开。全会决定全面实施一对夫妇可生育两个孩子政策。

10 月 29 日 山王坪喀斯特国家生态公园获评“中国森林氧吧”。

同日 区政府设立南川区科学技术奖，奖励在科学技术活动中作出贡献的个人和组织，最高奖励 30 万元。

10 月 30 日 全区创新驱动发展大会召开。

10 月 工业园区庆岩基地，新落地的友德、竞锋三轮摩托、清宇三家企业投产。至 8 月，基地内企业实现投资 1.3 亿元。

10 月 南川区出台《扶贫攻坚项目实施及资金管理办法》。进一步加强扶贫攻坚项目实施和资金拨付各个环节管理，推进基础设施项目实施。

11 月 2 日 “南川鸡”荣获“2015 年最受消费者喜爱中国农产品区域公用品牌”称号，2009 年，“南川鸡”经农业部批准，获国家农产品地理保护标志。2010 年，“南川鸡”“南川鸡蛋”注册为地理标志证明商标，2012 年，“南川鸡”荣获“2012 年最具影响力中国农产品区域公用品牌”，2014 年，全区中国农产品区域公用品牌价值评估品牌价格 3.27 亿元。

同日 市政协副主席李钺锋到南川开展“主席接待委员日”活动。

11月3日 南川区出台《南川区专利资助奖励办法》，明确规定企业向国外申请的发明专利将资助2000元/件，获得授权后，最高可再获奖励4万元。

同日 南川区正式撤销铁村乡、设立楠竹山镇，撤销石溪乡、设立石溪镇。各镇原有的行政区划不变。

同日 南川确定大观镇金龙村等12个区域（单位）为区内首批文艺创作基地。

11月5日 市委政法委常务副书记、综治办主任袁勤华率督查组就政法综治“三基”建设等重点工作开展督查。

11月11日 金佛山国家森林公园总体规划获批。规划建设期限为8年。园内规划建设项目包括景点景区建设、植被与森林景观建设、生态文化建设、森林游憩项目建设、基础设施建设、保育建设、防灾及预警系统建设等。

同日 首架警用无人机投入使用。可广泛应用于执法现场取证、大型活动安保、自然灾害抢险救援、森林防火等工作，标志着区内公安工作进入“空地一体”的信息化时代。

同日 全国政协副主席、民革中央常务副主席齐续春率全国政协委员视察团开展特殊教育发展和管理工作情况监督视察。此次视察团是受国务院办公厅委托，重点了解全国各地落实教育大纲以及特殊教育改革的情况。

11月17日 市科委公布2015年首批“重庆市众创空间”授牌名单，区内DNA+众创空间、小青蛙众创空间、1+1>2众创空间三家上榜。

11月18日 南道高速控制性工程花天河大桥左幅中跨合拢段顺利完成砼浇筑，至此花天河大桥全桥主体结构全部完成。

11月24日 南川区试点食品安全责任保险。在学校食堂、企事业机关单位食堂、大型连锁超市、餐饮企业等重点行业、领域创新开发食品安全责任保险产品，探索食品安全责任保险推广模式，形成初具规模的食品安全责任保险市场。

11 月 26 日 交通换乘枢纽工程一期主体竣工。

11 月 27 日至 28 日 中央扶贫工作会议在北京召开，会议提出未来 5 年要消除最后的 7017 万贫困人口，确保到 2020 年所有贫困地区和贫困人口一道迈入全面小康社会。

同日 金佛山水利工程成功实现下河截流，标志着金佛山水利工程大坝主体工程正式进入施工阶段。

11 月 30 日 南商集团旗下的机器人科技有限公司，完成了首个自主研发机械臂的测试。

11 月 区政府印发《关于加快推进养老服务业发展的意见》。提出力争把南川区打造为市级健康养老养生产业基地。

11 月 区政府出台进一步加强城市管理工作意见。以创建国家卫生城市和文明城市为契机，以城市管理精细化为标准，深入推进城市管理体制机制改革，促进城市功能不断完善和城市环境持续改善，努力实现“街面整洁、立面清爽、地下通畅、空气清新”，至 2017 年建成国家卫生城市。

11 月 金佛山首次发现野生红豆杉种群。树干周长最小 30 厘米，最大近 1 米。

11 月 长坪村引进金丝楠木产业。该项目落户长坪村 5 社，计划总投资 800 万元，流转土地 500 亩，种植金丝楠木 350 亩、优质水果 80 亩，培植花木盆景 70 亩。

11 月 重庆市环保局下发《关于命名新陆村等 329 个村（社区）为重庆市生态村（社区）的通知》，南川区东城街道高桥村等 24 个村（社区）被市环保局授予“重庆市生态村（社区）”称号。南川区已有 39 个村获得重庆市生态村命名。

11 月 重庆市委教育工委、市教委通报了第五批重庆市依法治校示范校，全市共有 65 所学校被授予这一称号。南川区隆化一小、福寿乡中心校、南川三中 3 所学校榜上有名。

12 月 1 日 南川区试点推行城市道路停车智能管理系统，城区停车收费逐步智能化。

12 月 3 日 南川区与农发行重庆市分行签订战略合作协议，共同推进全区经济社会发展，特别是扶贫、水利、农村公路、棚户区改造、园区基础设施等项目建设。

12 月 4 日 全区启动扶贫攻坚劳动竞赛。竞赛以全面实现“区摘帽、村撤号、人越线”为目标，至 2016 年年底，摘掉市级贫困帽子，40 个贫困村整体脱贫，4.25 万贫困人口越过贫困标准线。竞赛时间持续至 2016 年 5 月。

12 月 8 日至 10 日 市卫生计生委组织评审专家组，按照卫生部《三级综合医院评审标准（2011 年版）》和《三级综合医院评审标准实施细则（2011 年版）》，对区人民医院开展了三级甲等综合医院评审工作。经专家组现场评审和复核，南川区人民医院评审结果为合格。

12 月 14 日 韩国 Foamtech Global 公司社长朴锺永到南川考察。

12 月 18 日 中共重庆市南川区委十三届六次全会召开。审议通过了《中共重庆市南川区委关于南川区国民经济和社会发展第十三个五年规划的建议》。

12 月 20 日 重庆市冬季冰雪旅游启动仪式暨第十七届金佛山冰雪节开幕式举行。活动持续至 2016 年 3 月 10 日。

12 月 24 日 区委常委会召开“三严三实”专题民主生活会。区委常委会班子及成员紧扣主题，聚焦对党忠诚、干净干事、敢于担当、真抓实干，突出政治纪律和政治规矩，紧密联系班子建设和个人思想、工作、作风实际，深入查找剖析“不严不实”问题，开展批评与自我批评。会议通报区委常委会 2014 年度民主生活会整改落实情况，讨论通过了《区委常委会“三严三实”专题民主生活会整改方案》。

12 月 28 日 正威南川电子信息产业园项目开工。项目总投资 200 亿元，分两期建设，一期投资为精铜加工及线缆系列；二期项目为电子信息项目，包含精密铜箔、高级覆铜板等。项目建成投产后，将成为中国西部最大的精铜生产基地，对南川乃至重庆产业升级产生积极而深远的影响。

12 月 民主乡文福村成功创建为全国综合减灾示范社区。文福村辖区面积 15. 6 平方公里，现辖 20 个村民小组，有村民 1943 户、5325 人，耕地总面积 4883 亩。全村有共产党员 156 名，志愿者队伍 8 支。此前，文福村已经创建全市减灾示范社区。自 2012 年开展防灾减灾创建工作以来，全村没有发生一起因灾造成的重大事故。

2015 年，全区 GDP 达到 186. 3 亿元、增长 10. 7%；实现一般公共预算收入 20. 4 亿元、增长 11. 1%；完成固定资产投资 171. 7 亿元、增长 18. 3%；规上工业产值达到 157. 2 亿元、增长 15%；社会消费品零售总额突破 100 亿元、增长 13. 6%；城乡居民收入分别增长 8. 2%、10. 6%。居民个人存款余额超过 160 亿元，一年净增 19. 2 亿元。

2016年

1月5日 “南川旅游新高地”全球创意征集大赛新闻发布会举行，设立15万元奖金，向全球网友征集南川旅游宣传语、标志和金佛山自驾游主题曲。

1月7日 全区乡镇（街道）党（工）委书记落实全面从严治党责任述职评议会召开。

1月11日 重庆市验收组到南川检查验收2015年脱贫攻坚工作。2015年，南川区20个贫困村贫困发生率由12.6%降至0.84%，达到“建八有”“解八难”标准，实现脱贫销号；7020户贫困户、23647名贫困人口稳定越过脱贫标准线，分别占贫困户、贫困人口总数的54.8%、55.6%，圆满完成2015年度目标任务。

1月12日 南川启动门楼号牌集中清理整顿。按照“规范化编号、标准化设置、信息化管理”的要求，全面厘清占有辖区道路街巷、行政村组底数，及时规范命名；对未设置门楼牌、因地名调整变更、缺失或损坏门楼牌的房屋建筑，按照规定统一规范编制；建立门楼号牌管理信息系统，实现数据自动统计等。

1月15日 南川电子商务产业园渝南快递物流园落户。入驻区内外多家快递物流企业，形成物流集群，支撑电商产业发展，并辐射带动渝南黔北物流行业，打造区域物流中心。依托园区整合区内分散的电商产业，打造全区集中的电子商务发展中心，推动全区电商产业的发展。

1月18日 全国机器人创新发展高峰论坛在南川举行。区长曹清尧出席论坛并致辞。来自全国各地的机器人行业首席专家、行业领军人才及代表就机器人创新发展、行业趋势、产业研究、集成应用等作主旨报告和交流探讨。

同日 重庆市副市长刘伟到南川检查党风廉政建设工作。

1月20日 南川启动全国健康促进县（区）试点。全面开展健康社区（健康村）、健康家庭、健康促进医院、健康促进学校、健康促进机关、健康促进企业等健康促进场所建设，充分发挥其示范和辐射作用，提高场所内人群的健康素养水平。

同日 区委常委会召开会议，听取区人大常委会、区政府、区政协、区法院、区检察院党组工作汇报。

1月23日 区内出现低温雨雪天气，全区普降大到暴雪，1月23日02时至1月24日05时降雪量12.8毫米，城区最大积雪深度11厘米。此次降雪是南川区有气象纪录以来最大的一次。

1月26日 德隆镇、民主镇和福寿镇分别召开党员干部大会，正式宣布撤乡设镇。此次撤乡设镇，以原德隆乡的行政区域为德隆镇的行政区域，以原民主乡的行政区域为民主镇的行政区域，以原福寿乡的行政区域为福寿镇的行政区域。

1月 在第二届中国最具价值文化（遗产）旅游目的地评定会上，金佛山——神龙峡景区被评为“2015第二届中国最具价值文化（遗产）旅游目的地”。

1月 南川区白寨秋辣椒股份合作社申报的辣椒、豇豆，和点润蔬果种植家庭农场申报的丝瓜、芹菜等4个产品，经生产基地环境质量监测和产品抽样检测，达到无公害农产品标准，质量控制措施符合无公害农产品生产条件要求，被全国农产品质量安全中心认证为无公害农产品。

1月 南川区启动实施“科技特派员帮扶贫困村”计划，24名市级科技特派员对接全区24个贫困村，进行“一对一”帮扶。

2月1日至3日 南川区政协第十三届委员会第五次会议召开。简支全当选政协南川区第十三届委员会主席。

2月2日至4日 南川区第十六届人民代表大会第六次会议召开。康纪强当选南川区十六届人大常委会主任。

2月18日 全区规划储备产业扶贫项目241个，总投资4.9亿元，涉及贫困村的产业项目94个，投资额1.4亿元，达到扶贫产业区域全覆盖。

2月25日 区人民法院成立重庆市首个“小额诉讼速裁合议庭”，专门负责小额诉讼案件的速裁工作。小额诉讼案件实行快立、快审、快结，案件流转周期短，实行“一审终审”，可以较大限度地减轻当事人诉讼的时间成本。

同日 科技部公布第二批国家级众创空间名单，南川区的小青蛙众创空间榜上有名，成为区孵化管理体系中的首家“国”字号民营孵化平台。小青蛙众创空间创建于2015年6月，同年10月获得“重庆市市级众创空间”称号。2015年，南川区共获得重庆市众创空间授牌4个，即创生生物科技集团有限公司创建的DNA+众创空间、鹏度科技企业孵化器有限公司创建的1+1>2众创空间、药物种植研究所创建的康泽众创空间、重庆绿安电子商务有限公司创建的小青蛙众创空间。

2月 中共中央办公厅发出通知，在全体党员中开展“学党章党规、学系列讲话，做合格党员”学习教育。

2月 南川区入列首批“国家全域旅游示范区”创建单位。全国包括重庆市渝中区、大足区、南川区、万盛区、巫山县在内的262个市县成为首批“国家全域旅游示范区”创建单位，创建时间原则上为2~3年

2月 《全国水土保持规划（2015—2030年）》发布。南川、黔江、彭

水被纳入乌江赤水河上中游国家级水土流失重点治理区。

2 月 区委、区政府印发《南川区扶贫攻坚工作考核办法》。考核中，凡未完成当年目标任务，所在乡镇（街道）党政负责人、分管负责人，结对帮扶单位主要负责人和贫困村“第一书记”年度考核可直接确定为基本称职或不称职，并取消所在领导班子年度考核评先评优资格。对干部包户不到位、不履行帮扶职责的，取消年度考核评先评优资格。对执行政策打折扣、工作不落实、弄虚作假、虚报浮夸的，倒查乡镇（街道）党政主要负责人、分管负责人，结对帮扶单位主要负责人和贫困村“第一书记”责任，视情节轻重给予组织处理或党纪政纪处分。

2 月 南川区出台脱贫户“三年稳收计划”。该计划主要锁定建档立卡贫困户，坚持开发式扶贫与救助式兜底相结合、政府主导与社会参与相结合、普惠政策与特惠政策相结合，重点从产业发展、创业就业、稳定分红着手，落实“一户一策”帮扶措施，切实解决脱贫户持续稳定增收问题，确保贫困户脱贫后三年内人均纯收入增幅高于全区平均增幅。

2 月 重庆贝华科技有限公司、重庆筑巢建筑材料有限公司、重庆大众机械设备制造有限公司、重庆方略精控金属制品有限公司上榜 2015 年国家级高新技术企业名单。截至目前，南川区已有 5 家国家级高新技术企业。

3 月 1 日 金佛山国际温泉城开业。温泉城位于金佛山西坡，是天星小镇休闲度假核心产品之一，总占地面积 23.2 亩。

3 月 2 日 全区 2016 年加快建设“工业强区”大会召开。会议指出，要瞄准“千亿工业”目标，全面发力打好工业“翻身仗”。

同日 “南川天麻”获国家地理标志证明商标。是继“金佛山蜜蜂”“南川鸡”“南川鸡蛋”等之后，成功注册的第 12 个国家地理标志证明商标。

3 月 10 日 南川区与重庆进出口信用担保有限公司签订战略合作协议。

根据协议，公司将为南川区提供融资策划、担保增信等“一揽子”金融服务，支持城市建设、实体经济等领域发展。

3月15日 南川区与中石化签订页岩气勘探开发利用战略合作协议。根据协议，中石化四家公司将加大南川页岩气勘探开发建设力度，计划于2016—2018年新建页岩气年产能23亿立方米，并根据勘探进展情况，持续推进开发建设，进一步扩大资源基础和产能规模；加快南川至涪陵白涛输气管道建设，满足页岩气外输需要。

3月22日 金佛山南坡公路开工建设。公路全长9.688公里，预算总投资2.5亿元，是金佛山唯一的车行上山通道，为金山湖国家级旅游度假区的重要组成部分。

3月25日 区委、区政府召开召开城乡总体规划、南川（大观）城市副中心概念性规划专题论证会。

3月26日 重庆乡村旅游“十二金钗”大观园在大观镇中江村盛大开园。“十二金钗”大观园位于重庆市大观生态农业园区，是区内充分依托园区现有产业基础，整合旅游元素，致力打造的重庆市乡村旅游“第一朵金花”，与金佛山大旅游形成互利互补的态势，是重庆大都市周边生态条件最优越、旅游要素最密集、乡村记忆最浓厚的最大最美田园世界。

重庆乡村旅游“十二金钗”大观园盛大开园

3月28日 金佛山旅游先导区（天马旅游经济带）项目框架协议正式签约。

3月 区不动产登记中心成立。结束了土地、房产、林地等不动产分散登记的历史，企业和办证群众可享受不动产登记“一站式”服务。

4 月 3 日　濒危珍稀植物毛黄堇在南川实现人工培育，首批 4000 株人工繁育毛黄堇全部存活。毛黄堇在南川俗称干岩矸，是长江中上游珍稀濒危植物之一，在自然界的数量十分稀少。

4 月 6 日　大坪、黄泥垭隧道工程大坪隧道顺利贯通。大坪、黄泥垭隧道工程设计路线全长 5.704 公里，起于南城街道三汇村藿麻湾，通过大坪隧道至菜子沟，穿黄泥垭隧道至金山镇龙山村关山坡赵家，建成后将有效解决南部片区居民霜冻期的出行问题。

4 月 16 日　“十二金钗”大观园荣膺“重庆十佳赏花踏青胜地”。十二金钗大观园以现有的乡村旅游资源为基础，结合园区内全年不同季节的花卉，分为“国色天香牡丹园”“众里寻她玫瑰园”“粉色童话樱花园”等十二个不同的花卉园，让游客们在每一个月都能赏到不同的花

4 月 18 日至 19 日　中国老科协副会长、林业分会会长、中央纪委驻国家林业局纪检组原组长、国家林业局原党组成员杨继平率队到南川，专题调研退耕还林工作。

4 月 19 日　中国当代作家、中国作协名誉副主席、文化部原部长王蒙到金佛山、“十二金钗”大观园考察，题字“南山胜景，相见恨晚”，并在“金佛山文化大讲坛”作题为“传统文化与价值建设”的讲座。

同日　南川区获全市工业节能先进区县。

4 月 20 日　区委、区政府召开创建国家卫生城市、全国文明城区“双创”工作动员大会，南川区创建国家卫生城市、全国文明城区工作正式启动。

同日　重庆首家快递物流园区在区内落地。

4 月 22 日　全区“两学一做”学习教育工作会召开。全区“两学一做”学习教育全面启动。

同日　南川区 1154 个公共安全视频监控镜头投用。

4 月 23 日 第七届金佛山旅游文化节暨万人祈福结缘季活动开幕。此届旅游文化节，相继推出“万人祈福结缘季”“奥运冠军走进金佛山”“神龙峡超五星泉水漂流季”“金佛山消夏露营季”“禅竹文化节”“金佛山冰雪节”等特色鲜明、体验性强、参与度高的系列活动。

同日 首支区县文明旅游志愿者大队上岗。志愿者大队由 80 名志愿者组成，在金佛山景区承担秩序维护、服务引导、文明帮扶、心理疏导等志愿行动。工作时间是旅游旺季，早上 9 点持续至下午 6 点，工作 8 个小时。

4 月 28 日 金佛山获最具价值文化旅游目的地称号。

4 月 29 日 在重庆南川中医药产业发展推介会暨招商引资项目集中签约仪式上，全区共签署战略合作协议、框架协议、投资协议 23 个，总金额近 90 亿元。

同日 市政府专题研究金佛山大树茶品牌培育与发展。

5 月 1 日 中国全面实施营改增试点，税制改革迈出关键一步。

5 月 5 日 南川召开创建国家义务教育发展基本均衡区动员大会，力争于 2017 年打造国家义务教育发展基本均衡区。

同日 山水·亿森教育基金出台管理办法。山水·亿森教育励志基金是由区政府办公室、团区委、重庆亿森控股集团有限公司、重庆新红阳实业公司共同发起设立，首期募集资金 105 万元。对建卡贫困户或家庭特别困难的优秀学生、教师均设有奖项。

5 月 10 日 全区空气环境质量监测按新标准（GB3095～2012）执行，在城区空气自动监测站新增 PM2.5 和一氧化碳自动监测设备，进行全天 24 小时实时监测。市民可通过重庆市环保局官方网站等查询相关信息。

5 月 13 日 区政府与深圳市三和新电子科技有限公司签订《南川区智能手机产业园项目投资协议》，双方携手共建年产 1 亿部智能手机整机的产业园，全面推进区内电子信息产业发展。

5 月 17 日 重庆医科大学党委书记吴小翎、校长雷寒到区内考察，并就重庆医科大学精神卫生学院项目落户南川达成共识。

5 月 18 日 区政府与重咨集团缔结战略合作协议。双方在南川辖区内投资咨询服务、招标采购代理服务、工程管理服务、金融服务等领域展开合作，加快推动全区经济社会持续健康发展。

5 月 19 日 在第十九届中国（重庆）国际投资暨全球采购会上，南川区共签约 7 个项目，合同引资总额 416.5 亿元，创下了历年参加渝洽会新高。

同日 游庆富通过选举任重庆市南川区人民政府副区长。

5 月 20 日 全区群团改革工作会召开。

同日 由全国人大常委会办公厅新闻局副局长曲卫国带队，人民日报、新华社、中央电视台等多家新闻媒体组成的“中央主流媒体聚焦重庆区县人大”新闻采访团到南川区，对乡镇人大创新工作进行集中采访。

同日 全区 34 个审批职能部门的 369 个审批事项在市网审平台全部上线运行。

5 月 21 日 亿联·南川建材家居汽车城试营业暨南川电商产业园、渝南快递物流园开园仪式举行。

5 月 27 日 国家国有林场改革督查第九组组长、国家发展改革委体改司巡视员王强一行到区内督查林场改革工作。

同日 重庆市南川区目艮青职业培训学校正式挂牌授课，主要进行眼镜加工师、验光师合二为一的视光师培训。学员通过考试可获得国家承认的、由人社部颁发的职业资格证书，并承诺全部安排就业。

5 月 28 日至 29 日 国务院扶贫办党组成员、行政人事司司长夏更生对南川区脱贫攻坚工作进行调研。

5 月 29 日 水利部对国家级重点水利工程金佛山水利工程开展专项督

查。

5月30日 南川首支控烟志愿者服务队成立。

5月 南川出台公共机构节约能源资源管理制度，对区内所有公共机构节电、节水、节粮、节约办公经费与办公耗材、公务车辆节油等节约能源资源工作作出明确要求。

6月1日至2日 南川区遭受特大暴雨袭击。其中大有镇降雨量为259.7毫米，达到特大暴雨，小时雨强为160毫米，日降水量、小时雨强均为全区年内最多、同时段全市最大。头渡（153毫米）、金山（129.7毫米）、山王坪（121.9毫米）、三泉（108.5毫米）、冷水关（105.6毫米）等5个乡镇达大暴雨，南城街道、水江、南平、石溪、黎香湖、乾丰、石莲、东城街道、兴隆、河图、头渡、石墙、骑龙、峰岩、铁村、庆元、木凉、西城街道、民主、鸣玉、中桥、合溪、福寿、白沙等24个乡镇达暴雨级别。

6月2日 重庆市政府颁布了《关于2015年度重庆市科学技术奖励的决定》，重庆市药物种植研究所的“白芷规范化生产关键技术集成示范与应用”和“中国特有药用植物八角莲繁殖技术研究及应用”两项成果分别荣获重庆市科技进步二等奖和三等奖。

6月3日 重庆市长黄奇帆到南川调研。

同日 南川创建无烟草广告城区工作通过市级考核。

6月5日 2016中国健身名山暨第四届金佛山登山赛举行。来自全国各地的1000余名登山运动员、爱好者登临世界自然遗产地、国家AAAAA级景区金佛山。

6月8日 区统一战线理论研究会成立。统一战线理论研究会将整合全区统一战线理论研究力量，提高统一战线理论研究水平，更好地推动全区统战工作再上新的台阶。

同日 南川区病媒生物防制工作通过验收。

6月12日 市人大常委会主任张轩到南川调研。

同日 本土电影《再生之乐》正式上映。影片剧情围绕着一个城市普通家庭关于是否“生二胎”所产生的分歧而展开。

6月17日 南川区创建国家卫生城市顺利通过市级技术评估。

6月18日 西来寺书画院成立，为全区书画家、书画爱好者提供一个书画作品创作、交流、学习、展示的平台。

同日 南川区旅游警察支队、旅游巡回法庭正式成立，标志着南川区在探索旅游产业发展和行业监督管理新思路、新机制上迈出的重要一步。

6月20日 华东油气分公司页岩气项目部正式入驻南川。截至目前，华东油气分公司在南川区境内已开展8个平台的钻前工程。2016年下半年将完成钻井18口，进尺9.5万米，试气2口。

6月27日 重庆市人民政府第130次常务会议通过《金佛山喀斯特世界自然遗产保护办法》，并于6月27日起开始正式施行。

同日 南川区获评全国国土资源节约集约模范县（市）。区长曹清尧在会上作交流发言，接受颁奖。

6月28日 南川出台《南川区建档困难职工创业贷款贴息办法（试行)》，符合条件的建档困难职工自主创业，最高可享受20万元的贴息贷款。

6月29日 韩国京畿国际交流协会会长宋光锡到南川考察。

6月 金佛山发现一级保护植物光叶珙桐种群。由于地势封闭，这四株光叶珙桐聚生在一平方公里范围内，形成了独立生长的极小种群，为研究古植物如何在气候变化下存活提供了范本。

6月 南川印发《重庆市南川区创业种子投资基金管理办法（试行)》明确设立创业种子投资基金。基金总规模3000万元，首期1000万元。种子基金以公益参股、免息信用贷款等方式支持创业团队和成立不超过 3 年的种子期创新型小微企业，重点投向高科技产业、中医药产业等领域。

6 月 区委、区政府从强化制度硬约束着手，建立周工作预安排、区领导巡察、明察暗访、行政效能监察、不作为不称职干部就地停职等五项制度。

6 月 重庆金佛山国家级自然保护区再获“全国科普教育基地（2015～2019 年）”称号，这是继 1999 年来重庆金佛山国家级自然保护区得到中国科协考核评估的第二次全国科普教育基地的授牌，是科普教育基地的最高荣誉，也是重庆市唯一一家得到中国科协两次授牌的科普教育基地。

7 月 8 日 区政府设立“南川区企业转贷应急周转资金”，为生产经营正常、符合银行信贷条件、还贷出现暂时困难的企业实现按期还贷、续贷提供短期周转资金，原则上单笔最多可申请 1000 万元。

同日 南川区举行招商引资项目集中签约仪式，共签约工业、旅游、农业、商贸、教育等各领域项目 17 个，总投资达 201 亿元。

7 月 13 日 曹清尧不再担任中共重庆市南川区委副书记、常委、委员职务和重庆市南川区区长。

7 月 14 日 《重庆市南川区城区菜市场专项规划（2016—2020）》获区政府同意。至 2020 年，全区城区有 12 个菜市场和 1 个专业批发市场。其中，5 年内新建 9 个菜市场或“农＋超”型社区超市。

7 月 15 日 张兴益任中共重庆市南川区人民政府党组书记，曹清尧不再担任中共重庆市南川区人民政府党组书记。

同日 天圣制药集团中药加工基地落户南川区。区政府与天圣制药集团股份有限公司签订《天圣制药集团重庆中药加工基地项目投资合同书》。项目位于重庆市中医药科技产业园，规划面积约 80 亩，预计总投资 1.5 亿元，建设现代化中医药加工基地，主要包括中药材加工、中药饮片、中药配方颗粒及制剂生产等。

7 月 19 日 市人大常委会副主任夏祖相率队到南川开展《重庆市邮政条例》执法检查工作。

7 月 21 日 全区换届工作会召开。根据中央和市委关于换届工作的要求，全区实施区、乡镇、村（社区）三级换届。

7 月 22 日 区十六届人大七次会议召开。曹清尧辞去南川区人民政府区长职务，张兴益当选南川区人民政府区长。

7 月 25 日 河图镇、古花镇和庆元镇分别召开党员干部大会，正式宣布撤乡设镇。此次撤乡设镇，以原河图乡的行政区域为河图镇的行政区域，以原古花乡的行政区域为古花镇的行政区域，以原庆元乡的行政区域为庆元镇的行政区域。

7 月 28 日 城区三大农贸市场完成改造。在“创国卫”过程中，南川区将农贸市场作为重点整治场所，于 5 月份陆续实施改造。至 7 月 28 日，北街农贸市场、仙龙坛农贸市场和中心农贸市场相继恢复经营。

7 月 南城街道半溪河村村委会主任刘高友、区人民医院心血管内科主任李强获评“重庆市优秀共产党员”，区公安局政治部主任谷建、头渡镇玉台村党总支书记高强获评“重庆市优秀党务工作者”，区诚信物资（集团）有限公司党委、区人民法院机关党委、东城街道灌坝社区党委、三泉镇马嘴东洲春蕾希望小学党支部获评“重庆市先进基层党组织”。

7 月 区人民医院妇产科、泌尿外科获批全市首批区域医学重点学科。

8 月 2 日至 3 日 “院士专家走进五大功能区”活动在区内开展。来自市内外 20 多位专家、学者、企业家通过实地考察和座谈交流，为推动南川创新发展、转型发展建真言、献良策。

8 月 2 日 区政府印发《南川区创业孵化基地管理暂行办法》，进一步规范、引导区级创业孵化基地建设，充分发挥其在培育小微企业创立和发展中的作用，大力促进创业带动就业，推动经济持续、快速、健康发展。

8月3日 国家旅游局撤销神龙峡景区国家AAAAA级旅游景区质量等级。南川区委、区政府和重庆旅游集团诚恳接受和深刻反思国家旅游局指出的神龙峡景区存在的问题，神龙峡景区连夜全面展开整改工作，并于8月4日起实施闭园整改，力争早日重返AAAAA级景区行列。

8月4日 全市区县妇联主席工作座谈会在区内召开。

8月8日 南川区全面推行乡镇人大季会制。在全区乡镇人大季会制推进会上，安排部署全区乡镇人大季会制推进工作。乡镇人大季会制是指乡镇人大每季度召开一次人民代表大会会议的制度。原则上第一、三季度举行的人代会为乡镇人大例会，第二、四季度举行的人代会为专项工作报告会。

同日 汽车轮毂生产项目和智能手机产业园配套项目落户区内。根据协议，重庆市超群工业股份有限公司投资建设汽车轮毂生产项目，正式投产后五年内轮毂年产量达到约200万只，年营业收入约15亿元；深圳田治光电有限公司投资建设智能手机产业园配套项目，五年内实现年产智能手机整机120万台以上，实现年营业收入15亿元以上。

同日 南川区安全农产品协会正式成立，标志着全区农产品质量安全步入规范化、制度化、自律化、诚信化发展之路，进一步助推全区农产品质量安全提档升级。

8月18日 区人民医院接受重庆医科大学、重庆医科大学附属第一医院授牌，正式挂牌成为重庆医科大学非直管附属医院。挂牌后，由重庆医科大学第二临床学院负责教学指导工作，可获得重庆医科大学在科研、教学、师资培养、研究生招收等方面的一系列支持，为医院全面提高自身科研、教学和临床医疗水平，打造区域医疗中心、市级名院奠定基础。

同日 南川区病媒生物实验室基本建成。实验室可在全区开展病媒生物监测及抗药性测定，提升现有病媒生物控制技术水平和防制效果，有效降低媒介传染病的发生，保障人民群众的生命健康安全。

8 月 23 日 南川区举办首届创新创业大赛。参赛项目应符合全区产业发展方向，最终评出一、二、三等奖，最高奖金两万元。对于符合种子基金支持条件的参赛团队和企业，还将给予最高不超过 30 万元的免息贷款或最高不超过 20 万元的公益参股。即使不符合种子基金支持条件的参赛团队和企业，也会对其予以政策上的倾斜。

8 月 24 日 全国公安系统第三届武装越野登山（救援搜寻）比赛在南川举行。来自全国各省、自治区、直辖市公安厅、局，行业公安机关以及香港、澳门警方的 35 支代表队参加比赛。

8 月 26 日 拉萨市委副书记、常务副市长、市脱贫攻坚指挥部总指挥长胡洪率考察团考察脱贫攻坚工作。

8 月 29 日 最高人民法院咨询委员会委员、原山东省高级人民法院院长周玉华带队到南川调研法院司法体制改革和基层人民法庭建设工作。

8 月 城区机关事业单位试点垃圾分类处理。各单位共计投入资金 55.48 万元，配置分类垃圾桶 170 个，分类垃圾箱 170 个，室内分类垃圾篓 3304 个，其他设施设备 79 个。

8 月 重庆儿童医院成区人民医院技术指导医院。重庆医科大学附属儿童医院与区人民医院签订技术指导协议，拟建立友好合作关系，区人民医院悬挂《重庆医科大学附属儿童医院技术指导医院》牌匾。

8 月 城区开展立面广告专项整治行动。共拆除破损、规格不统一的店招店牌 6000 平方米，新安装 7000 平方米，规范店招店牌 4500 余家。

8 月 重庆大众能源设备股份有限公司在全国股转系统中正式挂牌上市，成为南川区高新技术企业中首家获此殊荣的企业。重庆大众能源设备股份有限公司成立于 2012 年，是一家集研发、生产、销售压力容器和净化设备于一体的高新技术企业。

9月1日 重庆市环保局通报第一批重庆市生态文明建设示范乡镇名单，南川区福寿镇、乾丰乡、冷水关乡、民主镇、太平场镇被命名为重庆市生态文明建设示范乡镇。截至目前，南川区成功创建了8个重庆市生态乡镇，5个重庆市生态文明建设示范乡镇。

9月2日 城区1000余家餐饮店均达到“三防”设施齐全、餐饮服务许可证和健康证持证率100%。

9月7日 市政府第四督查组到南川，对区内保持经济平稳发展、推进供给侧结构性改革、促进创新驱动发展、保障和改善民生等4个方面23项工作开展督查。

同日 在东城街道三秀社区6组，袁隆平院士指导的第五期超级稻高产攻关项目110亩攻关片“超优千号”品种开镰收割。经专家验收组对抽样田块测产验收，攻关片最高亩产1028.02公斤，加权平均亩产954.93公斤，再次刷新全市水稻亩产纪录。

9月13日 区行政服务中心新大厅办公运行。入驻部门由18个增至33个，审批科由6个增至28个，全区所有具有行政审批职能的部门全部入驻。

9月17日 国务院正式批准设立“中国文化和自然遗产日”。“中国文化和自然遗产日”系2015年6月23日举行的金佛山世界自然遗产一周年座谈会上，由南川区发起倡议。自2017年起，每年6月第二个星期六为“中国文化和自然遗产日”。

9月19日 区第十六届人大常委会第三十一次会议召开。会议决定任命王春水为重庆市南川区人民政府副区长。

9月20日 世界旅游城市联合会重庆香山旅游峰会举办“共享经济与世界旅游城市发展”主题论坛。区长张兴益发表“共建共享·相融相盛，打造共享经济下全域旅游发展典范”主题演讲。9月21日，参会嘉宾走进金佛山，零距离感受世界自然遗产地的独特魅力，欣赏大美南川的秀丽风光。

9 月 22 日 南川区与康美药业、化医集团签订投资协议。合力在重庆市中医药科技产业园投资建设西南地区规模最大、技术最先进、品规最全、质量最优的中药饮片生产基地、西南地区最大规模的中药配方颗粒基地、国际一流的中医药创新研究平台，引进中医药高端研发团队和项目入驻，配套建设中医药创新实验室、传统经典名医名方研究中心、中药材分子研究中心、中药检验检测中心、中医药科技孵化中心，打造西南地区最大的中医药研发平台。

同日 综合交通换乘枢纽建设完工。将形成集长短途汽车站、城市公交站、出租车招呼站及社会配套服务设施于一体的城市综合交通枢纽中心，实现长短途汽车、旅游车辆、城市公交、出租车、社会车辆的无缝对接。

9 月 26 日 渝南黔北首家交通事故鉴定所落户南川。鉴定业务范围为车辆安全技术性能鉴定、事故车辆损失鉴定和交通事故痕迹鉴定三类。

9 月 28 日 北京师范大学南川附属学校正式揭牌。

9 月 南川建成 4 个全自动、2 个人工负氧离子监测站。意味着区内重点林区及旅游景点负氧离子监测实现全覆盖。

9 月 南川新增 1100 米非机动车临时停靠点。全区非机动车临时停车位达 2300 米。

9 月 全区 687 家养殖场实现动监执法监管，乡镇动监执法小组对养殖场进行量化监督，每两个月一次到 A 级养殖场监督指导，B 级养殖场每月一次，C 级养殖场则一个月两次，并对风险隐患提出整改意见，下达动物卫生监督意见书，限期进行整改。

9 月 大观镇中江村、太平场镇三星村、庆元镇汇龙村、三泉镇观音村通过市城乡建委专家评审，获评 2016 年度“重庆市级农民新村示范点”。自 2012 年大观镇“大观人家”成为南川区首个“重庆市级农民新村示范点”以来，南平天马村、木凉玉岩铺村、山王坪龙泉村、山王坪庙坝村、古花天池村、大有石良村、民主乡狮子村、骑龙乡杨梅村、白沙镇井泉村先后被纳入示范点。

10月8日 天圣南川中药材加工基地开工建设。着力打造建设高端中药饮片加工基地、中药配方颗粒加工基地、儿童用中药加工基地和中药保健饮料加工基地。建成投产后新增产值5亿元，新增税利1亿元，新增就业300人。

10月11日 市人大常委会副主任张定宇组到南川督导人大换届选举工作。

10月12日 全国农村实用人才培训基地揭牌仪式在河图镇上河村举行，上河村成为全国第28家、重庆市唯一的全国农村实用人才培训基地。

10月14日 中共重庆市南川区委十三届七次全会召开。全会审议通过《南川区鼓励科技创新若干政策》。

10月15日 南川区劳动争议处理实行“一裁终局”机制，将有效维护劳动者合法权益。

10月18日 “奥运健儿公益服务大行动”走进南川，中国女排健儿曹慧英、沈散英、李延军、梁艳、陈静、张晓雅受邀参加。“奥运健儿公益服务大行动”是中国奥委会的系列公益活动，通过组织现役或退役的奥运冠军及优秀运动员，深入群众开展各种形式的公益服务活动。

同日 区中医院启动“二甲”创建工作。

10月20日 南信集团智能手机项目投产。总投资15亿元，集研发、生产、销售和供应链为一体，预计投产五年内实现年产智能手机3000万台以上，产业园区实现年产值150亿元、年纳税1.5亿元以上，提供就业岗位3000人以上，最终实现1亿台智能手机制造的目标。

10月24日 位于西城街道北腊口新城区的长远菜市场正式营业。

10 月 24 日至 26 日 南川区义务教育发展基本均衡区创建工作接受市级综合督导评估。督导评估专家组认为，南川区上下联动、全区一策，全力推进义务教育均衡发展，达到基本均衡水平。

10 月 24 日至 27 日 中国共产党第十八届六中全会举行，会议审议通过《关于新形势下党内政治生活的若干准则》和《中国共产党党内监督条例》。

10 月 28 日至 30 日 全国爱卫办组织专家对南川创建国家卫生城市工作进行暗访。暗访结果显示，全区 11 项工作获得好评。11 月，全国爱卫办发出关于反馈暗访结果的函，认为南川区达到《国家卫生城市标准》要求，同意南川区通过暗访。“创国卫”暗访总分为 1000 分，750 分为通过，南川区暗访得分 802.8 分。

环卫工人冲洗城区大街

10 月 南川启动全国健康促进区创建。让全区居民健康素养水平在原基础上提高 20%，成人吸烟率下降 3%，经常参加体育锻炼人数比例达到 32%，成人肥胖率控制在 12% 以内，儿童青少年肥胖率不超过 8%，95% 以上的学生达到《国家学生体质健康标准》合格以上等级。

10 月 区委、区政府出台《南川区鼓励科技创新若干政策》。着力解决科技创新技术、人才、资本三大问题，推动创新资源、人才、政策向企业倾斜。

10 月 大观镇获评重庆市特色小镇。大观镇地处区北部，全镇面积 87 平方公里，平均海拔 740 米，气候温润，负氧离子含量高。大观镇建成特色水果、特色花木、绿色蔬菜等产业园，农产品中“无公害农产品”“绿色食品”和“有机农产品”的“三品”认证130多个，居全市第一。

10月 一个专门用于濒危植物繁育与救护的科研基地在南川金佛山正式投用。繁育基地模拟珍稀植物的野外生长环境，再加上人工干预的作用，目前，银杉、珙桐、水杉、大茶树、石斛等11个珍稀物种的4000多种幼苗已经繁育成功。该科研基地位于金山镇龙山村。

11月1日 南信集团首款智能手机下线。

11月3日 博赛矿业集团与圭亚那马修斯山脉锰矿签署相关收购协议文件，标志着该集团第三笔海外项目收购成功。该锰矿厂计划于明年底建成投产，预计总投资金额约1亿美元，年产高品位锰矿50万～100万吨。作为重庆“走出去”发展并获得成功的本土企业，博赛矿业集团此前分别于2006年和2009年先后收购了南美洲圭亚那铝矿公司和非洲加纳铝矿公司，成为在海外拥有高品质铝土矿资源数量最大的唯一中国企业。

同日 南川区妇幼保健院创建重庆市二级甲等妇幼保健院工作通过专家评审。南川区妇幼保健院始建于1952年，1998年被评为全市第一批二级乙等妇幼保健机构，是南川区妇女、儿童保健业务指导中心。

11月4日 全市全域旅游示范创建工作调研座谈会在南川区召开。

全市全域旅游示范创建工作调研座谈会在南川区召开

11月11日 区规委会召开第六十七次会议。会议审议区文化艺术中心装修设计方案、卧龙潭度假酒店设计方案、南川“花城”规划设计方案、中新·金佛山旅游文化产业园燃灯文化园设计方案、中新·金佛山旅游文化产业园金宝陵谷设计方案、中新·金佛山旅游文化产业园复兴寺改扩建工程设计方案。

11 月 14 日 九三学社重庆市委员会南川区支社成立大会召开。全国人大常委、九三学社中央副主席、市政协副主席、九三学社重庆市委主委谢小军出席会议并为南川区支社授章授牌。

同日 重庆市地产集团董事长张玉昌率队对金山湖开发区进行考察。金山湖开发区位于南川区南部、金佛山南麓腹地，面积约 324.34 平方公里（含金山镇、头渡镇、德隆镇行政辖区范围）。东与大有镇、庆元镇、古花镇为邻，南接贵州省正安县狮溪镇，西连綦江区，北靠三泉镇、南城街道，与金佛山风景名胜区、金佛山国家自然保护区有交叉。距南川城区 57 公里，距重庆主城区约 115 公里，平均海拔 1314 米。

11 月 16 日至 17 日 区第十六届人大常委会召开第三十二次会议。决定同意《南川区城乡总体规划（2015—2030 年）》，任命赵磊为重庆市南川区人民检察院代理检察长。

11 月 22 日 区第十六届人大常委会召开第三十三次会议。会议决定，同意接受康纪强辞去重庆市南川区选举委员会主任职务的请求，周善元、周静辞去重庆市南川区选举委员会副主任职务的请求。

11 月 28 日 区政府与重庆银行签订“重银—南川”双创基金项目战略合作协议、共同推进南川区“十三五”战略规划实施合作协议。“十三五”期间，重庆银行将在符合国家产业政策、信贷政策等前提下，为南川新增总额不少于 200 亿元的信用额度支持。

同日 金佛山水利工程开始大坝填筑。金佛山水利工程大坝坝顶长 300 米，最大坝脚宽度为 320 米，坝顶高度为 109.8 米。计划施工方在五个月内使填筑断面达到 780 米的度汛高程。

11 月 29 日至 30 日 由《人民日报》、人民网组成的“精准扶贫看重庆”大型全媒体采访团第一站到南川，出动直播车、无人机等设备，全方位、多角度采访报道南川扶贫创新举措、先进典型。

11 月 30 日 中新·金佛山旅游文化产业园正式开工，标志着区内首个中新（重庆）战略性互联互通示范项目正式动工建设。中新·金佛山旅游文化产业园项目由新加坡华岸发展集团投资建设，是首批中新（重庆）战略性互联互通示范项目之一。项目以“光明”与“温暖”为主题，强化旅游概念，突出核心景区功能，带动周边区域协同发展，形成大金佛山区域旅游经济，构建新型主题旅游目的地。

11 月 青少年科技创新区长奖评选办法修改。青少年科技创新区长奖设立于 2012 年，修改后的《办法》从每年评奖一次变为两年一次，加大对获奖者的奖励力度。

11 月 全市首个喀斯特水质监测体系在金佛山建成。

11 月 金佛山自然保护区发现濒危野生动物红腹锦鸡。

12 月 1 日至 2 日 全市司法系统法治宣传教育创新工作现场经验交流会在南川召开。期间，参会人员现场考察了南平镇红锋村、南城街道石林社区“法律诊所”工作。2014 年，南川区依托基层法律服务资源探索建立社区“法律诊所”，共建立村（社区）“法律诊所”23 家，实现了城市社区和中心镇重点村（社区）全覆盖。

12 月 2 日 南川区公布《南川区第一批优秀历史建筑和传统风貌建筑保护名录》。此次列入名录的包括居住建筑、公共服务建筑、宗教及祠庙会馆、工业建筑、军事防御设施、水利设施 6 种建筑类型，分别为南城街

南川工业园区创业园标准厂房

道田家社区 5 组第七保育院旧址，南城街道三汇村 4 社东方红机械厂工矿商店旧址，水江镇岚垭村蒿芝湾金家洋房子，水江镇大顺村 2 社甘家坝教堂，石莲乡桐梓村 3 社陡溪桥，三泉镇观音村 2 社观音岩驿站，南平镇红山村 2 社国营红山铸造厂 A01006 车间，中桥乡燕鸣村 1 社乐善桥，河图镇河图村 5 社三元桥，楠竹山镇谢坝村 3、4 社之间双河桥，福寿镇打鼓村 2 社下石龙门碉楼、落凼碉楼，兴隆场镇金星社区 5 组兴隆场镇金竹寺，山王坪镇龙泉村 1 社太平廊桥。其中水江镇金家洋房子、水江镇甘家坝教堂、南平镇国营红山铸造厂、中桥乡乐善桥名列《重庆市第一批优秀历史建筑名录》。

12 月 4 日　由区农委和重粮集团南川分公司选送的“金佛山贡米”在北京举办的全国首届“中国大米品牌大会”评选活动中，荣获“中国十大好吃米饭”称号。

12 月 6 日　区政府召开第 121 次常务会议。会议听取《关于区政府出台的现行规范性文件清理情况的说明（送审稿）》和《关于行政权力清单清理结果的说明（送审稿）》。根据《中共中央、国务院法治政府建设实施纲要（2015—2020 年）》和《重庆市行政规范性文件管理办法》的有关规定，区政府法制办牵头对 2016 年 9 月 30 日前以区政府名义制发的规范性文件进行清理，其中拟废止 66 件，拟修订 24 件，拟保留继续适用 73 件。行政权力清理相关工作于 2015 年 10 月展开，至此全区各部门共有 3976 项行政权力。

12 月 8 日　区规委会召开第六十八次会议。会议审议区殡仪馆改扩建工程·花山生态陵园工程建筑设计方案、鼓楼·中央大街建筑设计方案、花山土地整治安置小区（矿机厂片区）项目设计方案。

12 月 12 日　工业园区总投资 1.5 亿元的田治光电手机项目试运行。田治光电手机项目于 8 月落户龙岩组团，主要生产手机整机、触摸屏及相关电子产品。该项目一共购买创业园标准厂房 1.5 万平方米，其中用作生产的厂房面积达1.2万平方米，包含7条设备生产线和7条组装生产线，年产手机可达100万台，预计年产值3亿元以上。

12月16日 重庆冬季旅游启动仪式暨第十八届金佛山冰雪节开幕式在金佛山牵牛坪滑雪场举行。

12月19日 区政府召开第122次常务会议。会议审议《重庆市南川区人民政府关于清理规范81项区级行政审批中介服务事项的决定（送审稿）》。为深化行政审批制度改革，促进中介服务市场健康发展，按照国务院和重庆市相关工作要求，对区级行政审批中介服务事项开展清理工作，共清理规范区级行政审批中介服务事项81项，涉及17个审批职能部门。

南川区开展“两集中、两到位”改革，对重点项目推行“一章结、一费清”并联审批，打造“南川审批高速路”

12月20日 市扶贫对象退出检查验收第二工作组到南川，对2016年扶贫对象退出工作情况开展为期两天的检查验收。2016年，南川区有1.7351万建卡贫困人口实现脱贫。在脱贫人口中，产业扶持9838人，占脱贫人口的56.7%；搬迁安置4209人，占脱贫人口的24.25%；转移就业5147人，占脱贫人口的29.66%；医疗救助17351人，占脱贫人口的100%；教育资助4151人，占脱贫人口的23.9%；低保兜底脱贫4337人，占脱贫人口的25%。全区贫困人口人均纯收入从建卡时的2568元增长到了6874元，增幅达167%；贫困发生率从建卡时的8.6%下降到0.89%。建卡贫困人口中义务教育阶段适龄儿童入学率达100%，新型合作医疗参保率达100%，全面消除贫困户D级危房，实现“两不愁三保障”目标。40个贫困村全部实现“解八难、建八有”目标，达到脱贫销号标准。检查验收组一致认为南川区圆满完成了脱贫攻坚工作任务。

同日 工业园区龙岩组团内，重庆麦科斯新能源车业有限责任公司第一台新能源混合动力三轮车驶下生产线，标志着南川区有了三轮车整车生产，也标志着“南川造”填补了重庆油电混合三轮车空白。

12 月 26 日 南川区举行 2016 年第二次招商引资项目集中签约仪式。此次签约 16 个项目，涉及工业、中医药、农业、旅游、商贸等领域，其中工业项目 11 个、中医药项目 2 个、旅游项目 1 个、农业项目 1 个、商贸项目 1 个，总投资 356. 4 亿元。

同日 鸿路（南川）绿色建筑产业园项目在工业园区南平组团正式开工建设，标志着南川区在打造全市百亿级新型建材产业基地道路上迈出重要一步。

同日 金佛山天马旅游公路改扩建工程开工。金佛山天马旅游公路改扩建工程项目位于南城街道，涉及文华社区、石林社区和三汇村，总投资约 4. 38 亿元，占地约 400 亩。道路起于南万高速金佛山西下匝道，止于三汇场，全长约 6500 米，路基宽 18 米，路面为沥青混凝土路面，道路等级为公路二级。该项目是连接金佛山核心景区的旅游主通道，预计于 2019 年 5 月竣工。

12 月 27 日至 28 日 中共重庆市南川区第十四次代表大会举行。李明清向大会作了题为《突出“工业强区、旅游名城、生态花园”三大定位 为建设“强美富”新南川而努力奋斗》的报告。李明清、张兴益、潘晓成、

中共重庆市南川区第十四次代表大会召开

喻显镔、王春水、周善元、赖云、毛朝银、刘诗权、朱高云当选为中国共产党重庆市南川区第十四届委员会常务委员会委员。李明清当选为区委书记，张兴益、潘晓成当选为区委副书记。

12 月 28 日 在住房城乡建设部开展的第四批美丽宜居小镇、美丽宜居村庄示范评比活动中，大观镇被评为“美丽宜居小镇示范”、大观镇中江村被评为“美丽宜居村庄示范”。

12 月 区国土房管局参建的“县（市）级矿政管理信息系统建设研究与应用”项目荣获中国地理信息产业协会地理信息科技进步奖一等奖。

12 月 中医药科技产业园区获批建立院士专家工作站。

12 月 在农业部组织的 2016 年度“全国十佳农民”颁奖会上，南川区蓝博源果蔬种植家庭农场主王明洪成为重庆市第 2 个“全国十佳农民”资助项目获得者。王明洪依托山地发展种养殖业，带动了当地农民增收致富，12 月 20 日受到汪洋副总理亲切接见。

2016 年，完成固定资产投资 200 亿元、增长 16%。规上工业产值达到 190 亿元、增长 15%。实现一般公共预算收入 23 亿元、增长 17.9%。社会消费品零售总额达到 116.8 亿元、增长 13.4%。城乡居民人均可支配收入分别增长 8.3%、10.7%。金融机构存贷款余额突破 500 亿元、增长 21.7%。

2017 年

1 月 6 日 国家精准扶贫工作成效第三方评估组到南川，对全区脱贫攻坚工作进行评估。

1 月 8 日至 11 日 政协重庆市南川区第十四届委员会第一次会议举行。简支全当选区政协主席，胡晓、袁志伦、蒋建、广巨雄、杜帆、舒茂全当选区政协副主席，陈名博当选区政协秘书长。

政协重庆市南川区第十四届委员会第一次会议召开

1 月 9 日至 12 日 重庆市南川区第十七届人民代表大会第一次会议举行。康纪强当选区人大常委会主任，刘先畅、郑泽辉、周静、曹维灿、赵明中当选区人大常委会副主任；张兴益当选区人民政府区长，王春水、罗弟杰、郑远学、冉庆国、王立、李恩华、康平当选区人民政府副区

重庆市南川区第十七届人民代表大会第一次会议召开

长。会议举行了宪法宣誓仪式。

1月10日 民主镇、合溪镇通过“重庆市卫生乡镇”考核验收。截至目前，南川区共有兴隆镇、石墙镇、河图镇、庆元镇、白沙镇、山王坪镇、峰岩乡、楠竹山镇、石莲乡、神童镇、民主镇、合溪镇等12个市级卫生乡镇。

1月16日至18日 国家卫生区技术评估组对南川“创国卫”工作情况及暗访整改情况进行现场评估。2月14日，全国爱卫办发函通知，经现场审核，南川区达到了《国家卫生城市标准》要求，创建国家卫生城市工作通过技术评估。

1月19日 南川区政府与渝富集团、力勤投资有限公司签署战略合作协议，携手打造重庆国际赛车主题乐园项目，建设重庆首个国际F2标准赛车场，打造全市文旅、体旅融合发展的典型示范。

1月22日 区委、区政府授予詹治雄、聂元珍、区广播电视台“6·2”特大暴雨报道团队和胡开明爱心助贫团队2016年度“感动南川人物”称号，授予夏茂强、韦红、魏先曼3名同志2016年度“感动南川人物”提名人员称号。中国烟草总公司重庆市公司南川分公司、博赛集团、重庆农村商业银行股份有限公司南川支行、国网重庆市电力公司南川区供电分公司、重庆金科金裕房地产开发有限公司、重庆市涪陵第二建筑总公司、重庆泽京房地产开发有限公司、重庆秦驰实业有限公司、重庆乐鼎投资有限公司、南商集团位列“南川区2016年度纳税贡献十强”。

1月25日 区政府与中铁中基控股集团有限公司签订战略框架协议。中铁中基控股集团有限公司是以勘察设计、工程施工、房地产开发、实业投资、金融服务为一体的综合性企业集团。根据协议，该公司将在南川投资建设军民融合产业、大健康产业、城市基础设施等项目。

1月 重庆轨道集团专家办编制完成綦江、万盛、南川三区共用线路的“綦万南城镇群的新型轨道交通线路方案”。线路从轨道8号线的界石站起，经南彭、接龙，过大观、兴隆到南川城区，全线长约 63 公里，设站 6 座，平均站间距 12.6 公里。

2006—2017 年重要文件目录摘选

文件名称	发文字号	发布日期
关于统筹城乡发展扎实稳步推进社会主义新农村建设的意见	南川委发〔2006〕22 号	2006 年 4 月 10 日
关于构建和谐南川的决定	南川委发〔2006〕65 号	2006 年 12 月 31 日
关于印发《中共重庆市南川区委工作制度》（试行）的通知	南川委发〔2007〕12 号	2007 年 3 月 9 日
关于启用“中国共产党重庆市南川区委员会”印章的通知	南川委发〔2007〕1 号	2007 年 2 月 5 日
关于印发《区委常委会议事决策实施办法（试行）》的通知	南川委发〔2007〕34 号	2007 年 4 月 5 日
关于印发《南川区年轻干部挂职锻炼实施办法》的通知	南川委发〔2007〕59 号	2007 年 6 月 6 日
关于印发《南川区乡镇党委议事决策规则》的通知	南川委发〔2007〕65 号	2007 年 6 月 20 日
关于建立党内人文关怀制度的通知	南川委发〔2007〕66 号	2007 年 6 月 20 日
关于追授李仕忠同志“优秀共产党员”称号的决定	南川委发〔2007〕70 号	2007 年 6 月 20 日

续表

文件名称	发文字号	发布日期
关于印发《进一步转变工作作风提高办事效率的十条规定（暂行）》的通知	南川委发〔2007〕72 号	2007 年 6 月 26 日
关于突出解决三类农民问题推进统筹城乡综合配套改革的意见	南川委发〔2007〕83 号	2007 年 8 月 13 日
关于印发《区委常委会定期听取下级党委（党组）工作汇报制度》的通知	南川委发〔2007〕89 号	2007 年 9 月 9 日
关于推进乡镇机构改革的实施意见	南川委发〔2007〕93 号	2007 年 10 月 15 日
关于实施“三百工程”的通知	南川委发〔2007〕96 号	2007 年 10 月 17 日
关于开展五进社区活动加强社区党建的通知	南川委发〔2007〕98 号	2007 年 11 月 8 日
关于统筹城乡加快教育发展的意见	南川委发〔2008〕103 号	2008 年 9 月 8 日
关于强力推进依法治区的决定	南川委发〔2008〕104 号	2008 年 9 月 11 日
关于印发《南川区党政机关中层干部选拔任用工作暂行办法》的通知	南川委发〔2008〕109 号	2008 年 9 月 19 日
关于进一步优化发展环境的决定	南川委发〔2008〕156 号	2008 年 11 月 19 日
关于印发《南川区优化发展环境六条禁令》通知	南川委发〔2008〕157 号	2008 年 11 月 19 日
关于推行五项制度促进工作落实的通知	南川委发〔2008〕159 号	2008 年 11 月 21 日

续表

文件名称	发文字号	发布日期
关于认真开展“四培四带”活动充分发挥农村无职党员作用的通知	南川委发〔2008〕160号	2008年11月24日
关于加快农村改革发展的决定	南川委发〔2008〕168号	2008年12月12日
关于印发《南川区开放式选拔任用区管领导干部工作暂行规定》的通知	南川委发〔2008〕18号	2008年3月15日
关于授予丁安平等10位同志2007年度“振兴南川突出贡献奖”及李强等5位同志“振兴南川突出贡献奖”提名奖的决定	南川委发〔2008〕23号	2008年3月18日
关于切实加强农业基础建设促进农业发展农民增收的实施意见	南川委发〔2008〕27号	2008年3月20日
关于印发《重庆市南川区统筹城乡综合配套改革试验的意见》的通知	南川委发〔2008〕2号	2008年1月10日
关于建立党的建设工作述职制度的通知	南川委发〔2008〕30号	2008年3月31日
关于推行“1+7”模式加强流动党员管理的通知	南川委发〔2008〕89号	2008年6月18日
关于印发《南川区重点项目、重点工程、重点任务实行目标化、责任化、项目化、网格化、公示化管理暂行办法》的通知	南川委发〔2009〕13号	2009年2月18日
关于在全区开展深入学习实践科学发展观活动的实施意见	南川委发〔2009〕16号	2009年3月9日

续表

文件名称	发文字号	发布日期
关于印发南川区开展加快建设公共文化服务体系率先满足农村群众基本文化需求实验工作总体实施方案的通知	南川委发〔2009〕17 号	2009 年 3 月 4 日
关于创业富民就业为民促进以创业带动就业工作的决定	南川委发〔2009〕34 号	2009 年 7 月 10 日
关于推动文化大发展大繁荣的决定	南川委发〔2009〕36 号	2009 年 7 月 10 日
关于授予刘德章等 10 位同志 2008 年度“振兴南川突出贡献奖”及汪仁友等 5 位同志“振兴南川突出贡献奖提名奖”的决定	南川委发〔2009〕3 号	2009 年 1 月 19 日
关于授予王应旭等 19 位同志南川区首届“优秀中国特色社会主义事业建设者”荣誉称号的决定	南川委发〔2009〕45 号	2009 年 9 月 22 日
关于进一步创新体制机制加快工业园区开发建设的通知	南川委发〔2009〕51 号	2009 年 10 月 30 日
关于印发《关于加快水江镇改革与发展试点工作的意见》和《关于加快南平镇改革与发展试点工作的意见》的通知	南川委发〔2009〕52 号	2009 年 10 月 22 日
关于促进残疾人事业发展的意见	南川委发〔2009〕56 号	2009 年 12 月 11 日
关于加快推进社会主义新农村建设的意见	南川委发〔2009〕58 号	2009 年 12 月 11 日
关于加强和改进新形势下党的建设的意见	南川委发〔2009〕70 号	2009 年 12 月 29 日

续表

文件名称	发文字号	发布日期
关于深入贯彻落实“135”发展部署加快建设区域经济中心的意见	南川委发〔2009〕71号	2009年12月29日
关于全面推进统筹城乡综合配套改革试验的实施意见	南川委发〔2010〕28号	2010年6月1日
关于深化效能革命提高工作效率的若干意见	南川委发〔2010〕34号	2010年7月26日
关于表彰2010年度“南川区十佳优秀教师”“南川区十佳优秀校长”及授予“南川区十佳优秀教师提名奖”“南川区十佳优秀校长提名奖”的决定	南川委发〔2010〕39号	2010年9月8日
关于印发《南川区效能责任追究暂行办法》的通知	南川委发〔2010〕49号	2010年9月30日
关于授予袁志伦等10位同志“优秀创业兴业人物特别贡献奖”、授予李云强等10位同志首届“‘十大优秀创业人物’奖”、授予马福元等10位同志首届“感动南川新闻人物奖”的决定	南川委发〔2010〕4号	2010年1月25日
关于表彰南川区首届“十佳农民工”的决定	南川委发〔2010〕51号	2010年11月3日
中共重庆市南川区委、重庆市南川区人民政府关于大力发展微型企业促进民营经济大发展的意见	南川委发〔2010〕55号	2010年11月3日
关于印发《南川区加强党政主要负责人监督管理暂行规定》的通知	南川委发〔2010〕8号	2010年2月23日

续表

文件名称	发文字号	发布日期
关于印发《南川区基层党务公开暂行规定》的通知	南川委发〔2011〕11号	2011年2月16日
关于印发《南川区区级部门领导班子和领导干部年度考核办法（试行)》等三个办法的通知	南川委发〔2011〕27号	2011年3月9日
关于实施美丽新乡镇美丽新乡村行动的意见	南川委发〔2011〕30号	2011年3月9日
关于表彰“南川区十大优秀人才”及授予“南川区十大优秀人才提名奖”的决定	南川委发〔2011〕3号	2011年1月17日
关于授予丁安平等同志“十大优秀企业家”称号、授予梁峻铭等同志第二届“十大优秀创业创新人物”奖、授予刘安容等同志第二届“感动南川”新闻人物奖的决定	南川委发〔2011〕4号	2011年1月18日
关于缩小三个差距促进共同富裕的决定	南川委发〔2011〕52号	2011年7月29日
关于加强和创新社会管理的实施意见	南川委发〔2012〕21号	2012年3月6日
关于印发《中共重庆市南川区第十三届委员会常委会议事决策实施办法》（试行）的通知	南川委发〔2012〕30号	2012年3月30日
关于印发《中共重庆市南川区委工作制度》（试行）的通知	南川委发〔2012〕31号	2012年4月12日
关于印发《南川区重点项目效能监察暂行办法》的通知	南川委发〔2012〕33号	2012年5月8日

续表

文件名称	发文字号	发布日期
关于表彰南川区优秀民营企业优秀民营企业家优秀微型企业优秀个体工商户的决定	南川委发〔2012〕37号	2012年6月10日
关于命名南川区爱国主义教育基地的通知	南川委发〔2012〕40号	2012年6月25日
关于进一步加强国防教育工作的意见	南川委发〔2012〕48号	2012年7月22日
关于表彰2011年度振兴南川突出贡献特别奖的通报	南川委发〔2012〕4号	2012年1月18日
关于大力发展职业技术教育的实施意见	南川委发〔2012〕50号	2012年7月25日
关于进一步加强人民政协提案办理工作的实施意见	南川委发〔2012〕54号	2012年8月29日
关于加强社会主义民主法治建设有关问题的决定	南川委发〔2012〕5号	2012年1月20日
关于构建新时期和谐劳动关系的意见	南川委发〔2012〕7号	2012年1月20日
关于印发《中共重庆市南川区委常委会议民主决策三项制度》的通知	南川委发〔2013〕10号	2013年3月4日
关于印发《中共重庆市南川区委员会常务委员会运行规则》的通知	南川委发〔2013〕12号	2013年3月18日
关于印发《南川区干部选拔任用“五项公开”试行办法》等三个办法的通知	南川委发〔2013〕28号	2013年5月24日
关于设立城市建设投资有限公司和永隆建设开发有限公司党组织的通知	南川委发〔2013〕37号	2013年7月8日

续表

文件名称	发文字号	发布日期
关于印发《中共重庆市南川区委权力公开透明运行改革工作实施方案》的通知	南川委发〔2013〕42号	2013年8月8日
关于表彰2013年度南川区十佳优秀教师南川区十佳优秀校长及授予南川区十佳优秀教师提名奖南川区十佳优秀校长提名奖的决定	南川委发〔2013〕44号	2013年9月9日
关于追授郑洪超同志“优秀共产党员”称号的决定	南川委发〔2013〕52号	2013年12月9日
关于表彰2012年度振兴南川突出贡献奖的通报	南川委发〔2013〕5号	2013年2月4日
关于表彰第三届“感动南川”新闻人物的通报	南川委发〔2013〕6号	2013年2月4日
关于加强和改进人大工作的意见	南川委发〔2014〕11号	2014年3月11日
关于加快城乡资源互动改革的意见	南川委发〔2014〕14号	2014年3月26日
关于进一步完善管理体制加快生态农业园区建设发展的意见	南川委发〔2014〕19号	2014年4月24日
关于集中力量开展扶贫攻坚的意见	南川委发〔2014〕26号	2014年7月10日
关于印发《南川区开展提升“四力”专项行动巩固发展党的群众路线教育实践活动成果实施方案》的通知	南川委发〔2014〕32号	2014年9月25日
关于落实党风廉政建设党委主体责任和纪委监督责任的实施意见	南川委发〔2014〕38号	2014年10月31日

续表

文件名称	发文字号	发布日期
关于印发南川区人才优惠政策暂行规定的通知	南川委发〔2014〕3 号	2014 年 1 月 15 日
关于加强和改进人民政协工作的意见	南川委发〔2014〕41 号	2014 年 11 月 20 日
关于建立健全区级班子“一盘棋”工作机制的实施意见（试行）	南川委发〔2014〕42 号	2014 年 11 月 24 日
关于全面推进依法治区的实施意见	南川委发〔2014〕46 号	2014 年 12 月 17 日
关于在全区深入开展党的群众路线教育实践活动的实施意见	南川委发〔2014〕6 号	2014 年 2 月 13 日
关于印发重庆市南川区投融资公司管理体制改革方案（试行）的通知	南川委发〔2015〕20 号	2015 年 6 月 26 日
关于印发《南川区领导班子和领导干部年度综合考核办法（试行）》的通知	南川委发〔2015〕29 号	2015 年 7 月 24 日
关于印发南川区深化行政审批制度改革实施方案的通知	南川委发〔2015〕32 号	2015 年 8 月 26 日
关于印发《南川区领导班子和领导干部日常考核办法（试行）》的通知	南川委发〔2015〕36 号	2015 年 10 月 8 日
关于加强新形势下统一战线工作的意见	南川委发〔2015〕37 号	2015 年 10 月 26 日
关于大力实施创新驱动发展战略的意见	南川委发〔2015〕38 号	2015 年 10 月 29 日
关于进一步加强城市管理工作的意见	南川委发〔2015〕40 号	2015 年 11 月 18 日

续表

文件名称	发文字号	发布日期
关于表彰 2015 年感动南川年度人物的通报	南川委发〔2016〕11 号	2016 年 2 月 2 日
关于 2012－2016 年度“建功南川突出贡献”先进个人的通报	南川委发〔2016〕167 号	2016 年 12 月 27 日
关于印发《中共重庆市南川区委政党协商实施办法》的通知	南川委发〔2016〕23 号	2016 年 5 月 10 日
关于印发南川区推进全域旅游化战略实施意见的通知	南川委发〔2016〕36 号	2016 年 7 月 18 日
关于深化拓展五大功能区域发展战略的实施意见	南川委发〔2016〕44 号	2016 年 9 月 14 日
关于印发《南川区落实全面从严治党责任清单》的通知	南川委发〔2016〕6 号	2016 年 1 月 6 日
关于印发《南川区鼓励科技创新若干政策》的通知	南川委发〔2016〕78 号	2016 年 10 月 17 日
关于印发南川市征地补偿安置办法的通知	南川府发〔2006〕17 号	2006 年 4 月 12 日
关于印发南川征地补偿安置标准的通知	南川府发〔2006〕19 号	2006 年 4 月 18 日
关于印发南川市征地拆迁房屋及附属物补偿标准的通知	南川府发〔2006〕20 号	2006 年 4 月 17 日
关于印发南川市新型农村合作医疗实施细则的通知	南川府发〔2006〕65 号	2006 年 10 月 12 日
关于加快电网建设的意见	南川府发〔2007〕18 号	2007 年 7 月 13 日
关于启用重庆市南川区人民政府印章的通知	南川府发〔2007〕1 号	2007 年 2 月 12 日

续表

文件名称	发文字号	发布日期
关于进一步完善乡镇财政管理体制的通知	南川府发〔2007〕23 号	2007 年 4 月 19 日
关于印发《重庆市南川区行政处分审批权限规定》的通知	南川府发〔2007〕26 号	2007 年 5 月 24 日
关于对南川东胜电力有限责任公司 0．6 千瓦电机组和重庆双赢集团北固磷氨分厂 2 万吨硫酸生产线实施关闭的通知	南川府发〔2007〕2 号	2007 年 1 月 10 日
关于印发重庆市南川区人民政府重大决策程序规定的通知	南川府发〔2007〕34 号	2007 年 5 月 30 日
关于成立南川区惠农投资有限责任公司的通知	南川府发〔2007〕45 号	2007 年 6 月 26 日
关于印发重庆市南川区人民政府工作规则的通知	南川府发〔2007〕4 号	2007 年 5 月 30 日
关于批转重庆市南川区中小学管理体制调整有关工作实施意见通知	南川府发〔2007〕65 号	2007 年 8 月 20 日
关于印发重庆市南川区城乡医疗救助暂行办法的通知	南川府发〔2007〕71 号	2007 年 8 月 23 日
关于对南川东胜电业有限责任公司 0．6 千瓦电机组实施关闭通知	南川府发〔2007〕71 号	2007 年 12 月 10 日
关于印发重庆市南川区质量奖励办法的通知	南川府发〔2007〕74 号	2007 年 9 月 11 日
关于印发重庆市南川区城乡居民合作医疗试行办法的通知	南川府发〔2007〕77 号	2007 年 10 月 11 日
关于印发重庆市南川区新型农村合作医疗管理暂行办法的通知	南川府发〔2007〕78 号	2007 年 10 月 12 日

续表

文件名称	发文字号	发布日期
关于实行森林分类经营的实施意见	南川府发〔2007〕91 号	2007 年 12 月 17 日
关于对南川区跃进煤矿等 12 个煤矿进行关闭的决定	南川府发〔2007〕94 号	2007 年 12 月 20 日
关于界定南川方竹笋地理标志产品地域的通知	南川府发〔2008〕19 号	2008 年 3 月 4 日
关于加快乡村旅游发展的实施意见	南川府发〔2008〕22 号	2008 年 3 月 17 日
关于印发重庆市南川区城市房地产开发经营管理办法的通知	南川府发〔2008〕3 号	2008 年 1 月 9 日
关于对南川天马水泥建材有限责任公司等 7 家企业落后生产线实施关闭的通知	南川府发〔2008〕52 号	2008 年 1 月 4 日
关于公布第一批区级非物质文化遗产名录的通知	南川府发〔2008〕68 号	2008 年 5 月 10 日
关于采取十条适应性措施保障经济平稳较快发展的通知	南川府发〔2008〕69 号	2008 年 7 月 8 日
关于印发重庆市南川区人民政府行政复议程序规则的通知	南川府发〔2008〕70 号	2008 年 7 月 7 日
关于印发《重庆市南川区行政机关首问责任制度（试行）》的通知	南川府发〔2008〕71 号	2008 年 7 月 11 日
关于授予李小令同志见义勇为先进分子称号的决定	南川府发〔2008〕88 号	2008 年 10 月 10 日
关于加快发展农民专业合作社的意见	南川府发〔2008〕89 号	2008 年 10 月 15 日

续表

文件名称	发文字号	发布日期
关于对南川东胜电力有限责任公司等5家企业落后生产线实施关闭的通知	南川府发〔2009〕18号	2009年10月6日
关于修改完善重庆市南川区城乡医疗救助暂行办法的通知	南川府发〔2009〕29号	2009年4月7日
关于印发重庆市南川区产业发展资金管理暂行办法和重庆市南川区乡镇发展专项补助资金管理暂行办法的通知	南川府发〔2009〕46号	2009年8月27日
关于委托乡镇行使质监行政执法权有关事宜的通知	南川府发〔2009〕59号	2009年12月12日
关于成立重庆市南川区国融投资集团有限责任公司的通知	南川府发〔2010〕12	2010年2月28日
关于印发南川区人民政府工作规则的通知	南川府发〔2010〕2	2010年3月18日
关于印发重庆市南川区招商引资优惠政策的通知	南川府发〔2010〕25	2010年3月30日
关于印发南川区人民政府重大决策程序规定的通知	南川府发〔2010〕3	2010年3月16日
关于建立耕地保护共同责任机制严格土地管理的通知	南川府发〔2010〕34	2010年6月21日
关于统筹城乡户籍制度改革的实施意见	南川府发〔2010〕39	2010年8月12日
关于大力发展微型企业的实施意见	南川府发〔2010〕40	2010年8月12日
关于印发南川区城镇职工基本医疗保险试行办法的通知	南川府发〔2010〕61	2010年11月04日

续表

文件名称	发文字号	发布日期
关于对渝华平板玻璃有限公司及龙泉建材雨季生产线实施关闭通知	南川府发〔2011〕10	2011 年 1 月 5 日
关于加快发展现代商贸业的意见	南川府发〔2011〕24	2011 年 3 月 11 日
关于对重庆南川爱溪电力有限公司实施关闭的通知	南川府发〔2011〕38	2011 年 4 月 15 日
关于印发重庆市南川区产业发展资金管理暂行办法的通知	南川府发〔2011〕50	2011 年 6 月 28 日
关于采取十条措施加快微型企业发展的通知	南川府发〔2011〕66	2011 年 11 月 15 日
关于提高城乡低保城市“三无”人员和农村五保供养对象保障标准的通知	南川府发〔2011〕69	2011 年 11 月 18 日
关于加快中医药事业发展的实施意见	南川府发〔2011〕74	2011 年 11 月 29 日
关于大力发展民营经济的实施意见	南川府发〔2012〕31	2012 年 6 月 10 日
关于印发南川区产业发展资金管理暂行办法的通知	南川府发〔2012〕34	2012 年 7 月 20 日
关于进一步深化行政审批制度改革的实施意见	南川府发〔2012〕57	2012 年 10 月 18 日
关于印发南川区返乡创业实施办法的通知	南川府发〔2013〕31	2013 年 7 月 8 日
关于印发重庆市南川区招商引资优惠政策的通知	南川府发〔2013〕34	2013 年 7 月 26 日

续表

文件名称	发文字号	发布日期
关于印发重庆市南川区科技创新奖励办法（试行）的通知	南川府发〔2013〕44	2013 年 10 月 10 日
关于印发《重庆市南川区农村集体经济组织资金资产资源管理办法（试行）》的通知	南川府发〔2013〕9	2013 年 2 月 28 日
关于加快优质稻产业发展的意见	南川府发〔2014〕20	2014 年 6 月 12 日
关于印发南川区促进工业经济加快发展 12 条政策措施的通知	南川府发〔2014〕22	2014 年 8 月 6 日
关于加快发展现代商贸服务业的意见	南川府发〔2014〕4	2014 年 11 月 15 日
关于公布南川区古建筑保护名录的通知	南川府发〔2015〕27 号	2015 年 6 月 3 日
关于追授杨月芳余天容两位同志见义勇为先进分子称号的决定	南川府发〔2015〕31 号	2015 年 7 月 24 日
关于进一步健全临时救助制度的通知	南川府发〔2015〕40 号	2015 年 10 月 14 日
关于印发南川区科学技术奖励办法的通知	南川府发〔2015〕42 号	2015 年 10 月 28 日
关于加快推进养老服务业发展的意见	南川府发〔2015〕43 号	2015 年 10 月 30 日
关于进一步促进快递业发展的意见	南川府发〔2016〕15 号	2016 年 4 月 18 日
关于加快紧固件产业基地的通知	南川府发〔2016〕21 号	2016 年 7 月 18 日

续表

文件名称	发文字号	发布日期
关于大力培育家庭林场的实施意见	南川府发〔2016〕22 号	2016 年 8 月 3 日
关于加快推进森林体验和森林养生发展的实施意见	南川府发〔2016〕23 号	2016 年 8 月 3 日
关于公布南川区优秀历史建筑和传统风貌建筑保护名录的通知	南川府发〔2016〕33 号	2016 年 12 月 2 日
关于加快茶叶产业发展的意见	南川府发〔2016〕4 号	2016 年 1 月 2 日
关于同意《南川市调整乡镇行政区划建制方案》的通知	南川人发〔2006〕19 号	2006 年 8 月 28 日
关于南川区城市总体规划（2006 ~ 2020）的决定	南川人发〔2006〕29 号	2006 年 12 月 14 日
关于设立重庆市南川区人大常委会东城等街道工作委员会有关问题的决定	南川人发〔2006〕31 号	2006 年 12 月 15 日
关于设立重庆市南川区南平等乡镇人民代表大会有关问题的决定	南川人发〔2006〕32 号	2006 年 12 月 15 日
关于深入推进依法治区的决议	南川人发〔2008〕28 号	2008 年 10 月 06 日
关于谭家玲任职的通知	南川人发〔2008〕38 号	2008 年 12 月 30 日
关于接受游正焜辞职请求的决定	南川人发〔2008〕39 号	2008 年 12 月 30 日
关于谭家玲为重庆市南川区人民政府代理区长的决定	南川人发〔2008〕40 号	2008 年 12 月 30 日

续表

文件名称	发文字号	发布日期
关于批准《南川区生态区建设规划》的决定	南川人发〔2008〕44号	2008年12月31日
关于撤销土溪乡设立黎香湖镇镇有关问题的决定	南川人发〔2009〕35号	2009年7月29日
关于康纪强等职务任免的通知	南川人发〔2009〕36号	2009年7月29日
关于接受谭大辉辞去重庆市南川区人大常委会主任职务的决定	南川人发〔2009〕37号	2009年7月29日
关于曹清尧任职的通知	南川人发〔2011〕42号	2011年12月7日
关于接受谭家玲辞去重庆市南川区人民政府区长职务请求的决议	南川人发〔2011〕43号	2011年12月7日
关于曹清尧为重庆市南川区人民政府代理区长的决定	南川人发〔2011〕44号	2011年12月7日
关于同意撤销鱼泉乡设立山王坪镇的决定	南川人发〔2012〕41号	2012年9月28日
南川区人大常委会关于同意山王坪镇政府驻地区划调整的决议	南川人发〔2013〕34号	2013年11月28日
关于同意撤销木凉乡设立木凉镇的决议	南川人发〔2014〕号	2014年1月8日
关于同意撤销铁村乡设立楠竹山镇撤销石溪乡设立石溪镇的决议	南川人发〔2015〕号	2015年5月29日
关于同意民主乡德隆乡福寿乡撤乡设镇的决议	南川人发〔2015〕号	2015年11月9日
关于同意河图乡古花乡庆元乡撤乡设镇的决议	南川人发〔2016〕号	2016年5月26日

续表

文件名称	发文字号	发布日期
关于赵磊为重庆市南川区人民检察院代理检察长的决定	南川人发〔2016〕号	2016 年 11 月 16 日
关于《南川区城乡总体规划（2015－2030 年)》的决议	南川人发〔2016〕号	2016 年 11 月 16 日
关于同意乾丰乡石莲乡冷水关乡骑龙乡撤乡设镇的决议	南川人发〔2016〕号	2016 年 12 月 21 日
关于进一步加强提升民意工作的意见	南川政协发〔2007〕11 号	2007 年 4 月 29 日
川黔渝毗邻县、市、区政协工作协作会议章程	南川政协	2013 年 6 月 19 日
南川区“界别协商”实施办法	南川政协	2014 年
重庆市南川区专题协商实施办法	南川政协	2014 年
重庆市南川区对口协商实施办法	南川政协	2014 年
关于实施人才奖励工作的意见	南川委办发〔2006〕26 号	2006 年 3 月 8 日
关于深化农村义务教育体制改革的实施意见	南川委办发〔2006〕86 号	2006 年 6 月 12 日
关于广泛开展“体制大调整、经济大发展、作风大转变、五年怎么办、明年怎么干”大调研大讨论活动的通知	南川委办发〔2006〕155 号	2006 年 12 月 15 日
关于加强网络文化建设和管理的意见	南川委办发〔2007〕157 号	2007 年 9 月 18 日

续表

文件名称	发文字号	发布日期
关于进一步加强和改进新闻宣传工作不断提高舆论引导水平的实施意见（试行）	南川委办发〔2007〕229 号	2007 年 12 月 12 日
关于印发《加强和改进政协提案工作的意见》的通知	南川委办发〔2008〕11 号	2008 年 1 月 17 日
关于印发《南川区委、区人大常委会、区政府、区政协办公室主任联席会议制度》的通知	南川委办发〔2008〕120 号	2008 年 7 月 7 日
关于推行“六有”模式关爱留守儿童的通知	南川委办发〔2008〕123 号	2008 年 7 月 10 日
关于印发《南川区处级非领导职务干部管理办法（试行）》的通知	南川委办发〔2008〕155 号	2008 年 9 月 22 日
关于进一步加强新时期基层人民调解工作维护社会稳定的意见	南川委办发〔2008〕174 号	2008 年 11 月 12 日
关于加强我区农村实用人才队伍建设的意见	南川委办发〔2009〕108 号	2009 年 8 月 9 日
关于印发重庆市南川区扩权强镇试点工作实施方案的通知	南川委办发〔2009〕163 号	2009 年 12 月 23 日
关于印发区委重大事项酝酿会制度的通知	南川委办发〔2009〕167 号	2009 年 12 月 30 日
关于印发《南川区严禁乡镇干部“走读”的暂行规定》的通知	南川委办发〔2009〕32 号	2009 年 3 月 16 日
关于印发《南川区民主评议机关暂行办法》的通知	南川委办发〔2010〕10 号	2010 年 1 月 29 日
关于印发《重庆市南川区事业单位分类试点实施方案》的通知	南川委办发〔2010〕123 号	2010 年 8 月 18 日

续表

文件名称	发文字号	发布日期
关于学习弘扬新时期南川精神的实施意见	南川委办发〔2010〕134 号	2010 年 8 月 31 日
关于《加强村、社区党组织书记队伍建设的意见》的通知	南川委办发〔2010〕13 号	2010 年 1 月 31 日
关于加强全区电子政务建设的意见	南川委办发〔2010〕163 号	2010 年 11 月 8 日
关于印发重庆市南川区紧缺急需高层次人才引进暂行规定的通知	南川委办发〔2010〕172 号	2010 年 11 月 24 日
关于印发《南川区深化“效能革命”加强执行力建设的十条规定》的通知	南川委办发〔2010〕24 号	2010 年 3 月 3 日
关于实施农户万元增收工程的意见	南川委办发〔2010〕50 号	2010 年 3 月 25 日
关于进一步加强村（社区）干部队伍建设的意见	南川委办发〔2011〕155 号	2011 年 12 月 6 日
关于加强区纪委、区监察局派驻（出）机构统一管理的通知	南川委办发〔2011〕26 号	2011 年 2 月 16 日
关于推行大学生“村干部”信访代办员制度的通知	南川委办发〔2011〕45 号	2011 年 3 月 25 日
关于进一步加强未成年人思想道德建设工作的意见	南川委办发〔2011〕76 号	2011 年 5 月 21 日
关于印发南川区加强操办宴席管理暂行规定的通知	南川委办发〔2011〕81 号	2011 年 5 月 24 日
关于印发南川区国家工作人员饮酒五条禁令的通知	南川委办发〔2011〕84 号	2011 年 5 月 24 日

续表

文件名称	发文字号	发布日期
关于印发《南川区开展保持党的纯洁性学习教育活动方案》的通知	南川委办发〔2012〕19 号	2012 年 3 月 7 日
关于推行党政领导干部批阅群众来信制度的通知	南川委办发〔2012〕43 号	2012 年 4 月 4 日
关于进一步严肃外出请销假、重要信息报告等有关工作纪律的通知	南川委办发〔2012〕51 号	2012 年 4 月 16 日
关于印发《重庆市南川区奖励表彰暂行办法》的通知	南川委办发〔2012〕6 号	2012 年 1 月 13 日
关于建立民营经济联系帮扶机制的通知	南川委办发〔2012〕75 号	2012 年 5 月 20 日
关于印发《南川区村级干部岗位目标责任制实施办法（试行）》的通知	南川委办发〔2012〕8 号	2012 年 1 月 20 日
印发《中共重庆市南川区委常委会关于改进工作作风、密切联系群众的实施办法》的通知	南川委办发〔2013〕3 号	2013 年 1 月 9 日
关于切实改进文风会风的通知	南川委办发〔2014〕31 号	2014 年 3 月 31 日
关于大力培育发展群众自治组织务实推进基层群众自治的通知	南川委办发〔2014〕61 号	2014 年 8 月 25 日
关于印发《南川区加强公职人员操办宴席管理规定》的通知	南川委办发〔2014〕63 号	2014 年 9 月 1 日
关于印发《南川区加强村（社区）党员干部操办宴席管理暂行规定》的通知	南川委办发〔2014〕64 号	2014 年 9 月 1 日
关于印发南川区党政机关工作人员效能问责实施办法的通知	南川委办发〔2014〕65 号	2014 年 8 月 26 日

续表

文件名称	发文字号	发布日期
关于印发《南川区重点领域工作领导牵头负责制度》的通知	南川委办发〔2014〕67 号	2014 年 9 月 9 日
关于印发《南川区党政领导班子一把手“五不直管”工作实施办法》的通知	南川委办发〔2015〕20 号	2015 年 4 月 1 日
印发《关于在全区处级以上领导干部中开展“三严三实”专题教育实施方案》的通知	南川委办发〔2015〕35 号	2015 年 5 月 11 日
关于印发南川区机关事业单位工作人员考勤管理若干规定（试行）的通知	南川委办发〔2015〕37 号	2015 年 5 月 26 日
关于印发《乡镇（街道）纪委（纪工委）书记、副书记提名考察办法（试行）》《中共重庆市南川区纪委派驻纪检组组长、副组长提名考察办法（试行）》《重庆市南川区区管学校、区管医疗卫生单位纪委书记、副书记提名考察办法（试行）》的通知	南川委办发〔2015〕74 号	2015 年 11 月 18 日
印发《关于县以下机关建立公务员职务与职级并行制度实施方案》的通知	南川委办发〔2015〕90 号	2015 年 12 月 18 日
关于印发《鼓励民营经济发展若干政策》的通知	南川委办发〔2016〕108 号	2016 年 10 月 14 日
印发《关于实施区纪委派驻机构改革的意见》的通知	南川委办发〔2016〕115 号	2016 年 11 月 9 日

续表

文件名称	发文字号	发布日期
关于印发《南川区处级非领导职务干部管理暂行办法》的通知	南川委办发〔2016〕128 号	2016 年 12 月 15 日
关于调整完善区领导联系服务工业企业工作制度的通知	南川委办发〔2016〕15 号	2016 年 3 月 2 日
印发《关于在全区党员中开展“学党章党规、学系列讲话，做合格党员”学习教育实施方案》的通知	南川委办发〔2016〕38 号	2016 年 4 月 22 日
关于印发《南川区群团改革实施方案》《南川区总工会专项改革实施方案》《共青团南川区委专项改革实施方案》《南川区妇联专项改革实施方案》的通知	南川委办发〔2016〕47 号	2016 年 5 月 18 日
关于完善三项管理制度加快推进重点项目建设的通知	南川委办发〔2016〕73 号	2016 年 7 月 8 日
关于印发《南川区科协专项改革实施方案》《南川区工商业联合会专项改革实施方案》《南川区残联专项改革实施方案》的通知	南川委办发〔2016〕93 号	2016 年 9 月 6 日
关于印发《南川区计划生育协会专项改革实施方案》《南川区红十字会专项改革实施方案》《南川区法学会专项改革实施方案》《南川区侨联专项改革实施方案》《南川区文学艺术界联合会专项改革实施方案》《南川区社会科学界联合会专项改革实施方案》的通知	南川委办发〔2016〕99 号	2016 年 9 月 26 日

续表

文件名称	发文字号	发布日期
关于印发南川市农村居民最低生活保障制度实施细则（试行）通知	南川府办发〔2007〕2 号	2007 年 11 月 8 日
关于印发《重庆市南川区城镇廉租住房保障实施方案（试行）》的通知	南川府办发〔2007〕150 号	2007 年 3 月 1 日
关于贯彻实施农民专业合作社法的通知	南川府办发〔2007〕151 号	2007 年 10 月 6 日
关于实行重要活动报告审批制度的通知	南川府办发〔2007〕25 号	2007 年 4 月 19 日
关于印发南川区食品安全监管责任暨责任追究制度的通知	南川府办发〔2008〕212 号	2008 年 10 月 27 日
关于进一步加强法律援助工作的意见	南川府办发〔2008〕228 号	2008 年 10 月 19 日
关于印发南川区农村家庭宴席卫生管理办法的通知	南川府办发〔2008〕240 号	2008 年 1 月 23 日
关于印发南川区知名商标认定和保护办法的通知	南川府办发〔2008〕51	2008 年 3 月 17 日
关于印发《重庆市南川区农村土地承包经营权流转管理意见（试行）的通知	南川府办发〔2008〕96 号	2008 年 5 月 7 日
关于印发《重庆市南川区农业招商引资优惠政策》的通知	南川府办发〔2009〕159 号	2009 年 6 月 23 日
关于进一步加强村镇规划管理工作的通知	南川府办发〔2009〕160 号	2009 年 6 月 25 日
关于优化投资建设项目行政审批报务流程的通知	南川府办发〔2009〕200	2009 年 8 月 28 日

续表

文件名称	发文字号	发布日期
关于印发重庆市南川区政府投资建设项目监督管理办法通知	南川府办发〔2009〕209	2009 年 9 月 23 日
关于印发南川区城乡困难群众临时救助暂行办法的通知	南川府办发〔2009〕226	2009 年 12 月 17 日
关于贯彻落实国务院关于推进重庆市统筹城乡改革和发展的若干意见的通知	南川府办发〔2009〕55 号	2009 年 3 月 12 日
关于印发《重庆市南川区行政强制拆迁办法》的通知	南川府办发〔2010〕12	2010 年 11 月 31 日
关于印发《重庆市南川区专利资助奖励暂行办法》的通知	南川府办发〔2010〕130	2010 年 8 月 12 日
关于建立政府网络发言人制度的通知	南川府办发〔2010〕15	2010 年 2 月 3 日
关于进一步完善城乡居民合作医疗保险制度的通知	南川府办发〔2010〕178	2010 年 11 月 4 日
关于印发南川区行政机关办理司法建议暂行办法的通知	南川府办发〔2011〕184	2011 年 11 月 17 日
重庆市南川区人民政府办公室转发重庆市人民政府关于追授冯光国同志见义勇为英雄荣誉称号的决定的通知	南川府办发〔2011〕202	2011 年 12 月 20 日
关于印发重庆市南川区专利资助奖励办法的通知	南府办发〔2012〕130	2012 年 8 月 10 日
关于重庆市南川区区级公立医院综合改革试点的实施意见	南府办发〔2012〕155	2012 年 10 月 29 日

续表

文件名称	发文字号	发布日期
关于印发金佛山大观生态园商标使用管理规则的通知	南府办发〔2013〕13	2013 年 2 月 27 日
关于印发《南川区南川区区级微型企业特色村认定管理办法》和《南川区区级微型企业孵化园认定管理办法》的通知	南府办发〔2013〕46	2013 年 6 月 06 日
关于印发金佛山风景名胜区经营活动管理暂行办法的通知	南府办发〔2014〕18	2014 年 2 月 25 日
关于加强城镇社区养老服务设施建设工作的通知	南府办发〔2014〕19	2014 年 2 月 26 日
关于印发南川区组建农业股份合作社实施方案（试行）的通知	南府办发〔2014〕50	2014 年 4 月 11 日
关于公布我区 13 处区级文物保护单位保护范围的通知	南府办发〔2014〕74	2014 年 7 月 10 日
关于印发南川区计划生育特殊困难家庭扶助工作实施方案的通知	南府办发〔2014〕118	2014 年 11 月 28 日
关于印发南川文凤煤焦化有限公司环保关闭和新建实施方案的通知	南府办发〔2014〕125	2014 年 11 月 21 日
关于印发科级以下工作人员绩效考核实施方案的通知	南府办发〔2014〕130	2014 年 12 月 20 日
关于印发南川区工业产业发展资金使用管理办法的通知	南川府办发〔2015〕63 号	2015 年 6 月 16 日
关于印发南川区扶贫攻坚产业培育实施方案等五个扶贫攻坚专项配套方案的通知	南川府办发〔2015〕76 号	2015 年 7 月 21 日

续表

文件名称	发文字号	发布日期
关于印发重庆市南川区发展电子商务工作方案的通知	南川府办发〔2015〕79号	2015年7月23日
关于印发南川区专利资助奖励办法的通知	南川府办发〔2015〕107号	2015年10月29日
关于做好政府向社会力量购买公共文化服务工作的通知	南川府办发〔2015〕119号	2015年11月30日
关于印发南川区优化工业发展环境加快工业园区建设的10条措施的通知	南川府办发〔2016〕15号	2016年12月4日
关于印发南川区深化小型水利工程管理体制改革实施方案的通知	南川府办发〔2016〕37号	2016年4月5日
关于印发重庆市南川区产业种子投资基金管理办法（试行）的通知	南川府办发〔2016〕58号	2016年6月1日
关于印发南川区农民工工资专用账户管理办法（暂行）的通知	南川府办发〔2016〕99号	2016年9月2日
关于印发重庆市南川区农村公路养护管理办法的通知	南川府办发〔2016〕109号	2016年9月9日
关于印发南川区青少年科技创新区长奖评选办法的通知	南川府办发〔2016〕118号	2016年10月10日
关于印发南川区农村承包土地经营权抵押贷款试点工作方案的通知	南川府办发〔2016〕123号	2016年11月4日

后 记

南川撤市设区的最初10年，是南川步入现代化的关键时期，经历了从相对封闭的边远小城向区域开放城市的深度转变，经历了南川发展方式、工作方式、自然生态、社会形态和人文风貌的全面转型。为及时梳理南川十年以区为治的光辉历程，充分展示各级干部群众潜心发展、锐意创新的经验做法和特色亮点，南川区党史与地方志办公室编写了《南川建区十年大事记》一书，向南川建区10周年献礼。

《南川建区十年大事记》以编年体为主，逐年月日记述2006年10月至2017年1月发生的大事、要事、新事、特事，简要回顾南川经济、政治、文化、社会、生态和党的建设历程。同时兼采纪事本末体，综述部分重要事件的来龙去脉、前因后果和阶段性成果，并辅以部分现场图片，力求为读者勾勒一幅生动的历史画卷。本书可作为研究南川现代化进程的重要史料，也可作为学习把握南川区情的基础教材。

《南川建区十年大事记》的编辑工作始终是在区委、区政府的领导下进行的，同时也得到社会各界的高度关心和大力支持。区委办、区政府办、区人大办、区政协办、区委组织部、区委宣传部、区统计局、区机关事务管理局、南川日报社等单位及部分区内摄影家提供了大量档案资料和现场图片，重庆市地方志办公室领导和有关负责同志为编辑工作提出了宝贵的指导意见，重庆市首度文化传媒有限公司对部分资料进行了前期整理采编。在此，向一切支持、帮助《南川建区十年大事记》编辑工作的单位和个人，致以诚挚的谢意!

《南川建区十年大事记》的编辑，历经了资料搜集、修改增删、征求意见、送审付印等数个阶段，多方求证，反复核校，数易其稿，终于与大家见面了。虽历时数月，但编印时间仍略显局促，兼资料有限、能力有缺，遗漏疏失在所难免。精品的打造永远在路上，敬请各级领导、专家学者和广大群众批评指正，我们将及时修改，以确保史料的真实、可靠和完整性。

编　者

2017 年 3 月